霞ヶ浦の古墳時代

内海・交流・王権

塩谷 修著

高志書院

目　　次

序　章　古霞ヶ浦の提唱―地域史研究のまなざし―……………3

第1章　弥生時代の土器棺墓……………………………………19

第2章　方形周溝墓の地域性……………………………………37
　　　　―出現状況からみた地域の特質―

第3章　前方後円墳と築造規格…………………………………65

第4章　終末期古墳の地域相……………………………………95
　　　　―桜川河口域にみられる小型古墳の事例から―

第5章　土浦入の古墳時代玉作り………………………………111

第6章　埴輪の生産と流通………………………………………145

第7章　下総型埴輪の展開………………………………………167
　　　　―日天月天塚古墳出土円筒埴輪の分析を通して―

第8章　古代筑波山祭祀への視角………………………………205
　　　　―内海をめぐる祭祀の連環と地域社会の形成―

終　章　古霞ヶ浦の形成…………………………………………233
　　　　―歴史的展開と地域社会の萌芽―

あとがき　250
初出一覧　252
索引（事項・遺跡名）　253

序章　古霞ヶ浦の提唱
―― 地域史研究のまなざし ――

はじめに――地域へのまなざし

　奈良時代前半に編纂された『常陸国風土記』[1]では，現在の霞ヶ浦は「信太の流海」「榎の浦の流海」「佐我の流海」，あるいはたんに「流海」などと記述され，全体に「流れ海」の名で呼ばれている。広く入江となった内海のさまを特徴的かつ象徴的に言い表しているのであり，外海は「大海」と呼んで区別している。近世以前の霞ヶ浦は，この『常陸国風土記』が記すように，太平洋の外海へと通じる内海であった[2]。本書では，この霞ヶ浦を中心に，北浦や現利根川下流，印旛・手賀沼，さらには鬼怒川下流へと連なる内海の広がりを古霞ヶ浦と呼ぶことにする[3]。

　さて，筆者が学芸員として働いてきた土浦は，江戸時代には9万5千石の土浦藩の居城であり，霞ヶ浦の土浦入に臨む水辺の城下町として栄えていた。土浦城は，その姿を水に浮かぶ亀に擬えて，別名「亀城」とも呼ばれていたという[4]。その名のとおり城と城下町は，霞ヶ浦に注ぐ桜川河口の微高地に造営され，周囲を濠や沼，深田に囲まれたいわゆる水城であった。土浦藩は，水戸藩に次ぐ水戸街道第2の大藩である。街道の開通を契機に城下町が整備され，今の中心市街地の基礎はその時に築かれたと言ってもよい。ただ，土浦の城や城下町が土浦入の河口に整備された理由は，霞ヶ浦の水運に起因するところが大きいと思われる。水害に遭いやすく，居住にはあまり適さない土浦の低地帯が，江戸時代初期の利根川東遷によって，霞ヶ浦を介した水運で大都市江戸と直接結ばれることになった。土浦は，城下を貫通する水戸街道と霞ヶ浦の水運とが合流する水陸交通の結節点として，人・モノ・情報の行き交う拠点としての性格を強化していったのである。とくに内海の古霞ヶ浦は，たんに土浦と江戸とを結ぶだけではなく，常陸南部から下総北部にかけての常総全域に水運の網を張り

第1図　関東水流図（静嘉堂文庫所蔵）　※一部改変　○印は土浦。

巡らし, 沿岸を縦横につなぐ広範な役割を果たしていたと考えられる(第1図)。

　江戸時代後期の土浦町に, 商人であり, 国学者としても活躍した色川三中 (1801－1855)という人物がいる。彼は, 城下の水戸街道沿いの商家でおもに薬種商を営み, 醤油醸造においても江戸城「西丸御用」の看板を掲げるまでに成功した。色川三中は, 19世紀初頭の土浦において, 多額の負債を抱え逼迫した薬種商を盛り返し, 土浦町を起点に常陸南部から下総へと商圏を広げていったようである[5]。当時の常総地域は, 江戸の成熟した経済や文化に裏打ちされた個性的な社会を育んでいた。色川三中は, 常総の国学者たちとともに江戸の国学者とも広く交流し, さまざまな業績を残している。とくに香取神宮文書の編纂や『新編常陸国誌』の校訂など, 地域に関わる業績は注目に値し, 国学者としての三中の課題は, 「自らが生活する土浦を包含する常総の古代・中世の社会・文化の特性を知ること」だったと言う[6]。色川三中のまなざしは, 彼が生きた常総の源流, 中世や古代にまで遡る地域の姿に向けられていたのだろう。色川三中は, 先の『新編常陸国誌』を編纂した中山信名の蔵書を買い取り, その著

序章　古霞ヶ浦の提唱

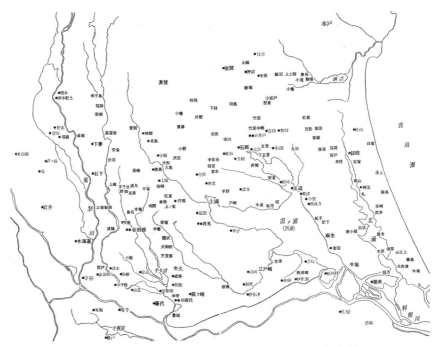

第2図　色川家の得意先分布(注8 中井文献より，一部改変)
※薬種行商先の他，婚姻先や黒船来航期の情報収集地を含む．

作にあった『常陸遺文』に触発され，そこには取り上げられていない常陸南部から下総にかけての資料収集を行い，独自に『常総遺文』を編纂したという[7]。この常総という名称は，いつ頃から使われ始めたのか。また，地域の人々による常総の認識はいつ頃まで遡るのであろうか。

　色川三中が書き留めた日記『家事志』の記録から，およそ180軒にも上る色川家の得意先を拾い出し，その分布状況を示した地図が作成されている(第2図)[8]。これによると，色川家の商圏や三中の交流範囲は，霞ヶ浦・北浦沿岸を中心とする常陸南部全域から鬼怒川下流域の下総北西部，さらに利根川下流右岸域の下総北部にまで及んでおり，彼は，自身のこの活動範囲をベースに常総を認識していたように思われる。このような地域への認識は，現在にも細々と繋がっていると思えるが，その始まりは色川三中が生きた江戸時代後期頃のことであろうか。

　ところで，地図からみた彼の足跡と色川家の得意先拡大の様子は，古墳時代

の石棺や埴輪など，古霞ヶ浦沿岸の地域色豊かな考古資料の分布と実によく重なっているように見える[9]。これはモノの広がりだけでなく，常総という地域の広がりやまとまりが，色川三中が生きた近世社会から中世・古代社会へと，さらに遡って行くことを暗示しているのであろう。本書では，江戸時代に色川三中も見つめていた常総をフィールドに，古墳時代に遡り，「内海の交通・交流」と「地域社会の形成」の二つの視点から，考古資料を通して古霞ヶ浦沿岸の歴史的特質を検証したいと思う。

　本書の主題は，歴史的な視点に立って，古霞ヶ浦の地域論を展開することにある。川西宏幸は，地域考古学という観点から，常陸の歴史的展開をより具体的に概観した。地域を内的特質と外的関連によって成立している構造体と見なす社会学などの認識をもとに，川西は「常陸の歴史的展開から，外的関連を求め内的特質を抽出することをめざしている」とする[10]。これによれば，本書が設定した古霞ヶ浦を分析する視点のうち，「内海の交通・交流」が主に外的関連に，「地域社会の形成」が内的特質の生成に対応していると考えられる。

　歴史研究と地域研究との関係を論じた濱下武志は，近代化の過程で，伝統は近代化を阻害するもの，遅れたものとして切り捨てられてきたとする。そして，地域の固有性をみる観点から，その歴史的な連続性や伝統的な側面をいかに考えるかという問題が重要と説く。そこに地域研究の目標があると考え，「地域の固有性は歴史的な連続性のなかから導き出されてくるもの」であり，「地域研究は『近代化論』を再検討する重要な視角」と捉えている。濱下は，近代化の過程で評価されてきた「経済発展」という価値がそのまま持続されればよいのか疑問を投げかけ，環境・資源・人口・エネルギー問題などに生じる現代的反省から，地域研究の課題を提示したのである[11]。

　本書は，常総の広範囲を占めていた古霞ヶ浦の内海に注目し，近代化の過程でわが国第2の湖として様変わりした現在の霞ヶ浦の水域環境や沿岸の社会を歴史的な視点で見直す試みと考えている。

第1節　地域史研究の視点

　筆者は，常陸南部から下総北部に広がる古霞ヶ浦沿岸に，後の常総に継承さ

れるようなまとまりをもつ社会が,すでに古墳時代(3世紀中葉~7世紀初頭)には芽生えていたと想定している。古霞ヶ浦の特質や地域社会の形成について,古墳時代の考古資料に基づき検討するため,以下においてその論点や研究の方向性を整理したい。

浮島の遺跡分布調査を報告した渥美賢吾は,往時の姿を止めていない古霞ヶ浦の地域像を描き出すためには,遺跡・遺物といった考古資料が絶好の分析対象となり,とくに古墳時代以前から積み重なった特性を無視して論じることはできないことを強調している[12]。また,東京湾から古霞ヶ浦沿岸にかけて,古墳時代の文化と地域社会の形成について考察した白井久美子は,「筑波山を望む鬼怒川・利根川下流域は,かつて広大な内海を挟んで東海道経由の弥生文化と対峙し,独自の伝統を維持していた。この均衡が破られるのは,古墳時代になって東北へ向かう倭王権の強い影響力が波及した時であった。この地域は,ようやく遠江以東を緩やかに結ぶ交流圏に入ることになる。しかし,その後も独自性を発揮し,(中略)とくに後期以降は,倭王権の軍事的,経済的基盤としての重要性が大きくなるが,王権の傘下にあっても独自の地域色を発現するきわめて統制の難しい地域である」と,古墳時代における当該地域の歴史性について簡潔,かつ的確に指摘している[13]。

管見に触れたこれらの指摘は,古霞ヶ浦沿岸の地域史に対する基本的な視点を提示していると言えよう。以下,これらの視点を生かし地域社会の特質や形成を考えるために,まずは参考に,『茨城県遺跡地図』[14]や『千葉県埋蔵文化財分布地図』[15]により,常陸南部から下総北部の各水域単位にその遺跡数を抽出してみよう(第1表)。

第1表 古霞ヶ浦沿岸の遺跡分布状況

	弥生時代	古墳時代	奈良・平安時代	備考
筑波山麓~土浦入沿岸	84	565 (201)	436	現土浦市・つくば市(旧茎崎町を除く)
霞ヶ浦南西岸	108	523 (185)	418	現阿見町・美浦村・稲敷市・牛久市・竜ヶ崎市
恋瀬川流域~高浜入沿岸	237	317 (225)	685	現石岡市・かすみがうら市,旧玉里村
霞ヶ浦東岸・東南岸	67	217 (143)	229	現行方市・潮来市,旧鉾田町
北浦東岸~太平洋岸	52	140 (45)	113	現鹿島市・神栖市,旧大洋村
小貝川~利根川左岸	17	231 (67)	256	現坂東市・常総市・つくばみらい市・守谷市・取手市・利根町,旧茎崎町
利根川河口右岸	57	164 (136)	156	現銚子市・東庄町,旧小見川町
利根川下流右岸	17	191 (294)	193	現神崎町,旧佐原市・下総町
印旛沼沿岸	83	291 (368)	407	現印西市・栄町,旧成田市

※古墳時代は,集落跡や包蔵地の遺跡数以外に,( )内に古墳・古墳群の数(注16)を提示している。

弥生時代，古墳時代，奈良・平安時代の遺跡分布状況を通観すると，おしなべて弥生時代の遺跡数が少なく，古墳時代になると急増する様相が顕著なことがわかる。そのような中で，古墳時代の遺跡の集中度が最も高いのは，「筑波山麓から土浦入沿岸」と「霞ヶ浦南西岸」で，遺跡数は他に比べ群を抜いている。古墳時代から奈良・平安時代への変化は全体的にみると大きなものではないが，地域によって大幅な増加も認められる。古墳時代の遺跡数が中程度な「恋瀬川流域から高浜入沿岸」や，「印旛沼沿岸」は遺跡数が増加しており，とくに前者は唯一遺跡数を倍増させ，突出した存在となる。弥生時代から律令期にかけて，遺跡の集中域とその移り変わりは，古霞ヶ浦沿岸の地域的特質を示唆する現象として注視すべきである。

第2節　古霞ヶ浦の自然地理的景観

　律令期以前の常陸南部から下総北部の景観を論じる場合，近世初期に施工された利根川東遷以前の姿，本書でいうところの古霞ヶ浦の景観を復元し，イメージすることが必要である。『利根治水論考』[17]で吉田東伍が復元した「衣河流海古代(約千年)水脈想定図」(第3図)によると，現在の北浦・霞ヶ浦・印旛沼・手賀沼は銚子口より湾入し，小貝川・鬼怒川・常陸川(広川)などが流れ込む，ひと連なりの内海として描かれている。著者の吉田は「浪逆とは，古人之を海を云ひ，鹿島，香取の間の内海の汎名とせり。されば後世江海の形状頗変革し，今は僅かに一湾の名と為せど，古の浪逆海とは安是湖(今の銚子港)を海門とし，三宅汭，香取海をも籠絡し，北浦，西浦(香澄流海)を傍支とせる大江なりしと知るべし。相係属せる諸水を合考するに，当時之に帰注せるは衣河を大なりとし，利根河は未来会せざりき。」と叙述し，内海の景観を復元している。なお，「霞浦は，(中略)面積十方里許，湖上の運送は牛堀を以て津口とし，高浜入に往来する者，日夜定期の輪船あり，土浦入，古渡入にも船便あれど，高浜往来を主要とす。」など，明治期の霞ヶ浦水運における高浜入，土浦入，古渡入の船便を比較する記述にも興味深いものがある。

　12世紀前半の『今昔物語集』や『小右記』治安3年(1023)9月6日条でも，吉田が復元した常陸南部から下総北部に広がる海域は，「内海」「入海」などと

序章　古霞ヶ浦の提唱

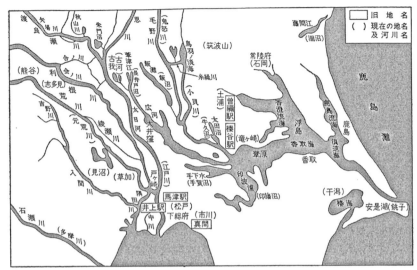

第3図　古霞ヶ浦の自然地理的景観
（小出博 1975『利根川と淀川　東日本・西日本の歴史的展開』中公新書より）

呼ばれていた[18]。鈴木哲雄が指摘するように，中世さらには古代に遡って，これらの海域は河川湖沼が連なって今の東京湾に匹敵するといってもよい巨大な内湾を構成していたと考えられている[19]。鈴木は，この内海が入り込む水系は，下総国のほぼ全域，常陸国の中南部，そして下野国中南部に及んでいたとし，なかでも鬼怒川・小貝川をその基幹水系と考え重視して，この地域を鬼怒川＝内海（香取海）と呼び，現在の東京湾を中核としたもうひとつの利根川＝内海（古東京湾）と対比させている。

また市村高男は，常陸南部から下総北部に広がるこの内海が極めて不成形な形状で，多様な個性を持つ海域の集合体であることから，これらを包含する常総地域に着目し，「常総の内海」の呼称を提唱している[20]。市村は，鹿島・香取周辺，北浦，印旛・手賀沼それぞれの周辺，出島半島と行方郡との間，出島半島と信太郡との間，さらには信太郡の榎の浦周辺など，それぞれの海域が異なった面貌を持っており，その沿岸もまた異なった地域性を有しているとする。その一方，「常総の内海」が社会・生活文化等の面では共通性を内包する海域でもあると述べ，この二つの側面を統一的にとらえることによって，はじめて内海の歴史的役割を正しく評価することができることを指摘している。これは，

考古学の立場から「(常総の)内海をめぐる水運は，政治・経済・文化の変革をもたらす情報伝達の導線であったが，同時に固有の地域圏を画する壁にもなり得た。そのような二面性を抽出することにこの水域圏を分析する意義があろう。」とする白井久美子の提言 21)とともに，古霞ヶ浦沿岸を分析する上で重視すべき視点と言えよう。

第3節　近世以前の古霞ヶ浦

ここで改めて，中世から古代，古墳時代へと遡りながら，古霞ヶ浦沿岸の地域史に関わるおもな研究を通史的な視点で概観してみよう。研究の特徴や傾向から問題の所在や論点に接近したい。

(1) 中世の沿岸社会

中世史の研究は，古霞ヶ浦を「香取海」「鬼怒川＝内海」「常総の内海」など異なる視角で取り上げているが，いずれも内海から外海や河川水系に連なる水運が主題となっている。近世の水運にも目を向けると，近世初期に始まる東廻海運史の研究を行った渡辺英夫は，銚子口，犬吠崎付近は船の航行にきわめて危険な場所であったとしつつ，東北諸藩の江戸廻米にあたり，銚子口・潮来より利根川の水運に連絡する航路とともに，房総半島を迂回し江戸に直航する方法も交通技術史の点から見て十分に可能であったとしている。気候条件次第では，やむなく房総迂回を中断し，銚子口に入り込まなければならないこともあったが，再度房総迂回の航路に乗り出せるのか，利根川の内陸水運に連絡したほうがよいかを判断する分岐点として，銚子の地位が重要度を増していったらしい 22)。

網野善彦は，建久3年(1192)の伊勢神宮の神領注文にみえる東海道諸国の御厨は，大部分が海の道を通って設定されたものであろうとし，東国諸国における海民の活動は活発かつ広範であり，12世紀頃には東海道の最遠国常陸は，海の道を通って伊勢にいたる諸国と日常的につながっていたとみている。さらに鎌倉時代前期には，日本を一周する地廻りの航行ルートはすでに成立していたとして，霞ヶ浦・北浦の内海も，この意味で早くから全国に開かれていたと述べ

ている[23]。なお,14世紀頃に霞ヶ浦や北浦沿岸で活躍した海夫について,九州肥前の松浦郡の海夫との関係を想定し,九州と東国とを結ぶ海の道がきわめて古くまで遡る可能性をも示唆している[24]。網野は常陸・下総の内海の海夫は,水運の重要な担い手であり,列島の海民たちとのつながりのなかさまざまな文物が流入し,当地域の独自な歩みに影響を与えていたと指摘する。これは,内海の独自な秩序のもっとも発展,完成した姿だったのであり,琵琶湖縁辺の都市連合と同様に,古霞ヶ浦を基盤とする小都市連合体となりうる可能性を秘めていたと評価している[25]。

一方,中世における東国の内海を「常総の内海」,武蔵・相模と房総に囲まれた現在の東京湾を「武総の内海」の二つに分けて,内海の役割とその重要性に言及したのが市村高男である[26]。市村によると,常総の内海は涸沼川水系などの外郭水域も介しつつ東北地方に連なる東国の窓口となり,武総の内海もやはり相模湾などの外郭水域を介して畿内・西国に連なる東国の窓口となっていたと位置付けている。そして,この二つの内海は,水陸交通の結節地帯となり,これによって東北・蝦夷島から畿内・西国までの諸地域が一つに結ばれることになったのであり,外海と連結した機能を前提としてその特質や重要性が指摘できると論じている。市村はさらに,常総の内海沿岸が非農業生産的側面に卓越しており,魚介類や鳥類の捕獲,牛馬の生産,養蚕や山野の恵みなど領主権力が掌握しにくい生産物を背景に,多くの余剰を蓄積することが可能になったとする。貨幣やモノの動きの隆盛に伴い,東国の中でも武総の内海沿岸と並んで,最も人の移動・入植が顕著に見られることなど,その指摘は生産や交通・流通など社会・経済の特質にまで及んでいる。

(2) 古代・古墳時代の沿岸社会

古代下総国における海上国造と海上津に言及した山路直充は,古霞ヶ浦の開口部を海上国造が占めていたとし,銚子沖が寒流と暖流がぶつかる難所であることから,海上国は内海と外海の結節地として,関東地方有数の海上交通の要衝だったと述べている。さらに山路は,香取郡は香取神宮の神郡であり,鹿島評が海上国造と那賀国造のクニを割いて成立したように,香取評も海上国造と印波国造のクニを割いて成立したと想定する。鹿島・香取両神宮は,外海への

開口部を挟むように鎮座しており，その性格には征夷のための港湾を守護する側面があったと考えられる[27]。

征夷との関わりで『常陸国風土記』にみる郡家と津の関係に注目したのが川尻秋生で，榎浦の津，鹿島郡の津，行方郡の津，茨城郡高浜の津，信太郡の津など郡家には郡津が付属しており，各郡家どうしが水上交通によって結ばれていたと指摘している。また，このような常陸南部と同様に下総側でも水上交通が盛んであったと考えられ，古霞ヶ浦と外洋交通がリンクしており，常陸，下総を中心に郡司など在地首長層の私的海運力によって糒が陸奥軍所に運ばれた可能性が高いとする。坂東の在地首長は，私交易を行い得る外洋航海可能な船と津，海洋技術者を保持していた。その政治・経済活動に外洋交通が重要な機能を果たしたこと，征夷にはこれら在地首長層の海運力が不可欠であったことがわかるとし，すでに7世紀代に海からの征夷が存在した可能性は高いであろうと説いている[28]。

坂東の在地社会と古代王権をめぐって山路直充は，規模の大きな河川や谷の両岸を一つにまとめていたのは国造のクニであったとし，古代王権は，国造が掌握していた交通の要衝を分断して評を成立させ，段階を追って従来の地域的なまとまりを再編していったと述べる[29]。一方，律令期の郡郷の配置が川を境にしていることはきわめて少なく，むしろ川の両岸で一つの郡ができている例のほうが多いとする指摘もまた重要である[30]。古代においても，元来内海や外海，河川や湖沼などは，地域と地域を隔てるものではなく，相互を結び付ける見えない「道」であったと考えられる[31]。

古代の古霞ヶ浦沿岸を考える上で，国府の立地と内海との関係は重要である。中村太一によると，常陸国では港津と市の存在が比定されているのは恋瀬川が霞ヶ浦に流入する河口部の高浜で，川を遡上すればほどなくして国府に到着する。国府の立地は駅路を優先させつつも，最終的には駅路と水上交通路の交点となるように選地されているが，中村は「水陸交通の要地」が一般的な国府の立地条件と考えてよいのではなかろうかとしつつ，国府が何故水上交通の活用を必要としたかという根源的な課題も提起している[32]。霞ヶ浦の高浜入沿岸に立地する常陸国府の存立とその歴史的背景は，古霞ヶ浦の歴史性や特質と深く関わる問題と言えよう。

国府成立以前の古墳時代にあっても，東国と畿内を結ぶのは水上交通であったと提起したのが古地形学の久保純子である。久保は，香取平野の低地にある微高地はかつての海岸線沿いに形成された砂州であり，大型の前方後円墳を含む古墳時代以降の遺跡が数多く分布することに注目している。この一帯には鹿島神宮・香取神宮が鎮座し，大和朝廷とのつながりも深いことから，久保は，古墳時代においても香取海が畿内政権と東国とを結びつける水上交通の要所であったことが予想されるとする[33]。また，古墳の分布状況と中近世の津の所在地に注目したのが白井久美子であった。白井によると，中世に活躍した霞ヶ浦・北浦の海夫たちは，江戸時代に入ると玉造浜を北津頭，古渡浜（稲敷郡）を南津頭とする霞ヶ浦四十八津，白浜を津頭とする北浦四十四ヶ津を管理した組織として姿を現す。すでに中世に形成されていたこれらの根拠地は，香取海沿岸の古墳分布状況と重なる部分が多く，その起源は古墳時代の地域首長の領域に求められる可能性があると指摘する[34]。古墳時代における古霞ヶ浦沿岸の政治的領域や諸関係については，先の国府の選地や，それに先立つ国造制とも関わり深い問題として重視したい。

　古霞ヶ浦沿岸に焦点を当てた考古学的研究の成果について，水上交通の結節点としてだけでなく，文化のクロスロードあるいはメルティング・ポットとして，他とは異なる特性を有していると指摘したのが渥美賢吾である[35]。このような考古資料から見えてくる物流や文化交流の特徴は，上述の政治的諸関係の問題とともに，古墳時代に遡る古霞ヶ浦沿岸の特質や地域社会の形成を考える上で重要な視座を与えるものであろう。

第4節　古墳時代研究の現状と論点

　前節では，内海の古霞ヶ浦を視座に，各時代の地域史研究の成果を，細部によらずおもに大局的な視点で取り上げた。ここではあらためて，本書の主題である古墳時代について，中央と地方の列島史的な視点で主な研究と論点を把握したい。

　古墳時代の開始と古墳の展開については，中央政権の主体性を重視し，周辺への波及は畿内中枢が主導したとする従来の考え方に対し，近年は地域の主体

性を重視する考え方も提起されている 36)。論点となるのは，なぜ前方後円墳が列島諸地域で受容されたのか，全国各地に波及，定着する過程やその要因である 37)。

ちなみに，上記の論点を考察した下垣仁志は，前方後円墳の出現と展開を，大和東南部による列島内流通ネットワークの中心性とその主導に求め，畿内中枢を上位とする中心－周辺関係が形成・維持されていたと考える。列島広域に古墳が受容された要因については，差異化の装置としての前方後円墳の機能に注目し，前方後円墳が有力集団内・間の秩序を産出・維持・再生産するのに適した，魅力的な装置であったのだろうと考えた 38)。

古墳時代の開始にあたり，地域の再編という事態があったとするならば 39)，古霞ヶ浦沿岸の状況は具体的にどのような動きに共鳴しているのだろうか。当該地域の再編は，畿内中枢政権の意向や政治意志が主導するものか，あるいは東日本独自の動きがあるのか等々，先の畿内を中心とする流通ネットワークも念頭において考えてみる必要がある。関東地方など，古墳出現期の東日本と大和政権との関係は，伊勢湾沿岸の東海地方を介した中央と地方の間接的な関係だったとする岩﨑卓也の提言なども参考となろう 40)。

広瀬和雄が提唱する海浜型前方後円墳は，海運・水運を掌握した地域首長層と中央政権によるネットワークを表している。古霞ヶ浦沿岸に分布する首長級の前方後円墳もそのひとつで，中央政権の対朝鮮政策の兵力を担う兵站的役割を負わされていた，と広瀬は考える 41)。これは，水田稲作を生産基盤に成長した階級的支配者とする従来の古墳時代の地域首長像に向けたアンチテーゼとしては首肯できるが，古霞ヶ浦沿岸の場合，兵站的役割のみで整合的に理解できるのであろうか。

香取の海に面する沿岸の人々が水運によって密接な関係をもっていたことを常総型石枕の分布状況から明らかにした白井久美子は，倭王権の東北進出を背景とした，当地域の政治的・軍事的基盤としての重要性を説く。とくに，6世紀末葉から7世紀は，中国大陸に隋・唐の統一王朝が相次いで成立したのを受けて，新たな体制を組み立てつつあった倭王権が，関東から東北にわたる広大な領域を直接取り込むための進出の拠点としたと考える 42)。

古墳時代の関東地方において，列島内でどのような交流が行われたのか，西

関東・東関東や古東山道・古東海道の対置的視点に立って，交流の性格を議論すべきとしたのが内山敏行である[43]。内山は，倭の全域に関連する説明とともに，中央や朝鮮半島からは遠くて，東北には近い関東地方に即した説明が必要と説く。

生態環境・交通環境を重視する視点に立ち，常総の内海の多様性を上野と対比しながら指摘したのが山田俊輔で[44]，上野のような集約的な労働を伴う水田経営の社会は，大首長墳を頂点とするピラミッド型の階層構成を生み出すのに対し，常総のような共同性の低い内水面漁撈に依拠した社会は，拠点ごとに複数の有力者が出現したとする。このために，一体感のある内海でありながら一つのまとまりを形成しなかったとするが，政治的にみると霞ヶ浦沿岸を包含し，広範に領有していたと思われる高浜入勢力の性格や役割はいかなるものなのか。山田の理解とともに，内海の特質に関わる議論として，地域社会の形成を考える上でも不可欠な論点といえる。

まとめ ― 問題の所在と研究の方向性

常総の通史的，学際的研究を目指した岩﨑宏之は，「常陸の道」から「常総地域史」への道筋を提唱した。岩﨑は，交通を議論することによって地域の歴史を考えること，交通という問題をめくっていくと時代ごとに社会のいろいろな顔が見えてくることを指摘する[45]。

古代常陸国の古墳分布と郡領域との関係を論じた清野陽一は，真壁郡，河内郡，信太郡，行方郡，鹿島郡など国造の名を冠しない郡はとくに常陸南部に多く存在するが，隣国と境界を接する交通上の重要性からこれらの地域に評が設置されたのであろうと考える[46]。これは，交通の拠点を確保するという律令政府のねらいもあり，国造領域の一部を割いて立評する際，交通の重要拠点が核となったものと考えられる。要するに，常陸南部にかたよる評の分割設置は，すでに7世紀代以前より古霞ヶ浦やその水系に連なるこれらの地域が交通上とくに重要な位置を占めていた証左とも理解できよう。

古墳時代における古霞ヶ浦沿岸の考古学的検討にあたっては，まずは交通や交流を注視し，そこから見えてくるテーマを抽出し，論を展開するのが肝要か

と思われる。きわめて大ざっぱながら通観した過去の研究を振り返ると，交通の視点から浮上してくる問題は多く，内海をめぐる地域圏や政治圏，生産と流通，そして祭祀・信仰などの論点が考えられる。古墳時代に関しては，列島史的な観点にも立って考えてみたが，古墳出現期における地域の再編，畿内中枢と周辺の関係，首長間ネットワークの役割や交流の性格，内海沿岸の社会の特質などの論点が俎上に上ってくる。本書では，これらの具体相を究明したい。現在の自然地理的環境から昔日の古霞ヶ浦の姿を想像することは難しいが，上記のような課題や論点について思いを致すことが，霞ヶ浦を見直す契機にもなると考える。ここでは，考古学による研究の方向性について，以下に大筋を提示し結びとしたい。

第3・4節で検討した研究の現状を整理し，新たな視点も加え，古墳時代における古霞ヶ浦沿岸の論点として，①古霞ヶ浦と地域の再編，②政治拠点と構造，③生産と流通，④祭祀・信仰と交通の4つのテーマを提起したい。

①**古霞ヶ浦と地域の再編**は，古墳時代開始期における伝統的墓制(土器棺墓)と新来の墓制(方形周溝墓)の分析，検討を通して，古霞ヶ浦をめぐる文化圏の変容と沿岸地域の再編について考察する(第1・2章)。

②**政治拠点と構造**は，古霞ヶ浦沿岸に築造された首長級古墳や中小古墳の動向から古墳時代を通観し，政治拠点の形成や推移，その類型とネットワークについて考察する(第3・4章)。

③**生産と流通**は，古霞ヶ浦沿岸に特徴的な生産(玉と埴輪)とその技術や構造をを取り上げ，生産の拠点と製品の流通，これらの交流などから地域の特質について考察する(第5・6・7章)。

④**祭祀・信仰と交通**は，沿岸全域から望見できる宗教的シンボルであり，ランドマークとしても重要な筑波山の祭祀・信仰を主題としたい。筑波山の信仰と古霞ヶ浦沿岸の要所に点在する祭祀遺跡との連関，交通・交流との関係性も探り，祭祀の源流やそれらの歴史的背景について考察する(第8章)。

最後に①～④の成果を踏まえ，古霞ヶ浦沿岸の歴史的特質と地域社会の形成について考察することが本書の目的となる(終章)。

序章　古霞ヶ浦の提唱

注
1) 秋本吉郎校注『風土記　日本古典文学大系2』岩波書店　1958年。
2) 江戸時代以降, 霞ヶ浦は利根川河口の堆積等により淡水化が進んだが, 1963 (昭和38) 年の常陸川水門の竣工により, 外海とはほぼ完全に遮断された淡水湖となっている。
3) 堀部猛・桃崎祐輔・橋場君男『中世の霞ケ浦と律宗－よみがえる仏教文化の聖地－』土浦市立博物館　1997年。ここで桃崎が提示した古霞ヶ浦沿岸地域の概念と名称を援用する。具体的には, 現在の霞ヶ浦, 北浦, 利根川下流域, 印旛・手賀沼と, 鬼怒川・小貝川中・下流域を含む広大な内海を指す。桃崎は, 古霞ヶ浦が古代より鹿島, 香取, 筑波山の宗教的三極を擁し, 地域を統合する象徴的な役割を果たしていたと見ている。筆者は, 鈴木哲雄の指摘 (鈴木哲雄「将門の乱から鎌倉武士へ－坂東の風景から－」『中世の風景を読む　第二巻』新人物往来社　1994年) にもあるように, 内海の源流とも言える古鬼怒川水系に重きをおいて「古鬼怒川の内海」が相応しいとも考えるが, 桃崎の提唱するシンボリックな意味合いからも, 最も広い水域を占める霞ヶ浦の名を冠したい。
4) 永山正『土浦の歴史』東洋書院　1982年。
5) 木塚久仁子・堀部猛『次の世を読みとく－色川三中と幕末の常総』土浦市立博物館第36回特別展図録　2015年。
6) 木塚久仁子「歴史研究の姿勢－地域派国学者・史料収集・公開」注5文献。
7) 盛本昌広「色川三中編纂『常総遺文』の構造 (上)・(下)」『史學』68－1・2・3・4　三田史学会　1999年。
8) 中井信彦『色川三中の研究　伝記篇』塙書房　1988年　138~139頁・色川薬種店行商圏図, 及び岩崎宏之他『土浦市史資料　家事志　色川三中日記　第一巻』土浦市立博物館　2004年　附第一図参照。
9) 研究の嚆矢として, 茂木雅博による霞ヶ浦沿岸における箱式石棺の研究がある。古墳時代後半期の箱式石棺を集成し, 霞ヶ浦沿岸を中心に常陸南部を越えて下総にまで分布していることから, すでに本書でいうところの古霞ヶ浦沿岸の地域色を明示している。茂木雅博「箱式石棺について」『常陸大生古墳群』雄山閣出版　1971年。
10) 川西宏幸「常陸の実相－総説にかえて－」『東国の地域考古学』六一書房　2011年, 3頁。
11) 濱下武志「歴史研究と地域研究－歴史にあらわれた地域空間」『地域の世界史1　地域史とは何か』山川出版社　1997年, 31~37頁, 50~52頁。
12) 渥美賢吾他「常陸浮島の考古学的検討」『茨城県考古学協会誌』第17号　2005年。
13) 白井久美子「水域圏をめぐる古墳時代の分析に向けて」『古墳から見た列島東縁世界の形成』千葉大学考古学研究叢書2　2002年, 1~2頁。
14) 茨城県教育委員会『茨城県遺跡地図』2001年。
15) 千葉県文化財センター『千葉県埋蔵文化財分布地図』1985年。
16) 古墳及び古墳群の数値については, 市町村ごとに集計の基準にばらつきがある。また, 第1表の作成にあたっては, 他に『守谷町史』1985年, 『藤代町史』1990年, 『牛久市史料原始・古代－考古資料－』1999年などを補足参照した。
17) 吉田東伍『利根治水論考』三省堂書店　1910年 (影印版1974年　崙書房), 241~243頁。
18) 川尻秋生『古代東國史の基礎的研究』塙書房　2003年, 第Ⅲ部第3章。
19) 鈴木哲雄「将門の乱から鎌倉武士へ－坂東の風景から－」『中世の風景を読む　第二巻』

新人物往来社　1994 年。
20)　市村高男「中世常総の内海（入海）と地域社会」『中央学院大学比較文化研究所紀要』11　1997 年。
21)　白井久美子「東国世界の原風景」『土筆』第 5 号　1999 年，334 頁。
22)　渡辺英夫『東廻海運史の研究』山川出版社　2002 年。
23)　網野善彦「中世前期の水上交通について」『茨城県史研究』43 号　1979 年。
24)　網野善彦「金沢氏・称名寺と海上交通」『三浦古文化』第 44 号　1988 年。
25)　網野善彦「海民の社会と歴史（二）－霞ヶ浦・北浦」『社会史研究』2　1983 年。
26)　市村高男「内海論から見た中世の東国」『中世東国の内海世界』高志書院　2007 年。
27)　山路直充「寺の成立とその背景」『房総と古代王権』高志書院　2009 年。
28)　川尻秋生『古代東国史の基礎的研究』塙書房　2003 年，第Ⅲ部。
29)　注 27 文献。
30)　福田豊彦「討論」『第二回シンポジウム　常陸の道－常陸国における交通体系の歴史的変遷－』筑波大学歴史・人類学系　1991 年。
31)　注 28 文献。
32)　中村太一「古代東国の水上交通－その構造と特質－」『古代東国の民衆と社会　古代王権と交流 2』名著出版　1994 年。
33)　久保純子「「常総の内海」香取平野の地形と歴史時代における環境変遷」『中世東国の内海世界』高志書院　2007 年。
34)　注 21 文献。
35)　注 12 文献。
36)　北条芳隆「前方後円墳と倭王権」『古墳時代像を見なおす－成立過程と社会変革－』青木書店　2000 年。
37)　下垣仁志「古墳出現の過程」『古墳出現の展開と地域相』古墳時代の考古学 2　同成社　2012 年　17・18 頁。
38)　注 37 文献　22~26 頁。
39)　西川修一は，弥生時代終末期に地域ごとの「紐帯」が急激に解消へと向かい，それまでの「集住」から「拡散」へと転換し，新たな広域地域圏への再編が行われたと述べている。西川修一「列島北縁の古墳時代前期ネットワーク」『城の山古墳発掘調査報告書 (4-9 次調査)』胎内市教育委員会　2016 年　459 頁。
40)　岩﨑卓也「古墳分布の拡大」『古代を考える　古墳』吉川弘文館　1989 年。
41)　広瀬和雄「海浜型前方後円墳を考える」『海浜型前方後円墳の時代』同成社　2015 年。
42)　白井久美子「関東における古墳形成の特性」『考古学研究』54-3　2007 年。
43)　内山敏行「各地の古墳Ⅹ　関東」『古墳時代研究の現状と課題　上－古墳研究と地域史研究－』同成社　2012 年。
44)　山田俊輔「「常総の内海」をめぐる古墳時代中期社会の研究」『考古学論攷Ⅱ』千葉大学考古学研究室　六一書房　2015 年。
45)　岩﨑宏之「開会あいさつ」『第四回シンポジウム　常陸の道－常陸国における交通体系の歴史的変遷－』筑波大学歴史・人類学系　1992 年。
46)　清野陽一「常陸国の古墳分布と郡領域」『古代地方行政単位の成立と在地社会』奈良文化財研究所　2009 年。

第1章　弥生時代の土器棺墓

はじめに

　関東地方における弥生時代の墓制には，その主流をなすものとして縄文時代晩期末葉から弥生時代中期中葉にかけて盛行する土器棺再葬墓と弥生時代中期中葉を初源として中期後半以降盛行する方形周溝墓とがある[1]。このうち西日本から波及した方形周溝墓は，いわゆる特定個人墓あるいは特定集団墓としての性格を有しており，これに対し同時併存する一般民衆墓としての土器棺墓や土壙墓の存在があげられる。さらに，土器棺使用の墓制のなかには，弥生時代中期中葉以前の二次葬を目的とした再葬墓と，後期にまで及ぶ一次葬を目的とした一般的な土器棺墓の存在が想定されている。そして，後者についてはその棺構造や埋納方法からみて，大部分が乳幼児の埋葬を目的としたものと考えられてきた[2]，補注1)。

　土器棺使用墓に関する過去の研究の多くは，土器棺再葬墓を中心に展開されており，1939~41年の茨城県筑西市女方遺跡[3]，1939年の群馬県吾妻郡東吾妻町岩櫃山遺跡[4]や1963~64年の千葉県佐倉市岩名天神前遺跡[5]等の調査を経て，弥生時代墓制として定着をみた学史[6]がある。土器棺再葬墓の分布は，東海三河地方から東北南奥地方に及び，関東地方への波及は縄文時代晩期末葉の南奥地方大洞A'期にその源流が求められるようである[7]。関東地方から東北南奥地方にかけての再葬墓は土器棺複数埋納型であり，三河地方を中心とする東海地方では単独埋納型が主流を占めている[8]。この傾向は，その盛行時期の特徴（弥生時代中期中葉以前）とあいまって再葬墓認定の一つの根拠となっている。事実，関東地方以東における中期後半以降の土器棺使用墓は，そのほとんどが単独埋納型の土器棺墓である。その実証事例として，馬目順一が福島県双葉郡楢葉町天神原遺跡の緻密な調査所見と分析から，弥生時代中期末葉に位置付けら

れる24基の単独埋納型土器棺墓をすべて幼児棺と認定し，成人埋葬を主体とする再葬墓と区別している9)。

　常陸における弥生時代の土器棺墓の検出事例は，現在のところ北部には比較的多く認められるが，南部の分布は希薄で，下総北部を含んだ古霞ヶ浦沿岸にわずかに認められる程度である補注2)。常陸北部では，縄文時代晩期末葉から弥生時代中期前半にかけて，土器棺複数埋納型の再葬墓が認められるが，それ以降は後期にかけて単独埋納型の土器棺墓が多い10)。弥生時代の方形周溝墓が未検出である常陸においては，再葬墓を含む広義の土器棺墓の研究は，当地の弥生時代墓制を考える上で重要な位置を占めるものと思われる。これまでは，土器の系譜とあいまった周辺墓制との関連性についての吟味は，なされていないのが現状である。とくに，南部においては検討すべき資料数が絶対的に少なく，詳細な分析を行うこと自体が困難であった。しかし，既に弥生時代中期中葉，遅くとも後半には方形周溝墓の波及をみる南関東地方（下総以西）との対比を念頭においた場合，個々の墓制のあり方とその系譜が重要な歴史的意味をもつと思われる。

　本章では，このような視点に立ち，霞ヶ浦沿岸における弥生時代土器棺墓の一例を紹介し，弥生時代墓制における型式学的位置付けやその系譜とともに，常陸南部と下総北部の当時の社会状況や交流について考えてみたい。なお，本土器棺は，個人の山芋採取の際に偶然発見された資料で，発掘調査による出土ではない。その点，出土状況や遺跡の性格について，不分明な点が多いことは否めない補注3)。

第1節　土器棺墓の事例

(1) **立地と環境**(第4・5図，第2表参照)

　本資料の出土地は，土浦市今泉町字西原に所在し，土浦市の北部，天の川の上流右岸の台地縁辺部に立地している。天の川は，霞ヶ浦の高浜入に流入する恋瀬川の支流にあたり，出土地周辺を西から東に流れ，河川の両側には南北に入りこむ幾筋もの樹枝状の小支谷を形成している。出土地は，本河川の南側に延びる小支谷のやや奥まった，標高約25mをはかる北面する台地の傾斜変換

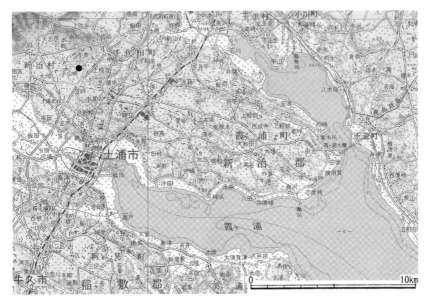

第4図　土器棺出土地点(●印)位置図(国土地理院20万分の1地勢図より)

点にあり，その南側には比較的平坦な台地が広がっている。天の川の氾濫原は，流域全体をとおして狭隘で，比較的広大な氾濫原を有する近隣の桜川や恋瀬川流域とはその地理的環境を異にしている。すなわち，霞ヶ浦に近接はしながらもやや内陸部的要素の濃い遺跡と考えられる。

　周辺の遺跡に目を向けると，東側に隣接する西原遺跡では，縄文土器・弥生土器・土師器の小片が採集され，縄文時代から古墳時代あるいは奈良・平安時代にかけての遺跡と考えられる。本資料の出土地からも，現状において若干ながら弥生土器の小片が採集され，墓址を含む集落址等の遺跡として，西原遺跡と一連として捉えることも可能と思われる。この他近接する弥生時代の遺跡としては，天の川対岸の吹上坪遺跡や根鹿西・北遺跡があり，若干の弥生土器が採集されるが，やはりこれらの遺跡も本遺跡同様，小支谷沿いの台地縁辺部や端部に立地している。

(2) 土器の出土状況

　先にも述べたように，本資料は発掘調査によるものではない。その出土状況については不明瞭な部分が多いが，発見者からの聞き取りにより可能なかぎり

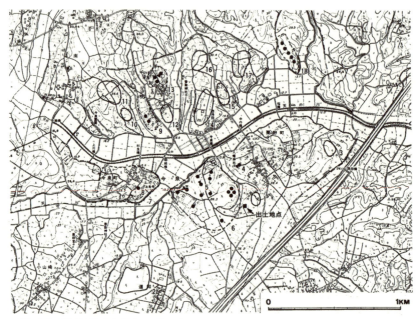

第5図　周辺遺跡分布図（№.は第2表と一致，国土地理院2万5千分の1地形図より）

第2表　周辺の遺跡一覧

No.	遺跡名	所在地	時代	立地	遺跡の概要
1	西原	今泉町西原	縄文～古墳	台地	縄文土器，弥生土器，土師器散布
2	裏山	小山崎町裏山	縄文	台地	縄文土器，土師器散布
3	下田原古墳	粟野町下田原	奈良・平安	台地	土師器散布
4	八幡神社古墳	今泉町八幡	古墳	台地	約50mの前方後円墳と推定
5	愛宕山古墳	今泉町原田	古墳	台地	約55mの前方後円墳，埴輪採取
6	愛宕山古墳群	今泉町上古	古墳	台地	前方後円墳2，円墳15，方墳8基ほか，埴輪採取
7	今泉城址	今泉町杉並台ほか	中世	台地	一部空濠残存
8	今泉古墳	今泉町今泉	古墳	台地	一辺10mの方形
9	吹上片蓋古墳群	今泉町吹上	古墳	台地	径10mの円墳2基確認
10	根鹿西	今泉町根鹿	縄文～古墳	台地	縄文土器，弥生土器，土師器，須恵器散布
11	根鹿北	今泉町根鹿	弥生～平安	台地	弥生土器，土師器，須恵器，埴輪散布
12	吹上坪	今泉町吹上坪	弥生～古墳	台地	弥生土器，土師器散布
13	吹上坪円墳群	今泉町吹上	古墳	台地	前方後円墳1，円墳数基
14	塙台	今泉町塙台	古墳～平安	台地	土師器，須恵器散布
15	登戸	今泉町登戸	古墳～奈良	台地	土師器，須恵器散布
16	細内	今泉町細内	奈良・平安	台地	土師器，須恵器散布
17	大門	今泉町大門	古墳	台地	土師器散布
18	堂原古墳群	今泉町堂原	古墳	台地	円墳5基確認

その状況を復原することにする。

　出土地点は，現在荒地となっており，本資料は現地表面から約1.3～1.5mの深さから出土している。

2個体分の土器の出土状況は，大形の壺形土器胴部を利用した下方土器の上に，壺形土器胴部下半を利用した上方土器が倒立伏位で蓋として被覆された状態で出土したようであり，典型的な合口壺棺のあり方を示している。そして，土器全体が上端を東南の方向に傾斜させ，ほぼそのままの状態で発見されたようである。

　出土層位については，発見者の観察から赤土すなわち関東ローム層下，あるいはローム層中であったようで，土器周辺の土もローム層に近い土質だったようである。以上のような状況から考えると，この土器棺は，地山（関東ローム層）を掘りこんだ土壙の中に埋納されていたものと考えられる。さらに，土器周辺の土質がローム層に近いものであったことも，他の土器棺使用墓の事例にも認められるように，掘削した土で土壙をそのまま埋め戻したことを示すものと言えよう。

　前述したように，発見者は土器を掘り出す際に，土器の周辺を20~30cmの範囲にわたり掘削しているが，この2個体分の土器以外の土器は出土していないようである。すなわち，一般的に関東地方における複数埋納型の再葬墓が大型土壙内に比較的密接した出土状況を示すことを考えれば，先のような出土状況は，本資料が小土壙内に単独で埋納された土器棺墓であることを示唆していると言えよう。

　なお，土器棺内部からは，人骨や副葬品等の遺物は全く見つかっていないようである。

(3) **土器の概要**（第6図参照）
　ここでは，土器の器形・文様・整形等の概要について，土器棺の身（下方土器）と蓋（上方土器）に分けて説明する。

〈下方土器〉
　合口土器棺の身として使用されているもので，胴部最大径を中ほどに持つ長胴の広口壺形土器である。底部付近は，外側にややはみ出す形態を呈し，底面には木葉痕がある。また底部には，外側から焼成後の穿孔が施されている。現存高50.5cm，胴部最大径35.7cm，底径11.9cmを測る。

　頸部から口縁部にかけては，土器棺として利用するため故意に破砕され欠失

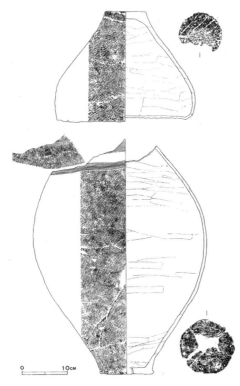

第6図　土器棺実測図

しているが，短い頸部に口縁部が外反する器形と思われる。

　器面の整形は，全体を板状工具によるナデ整形の後，胴部全面に左下がりの付加条一種の縄文が施されており，施文方法は原体を2~5cm前後の幅で横方向に回転させている。頸部には，残存する部分で二単位の横走する浅く幅広い平行沈線文が施されている。沈線の幅は，およそ0.15~0.2cm，間隔は0.05~0.1cm程である。工具は一単位10~11条のいわゆる束線工具[11]を使用しているものと思われ，施文方法は，左回りの断続的なもので，工具を器面に付けたまま停止させているところと，器面から離してやや重なり気味に施文しているところがある。施文の順序は，縄文施文の後沈線文を施こしている。

　内面の整形は，板状工具による横方向の丁寧なナデおよびケズリであり，粘土紐の輪積み痕はほとんど残されていない。

　土器の胎土は，微砂粒や長石の小礫を多量に，雲母の小粒子をまばらに含んでおり，やや粗い胎土である。焼成は，ややあまく，色調は器面内面ともに淡い褐色を呈している。

〈上方土器〉

　合口土器棺の蓋として使用されているものである。胴部最大径を上位に持つやや肩部の張る広口壺形土器の胴下半を使用しており，破砕部分は丁寧に水平に切り落とされている。底面には木葉痕がある。現存高23.4cm，胴部最大径30.6cm，底径9.1cmを測る。

頸部から口縁部にかけては，故意に破砕を受けているが，本来は下方土器に比してやや長頸，口縁部が外反する小形の壺形土器と思われる。

胴部器面には，全面に左下がりの付加条一種の縄文が施されており，施文方法は原体を2~5cm前後の幅で横方向に回転させている。

内面の整形は，板状工具による横方向の丁寧なナデおよびケズリである。

土器の胎土は，微砂粒や長石の小礫を多量に，雲母の小粒子をまばらに含んでおり，やや粗い胎土である。焼成は比較的良好で，色調は器面内面ともに茶褐色を呈しており，部分的に黒斑が認められる。

第2節　年代と系譜

(1) 土器の編年的位置付け（第7図参照）

ここでは，壺棺に使用された土器の系譜や北関東東部の弥生時代墓制における位置付けを考える前提として，土器の編年的位置付けを検討する。まず，土器の基本的な特徴について記す。

器形　下方土器（身）と上方土器（蓋）とでは，ややその様相が異なっている。まず，前者は，胴部最大径を中ほどに持ち長胴であることを特徴とし，胴部から

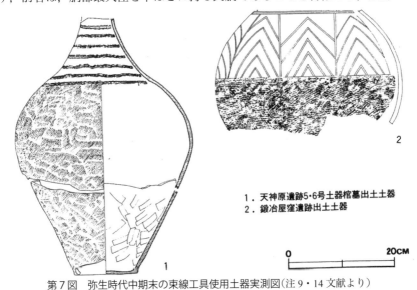

1. 天神原遺跡5・6号土器棺墓出土土器
2. 鍛冶屋窪遺跡出土土器

第7図　弥生時代中期末の束線工具使用土器実測図（注9・14文献より）

頸部にかけての形態から推定すると，短頸で口縁部の外反する広口の壺形土器と思われる。また，底部付近が，外側にややはみ出す点も特徴の一つと考えられる。壺形土器としては，大形の部類に属する。これに対し後者は，胴部最大径を上位に持ち，やや肩部の張る形態を呈し，前者に比べ長頸の小形の壺形土器が想定される。胴部から底部への移行も直線的である。

　胴部文様帯　下方・上方ともに，全面に左下がりの付加条一種の縄文が施文されている。

　頸部文様帯　頸部下半の残存する下方土器には，残存する部分に二単位のいわゆる束線工具による横走する平行沈線文が施されている。工具は一単位10～11条で，沈線は，条の幅が広く浅いことが特徴である。

　内面整形　下方・上方ともに，板状工具による横方向の丁寧なナデおよびケズリ整形を基調としている。

　以上のように，下方・上方土器それぞれの特徴を列記した。両者ともに土器棺使用のため故意に破砕されており，全体の様相を把握するには至らないが，これらの特徴が，時期決定の一つの根拠になるものと思われる。基準となる常陸の弥生土器編年は，主に中央以北それも大方は北部の資料を中心に体系付けられたものである。本資料の編年的位置付けを考える場合には，これらを含めた周辺他地域との関係を十分に考慮する必要がある。なお，時期決定の前提としては，これら2個体分の土器が合口壺棺の身と蓋の関係にあり，基本的には同時期の所産と考えるべきあろう。

　まず，器形の特徴であるが，下方土器の特徴にみられる長胴化の現象は，常陸における弥生時代後期初頭・磐船山式期等において認められる傾向にあり，中期後半の足洗式期には顕著でない。これに対し，上方土器から想定された肩部の張る長頸の器形は，足洗式土器の特徴として捉えられる[12]。

　次に，文様帯については，胴部文様帯を構成する左下がりの付加条一種の縄文は，佐藤次男・宮田毅の指摘によれば，足洗2式期にその萌芽が認められ，後期初頭の磐船山式期に定着しているようである。

　頸部文様帯を構成する束線工具による平行沈線文は，常陸の弥生土器のなかにそれ程顕著に認められるものではない。常陸の弥生時代中期後半の土器を検討した海老澤稔[13]は，工具からみた平行沈線文の変遷過程を東北南奥地方のそ

れに対応するものとし，箆書沈線－平行工具による沈線－束線工具による沈線
の変遷を想定している。束線工具による沈線文を足洗3式期の特徴とし，類例
としてひたちなか市鍛冶屋窪遺跡14)等を挙げている。束線工具による沈線文の
分布は，常陸や下野においては希薄であり，その変遷過程の対応からも窺われ
るように源流は東北南奥地方にあるように思われる。事実，弥生時代中期末葉
に位置付けられる福島県天神原遺跡の土器棺では，24例ある沈線文系土器の施
文具のあり方をみると，条数に多様性はあるもののその約75％が束線工具によ
るものであり，盛行していたことが窺われる。また，前述した胴部文様帯を構
成する左下がりの付加条一種の縄文についても，天神原遺跡の土器棺に施され
た縄文の50％強を占めており，束線工具のあり方と対応している。以上のよう
に，海老澤の足洗3式は，前述の足洗2式と後期初頭磐船山式の空白をうめる
資料，すなわち沈線文系土器終末の弥生時代中期末葉に位置付けられるものと
考えられ，天神原式土器15)の編年的位置付けとも整合すると言えよう。

　このように，本土器については，主たる文様帯を構成する二つの要素，縄文
と沈線文の特徴から弥生時代中期末葉の位置付けが妥当と思われ，下方土器の
特徴である長胴化の傾向も中期から後期への移行期における過渡的現象として
捉えられる。そして，霞ヶ浦沿岸におけるこの種の土器の存在は，常陸北部も
含め東北南奥地方を中心とする北からの文化的影響によるところが大きいもの
と思われる。

(2) **墓制の系譜**(第8図参照)

　本土器棺は，2個体の壺形土器を利用した弥生時代中期末葉の典型的な単独
埋納型土器棺(合口壺棺)である。はじめに述べたように，常陸では北部を中心と
して再葬墓を含む多くの弥生時代土器棺墓が発見されている。ここでは，本土
器棺の常陸における位置付け，さらには周辺地域との関係について，主に土器
の使用形態及び埋納形態に焦点を当てて検討してみたい。まず，これまで発見
された常陸における土器棺墓の事例について，その概要を紹介する。

　女方遺跡16)（下館市女方本田前）　鬼怒川左岸の河岸段丘上に立地。
縄文時代晩期末葉から弥生時代中期初頭にかけての再葬墓41基を確認。その
ほとんどが土器棺複数埋納型で，瓢形壺形土器，細頸壺形土器，人面付壺形土

1. 土浦市出土土器棺(西原遺跡)
2. 女方遺跡
3. 殿内遺跡
4. 国神遺跡
5. 大塚新地遺跡
6. 団子内遺跡
7. 柳沢遺跡
8. 須和間遺跡
9. 小野天神前遺跡
10. 富士山遺跡
11. 海後遺跡
12. 横内遺跡
13. 足洗遺跡
14. 天神原遺跡
15. 陣場遺跡
16. 阿玉台北遺跡
17. 関戸遺跡
18. 原出口遺跡
19. 原田北遺跡
20. 栗村遺跡
21. 上境遺跡
22. 東台遺跡
23. 根本遺跡
24. 堤下遺跡
25. 南羽鳥タダメキ第2遺跡
26. 南羽鳥谷津堀遺跡

● : 複数埋納型土器棺墓(再葬墓)
■ : 単独埋納型土器棺墓
□ : 単独埋納型土器棺墓
　　(合口形態を含む)
▲ : 関連遺跡

第8図　常陸・下総北部地域を中心とする土器棺墓分布図

器，深鉢形土器等が使用されている。棺の形態は，すべて単棺で合口のものはない。副葬品として土器棺内より碧玉製管玉が発見されている。

殿内遺跡 [17]（稲敷市浮島字前の浦・殿内）　霞ヶ浦南岸の低台地上に立地。

弥生時代中期初頭の再葬墓と思われる計10基を確認。そのほとんどが単独埋納型で，多くても2個体である。壺形土器，鉢形土器，甕形土器，筒形土器等が使用され，棺の形態は，やはり単棺が主流であるが合口のものも10基中3

基に認められる。土器棺内からは人骨や歯が出土しており，それはすべて成人のものである。

国神遺跡 [18]（鹿嶋市木滝字国神）　鹿島台地南端の細尾根上に立地。

弥生時代中期後半の土器棺墓2基を確認し，両者ともに単独埋納型で，かつ単棺と考えられる。壺形土器，甕形土器が使用され，前者は横位に，後者は立位に埋置されており，後者は上半部が削平されている。

大塚新地遺跡 [19]（水戸市大塚町字高根）　那珂川の支流桜川（水戸）左岸の台地上に立地。

弥生時代後期前半の土器棺墓1基を確認。壺形土器を使用した単独埋納型土器棺墓で，上部が削平されているため単棺，合口の区別は不明である。

団子内遺跡 [20]（東茨城郡大洗町磯浜字団子内）　涸沼川下流左岸の台地上に立地。

弥生時代中期後半の土器棺墓1基を確認。径2m以上の土壙状遺構内から，底部穿孔の大形壺形土器胴部と2個体分以上の土器が出土し，複数埋納型土器棺墓の可能性もある。遺構の上半部がかなり削平されているため，棺の形態については不明である。

柳沢遺跡 [21]（ひたちなか市柳沢）　那珂川左岸の丘陵先端に立地。

弥生時代中期後半の土器棺墓4基を確認。甕形土器あるいは壺形土器を使用した単独埋納型で，上半部がかなり削平されているため本来の棺の形態は不明であるが，2基の土器内部からは別個体の土器が底部を下にして発見されている。また，土器棺下から，管玉1点が出土している。

須和間遺跡 [22]（那珂郡東海村須和間）　南方に延びる舌状台地上に立地。

弥生時代中期後半の土器棺墓と思われるものが1基確認され，小形の壺形土器を使用した単独埋納型で，単棺墓の可能性を持つとの指摘がある[23]。

小野天神前遺跡 [24]（常陸大宮市小野字天神前）　那珂川左岸台地上に立地。

弥生時代中期初頭の再葬墓20基を確認。そのほとんどが複数埋納型であるが，少数単独埋納型もある。人面付を含む壺形土器，甕形土器，鉢形土器が使用されており，棺の形態については，単棺が主流であるが合口にしたものも認められる。なお，土壙内より獣骨・胡桃片・石鏃が，壺棺内より滑石製臼玉2個が出土している。

富士山遺跡 [25]（常陸大宮市下村田字富士山）　久慈川右岸の台地端部に立地。

弥生時代中期後半の土器棺墓3基を確認。大形の壺形土器を使用した単独埋納型で，上半部の削平された1基を除く2基については，胴部下半を蓋にした合口土器棺であることが判明している。

海後遺跡[26]（那珂市海後）　久慈川右岸の台地上に立地。

弥生時代中期初頭の再葬墓1基を確認。瓢形壺形土器・人面付壺形土器・深鉢形土器・甕形土器等の14個の土器を埋納した複数埋納型である。棺の形態については明らかでないが，おそらく単棺と思われる。

横内遺跡[27]（日立市小木津町本上原）　太平洋岸の台地上に立地。

弥生時代中期後半の土器棺墓3基を確認。壺形土器を使用した単独埋納型で，上半部が削平されているため棺の形態については明らかでない。

足洗遺跡[28]（北茨城市中郷町足洗）　大北川と花園川に挟まれた標高6mの砂丘上に立地。

弥生時代中期後半の土器棺墓10基を確認。甕形土器及び壺形土器を使用した単独埋納型土器棺墓で，棺の形態は，合口が6基に単棺が4基である。合口土器棺には甕と甕，甕と壺，壺と壺の諸形態があり，単棺は壺を使用している。

以上のように，常陸における土器棺墓は，基本的には弥生時代中期初頭を中心とする複数埋納型の再葬墓と，中期後半以降の単独埋納型土器棺墓に分けられる。土器の使用形態（棺の形態）についてみると，複数埋納型の再葬墓は殿内遺跡のように合口形態を含む事例もあるが，その主流は単棺埋置にあるようである。殿内遺跡については，埋葬形態をみても複数埋納型主流の再葬墓の中にあって，そのほとんどが単独埋納型であって特異なあり方といえる。これに対して，単独埋納型土器棺墓は，遺構上部が削平され棺の形態が不明なものを除く14例中8例が合口形態であり，その全てが本土器棺同様，土器の胴部あるいは胴下半を倒立伏位で蓋に使用している。本土器棺とほぼ同時期の足洗遺跡の様相をみる限り，中期後半以降の単独埋納型土器棺墓の棺形態の主流は，胴部を倒立伏位で蓋に使用する合口形態のものであったことが予測される。さらに，この棺形態の明らかな足洗遺跡及び富士山遺跡の両者が常陸北部に位置していることは，本土器棺墓の系譜を考える上で重要である。

それでは，関東地方の周辺地域における弥生時代土器棺墓の状況はどうであ

ろうか。再葬墓を含む広義の土器棺墓は，関東地方一円に比較的多く分布しているが，先の単独埋納型の合口土器棺墓に限ってみるならば，その分布は限られている。とくに隣接する栃木・埼玉・千葉県等においては現在のところその確実な事例はきわめて少なく，埼玉県坂戸市附島遺跡[29]等2，3の例を数えるにすぎない。この中あって，千葉県香取市にある阿玉台北遺跡[30]の事例は，本土器棺の系譜を示唆する重要な資料である。

阿玉台北遺跡では，弥生時代中期後半から末葉にかけての単独埋納型土器棺墓3基が発見され，削平のため棺形態の明らかでない1基を除いた2基の土器棺墓は合口形態を呈している。この内B－010号土器棺墓は，口縁部を欠いた長頸壺を身とし，長胴の壺形土器胴部を倒立伏位で蓋としている。さらに，この二つの壺形土器の頸部文様帯にみられる2本同時施文具による縦区画・山形文の特徴には，弥生時代中期後半における東北南奥地方桜井式の強い影響が看取され，これを伴う足洗式系土器の太平洋岸ルートの南下現象も指摘されている[31]。

東北南奥地方，現在の福島県一帯の土器棺墓をみると，中期後半の本宮市荒井陣場遺跡[32]や天神原遺跡において単独埋納型の合口土器棺墓が認められる。とくに天神原遺跡では顕著で，24基中23基がこの形態を呈している。天神原遺跡出土の合口土器棺墓の土器使用形態は多様であり，報告では五つの形式に分類されている。この中で，本土器棺と同様の形態であるA形式(第9図)は，23基中9基で全体の約40％を占め，天神原遺跡土器棺の主流をなすもっとも一般的な棺形態であった。さらに，福島県西北部を中心とする喜多方市熱塩加納町岩尾遺跡，耶麻郡西会津町群岡上野尻遺跡，喜多方市高郷町上野遺跡，南会津郡只見町窪田遺跡，会津若松市一箕町八幡墓料遺跡，伊達市霊山町根古屋遺跡などの縄文時代晩期末葉から弥生時代中期前半の再葬墓においても，量的には少ないながら合口形態のものが認められるようであり[33]，当地方における伝統的な棺形態であったことが窺われる。

以上のように，本土器棺から推察される単独埋納型の合口土器棺墓の形態(第8図の□)には，弥生時代中期後半における東北南奥地方の強い影響が看取される。その出現は，阿玉台北遺跡の事例からも窺われるように，常陸北部を介した文化伝播によるところが大きかったものと思われる。

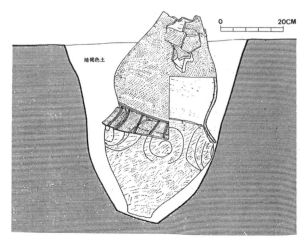
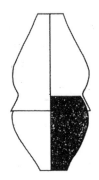

第9図　天神原遺跡A形式土器棺墓立面図・模式図(注9文献より)

附節　古霞ヶ浦沿岸の新出資料について(第8図参照)

　本章の旧稿発表後，上記の土器棺墓出土地点に隣接する土浦市西原遺跡が発掘調査され，新たに数基の弥生時代土器棺墓が発見されている。また，この他にも古霞ヶ浦沿岸(常陸南部～下総北部)から出土した土器棺墓の新出資料が報告されていることから，以下にそれらの概略を紹介し，本論の参考としたい。

　1990～93年にかけて，土浦市今泉町にある原田遺跡群が発掘調査され，西原遺跡の他，新たに原田北遺跡，原田西遺跡，原出口遺跡などが発見された[34]。本章で検討した土器棺墓は，遺跡群で唯一周知の遺跡であった西原遺跡に位置しており，本土器棺墓出土地点の北東側に隣接する一帯が発掘調査されている。調査の結果，西原遺跡からは弥生時代後期の集落跡が発掘され，竪穴住居跡23軒と新たに6基の土器棺墓が発見されている。土器棺墓の造営時期は弥生時代後期前半とされており，本章土器棺墓と同様におもに大型でやや長胴の壺形土器胴部を棺身とし，土壙内に単独で正位あるいは斜位に埋納されていた。遺構の上半が削平されたものが多く，蓋が残されたものは1例のみ，棺身の底部に穿孔が施されたものが2例確認された。土壙は土器棺が納まる程度の大きさで，6基のうち2基はそれぞれ別の住居跡の床面下に埋納されていた。

第 1 章　弥生時代の土器棺墓

　発掘された西原遺跡の土器棺墓は，弥生時代後期前半の大型壺形土器を使用し，単独埋納を特徴とする。調査では，弥生時代後期初頭から前半の住居跡が 7 軒発掘されている。中期末葉の本章土器棺墓は，この集落の初期の土器棺墓と位置付けられ，西原遺跡は弥生時代中期末葉から後期前半の小規模な集落内に継続して営まれた土器棺墓群と考えられる。

　なお，原田遺跡群からは総数 185 軒の弥生時代後期の住居跡が発掘されており，そのうち 146 軒は後期後半の住居で占められ，その半数以上の 93 軒が後期後半単独の集落である原田北遺跡に集中している。原田遺跡群は，弥生時代後期前半に点在していた小規模集落が，後期後半に原田北遺跡を中心とする大規模集落へと推移したのであり，後期後半になると南関東地方からの文化的影響が濃厚に認められるようになる。弥生時代中期末葉に始まり後期前半にかけて点在していた小規模集落内には，西原遺跡にみられるような特徴的な土器棺墓が営まれており，ほかにも原出口遺跡から 4 基，原田北遺跡から 1 基の同様な特徴が想定される土器棺墓が発掘されている。

　この他，古霞ヶ浦沿岸の常陸南部から下総北部にかけて，茨城県かすみがうら市栗村遺跡(1 基) [35]，同つくば市上境遺跡(1 基) [36]，同土浦市東台遺跡(2 基) [37]，同稲敷郡美浦村根本遺跡(1 基) [38]，同常総市堤下遺跡(1 基) [39]，千葉県成田市南羽鳥タダメキ第 2 遺跡(6 基) [40]，同成田市南羽鳥谷津堀遺跡(2 基) [40] などから弥生時代土器棺墓の出土が報告されている。詳細は，各文献および赤坂亨 [41] や岩井顕彦 [42] の論考 [43] に委ねるが，多くが壺形土器胴部を棺身とする単独埋納型で，本章土器棺墓と同様に胴部下半を蓋とする合口形態も認められる。造営は弥生時代中期末葉に始まり，後期前半を主体としつつ後半まで残存するようである。分布については，旧稿時に認められた単独埋納型土器棺墓の分布状況をさらに補強するものと思われ，現在の霞ヶ浦沿岸を中心に古霞ヶ浦沿岸へのより密な拡散状況が再確認された(第 8 図では，旧稿の分布図上に上記発見遺跡を追加して明示している)。

まとめ

　これまでの検討から，弥生時代中期末葉に位置付けられた本土器棺墓は，そ

の文様帯及び埋納形態の特徴にみられる類似性から，東北南奥地方から常陸南部への直接的あるいは常陸北部を介した間接的影響によって出現したものと考えられた。

当該資料の検出事例は常陸北部に集中しており，それに比べ南部においては希薄であるとみられてきたが，附節で紹介したように新たな分布と拡散状況が確認されている。弥生時代後期の単独埋納型土器棺墓の分布域は，常陸北部とほぼ同様に，下総北部を含む古霞ヶ浦沿岸地域にも及んでいた状況が明らかになったと言えよう。東北南奥地方との土器型式及び埋納形態の類似性が指摘される香取市阿玉台北遺跡例の存在や文様帯の系譜の重要な鍵となる束線工具の類例が，常陸北部の北茨城市足洗遺跡[44]やひたちなか市鍛冶屋窪遺跡[45]以外に千葉県成田市関戸遺跡等に認められること[46]などからみても，東北南奥地方の文化的影響が常陸北部を介して広範かつ相当な勢いで南方に波及し，古霞ヶ浦南岸の下総北部にまで至っていたことがあらためて首肯されるのである。

はじめに述べたように既に弥生時代中期中葉，遅くとも後半には方形周溝墓の波及をみる南関東地方と対比した際，北関東東部の常陸・下野において弥生時代に方形周溝墓の波及をみない一つの歴史的要因として，弥生時代後期にまで及ぶ上述のような社会的状況が想定される。下総北部も，印旛沼沿岸などを中心に弥生時代中期後半にはいったん方形周溝墓やそれを伴う環濠集落の波及を見るが，後期になると環濠集落は姿を消し，方形周溝墓も激減してほとんど見られなくなる[47]。印旛沼北岸に位置する成田市南羽鳥谷津堀遺跡の後期初頭の第2号土器棺墓では，北関東東部系の在地弥生土器を主体としながら，使用土器の一部には南関東系や大宮台地系など西方からの影響も看取された。ただ，下総北部の地域社会全体としては，弥生時代後期になると常陸南部との結びつきがより強まったとみられ，この頃から古霞ヶ浦沿岸の交流の活性化が始まったと考えられる。

補注1）　岩井顕彦は，土器棺墓の被葬者を従来のように乳幼児に限定できないこと，東北南部から関東北部に分布する弥生時代土器棺墓の特徴として，骨のみを納めた可能性と再葬墓の残影を指摘しており，示唆に富む興味深い考察である。岩井顕彦「東北南部・関東北部の土器棺墓の再検討」『史境』44 歴史人類学会　2002年。
補注2）　本章附節において，旧稿後に発見された常陸南部から下総北部の単独埋納型土器棺

第 1 章　弥生時代の土器棺墓

墓 9 遺跡を提示しており，現状は北部に比して希薄な分布状況とは言えない。

補注 3）　旧稿発表後，出土地点を含む西原遺跡が発掘調査され，弥生時代後期の住居跡と同様な土器棺墓が発見されている。本章附節参照。

注
1)　石川日出志「再葬墓」『弥生文化の研究』8　雄山閣　1987 年。
2)　馬目順一「幼児用の壺・甕棺墓」『考古学調査研究ハンドブックス』1　雄山閣　1984 年。
3)　田中国男『弥生式縄文式接触文化の研究』大塚工藝社　1944 年。
4)　杉原荘介「群馬県岩櫃山における弥生時代の墓址」『考古学集刊』3-4　1940 年。
5)　杉原荘介・大塚初重『千葉県天神前における弥生時代中期の墓址群』明治大学考古学研究報告考古第 4 冊　1974 年。
6)　注 1 文献。
7)　設楽博己「再葬墓研究の現状と課題」『考古学雑誌』74-2　1988 年。
8)　注 7 文献。
9)　馬目順一『楢葉天神原弥生遺蹟の研究』Ⅰ・Ⅱ　楢葉町教育委員会　1982 年。
10)　北武蔵古代文化研究会『東日本の弥生墓制－再葬墓と方形周溝墓－』第 9 回三県シンポジウム　1988 年。
11)　注 2 文献。ここで，馬目は，本工具について堅くない植物の茎などを束ねたものを想定している。本土器棺も同様の工具によるものと思われる。
12)　井上義安・宮田毅・佐藤次男「関東東部」『弥生土器』Ⅱ　ニュー・サイエンス社　1983 年。
13)　海老澤稔「茨城県における中期後半の弥生式土器について」注 10 文献。
14)　藤本彌城『常陸那珂川下流の弥生土器Ⅲ』1983 年。
15)　馬目順一「東北南部」『弥生土器』Ⅱ　ニュー・サイエンス社　1983 年。
16)　注 3 文献。
17)　杉原荘介「茨城県殿内における縄文・弥生両時代の遺跡」『考古学集刊』4-3　1969 年。
18)　鹿島町教育委員会『国神遺跡』・『国神遺跡』Ⅱ　1982 年。
19)　㈶茨城県教育財団『常磐自動車道関係埋蔵文化財発掘調査報告書Ⅲ』1981 年。
20)　井上義安『団子内』大洗町教育委員会　1987 年。
21)　那珂湊市教育委員会『柳沢遺跡調査報告』1972 年。
22)　茂木雅博『常陸須和間遺跡』雄山閣　1972 年。
23)　阿久津久・安田厚子「茨城県における弥生時代墓制の展開」注 10 文献。
24)　阿久津久『学術調査報告Ⅰ　茨城県大宮町小野天神前遺跡 - 資料編 -』茨城県立歴史館 1977 年，同「大宮町小野天神前遺跡の分析」『茨城県立歴史館報』6　1979 年，同「大宮町小野天神前遺跡の分析(2)」『茨城県立歴史館報』7　1980 年。
25)　井上義安編『茨城県富士山遺跡Ⅰ』大宮町教育委員会　1979 年。
26)　注 23 文献。
27)　日立市教育委員会『日立市小木津町横内遺跡発掘調査報告書』1979 年。
28)　北茨城市史編さん委員会『北茨城市史』1988 年。
29)　坂戸市教育委員会『附島遺跡－附島遺跡発掘調査報告書Ⅰ　』1986 年。
30)　千葉県都市公社『阿玉台北遺跡』1975 年。

31) 注13文献。
32) 馬目順一『岩代陣場遺跡の研究』1971年。
33) 注10文献。
34) ㈶茨城県教育財団『土浦北工業団地造成地内埋蔵文化財調査報告書Ⅰ　原田北遺跡Ⅰ・原田西遺跡(上),(下)』1993年,同『土浦北工業団地造成地内埋蔵文化財調査報告書Ⅱ　原田北遺跡Ⅱ・西原遺跡』1994年,同『土浦北工業団地造成地内埋蔵文化財調査報告書Ⅲ　原出口遺跡』1995年。
35) 伊藤重敏『栗村東古墳群・栗村西古墳群・丸峯古墳群発掘調査報告』千代田村教育委員会　1997年。
36) 赤坂亨「つくば市上境発見の弥生時代土器棺墓」『筑波大学先史学・考古学研究』第12号　2001年。
37) 小川和博・大淵淳志ほか『木田余台Ⅰ』土浦市教育委員会　1991年。
38) 中村哲也ほか『根本遺跡』茨城県美浦村・陸平調査会　1997年。
39) 石下町史編さん委員会『石下町史』1988年。
40) 酒井弘志ほか『千葉県成田市　南羽鳥遺跡群Ⅳ』㈶印旛郡市文化財センター　2000年
41) 注36文献。
42) 岩井顕彦「東北南部・関東北部の土器棺墓の再検討」『史境』44 歴史人類学会　2002年,岩井顕彦「東北南部・関東北部の弥生時代中・後期墓制の変遷」『物質文化』76　2003年。
43) 弥生時代土器棺墓について,赤坂は,茨城県南部地域では異なる形態的特徴をもつ土器棺墓が点在しており,多種異系統の埋葬方法がモザイク状に入り組んで分布する特徴を指摘している。
44) 井上義安氏の御教示による。
45) 注14文献。
46) 注13文献。
47) 山岸良二・甲斐博幸・諸墨知義「千葉県の方形周溝墓」『関東の方形周溝墓』同成社　1996年,白井久美子「関東における古墳の特性」『考古学研究』54-3　2007年　35頁。

第2章　方形周溝墓の地域性
―出現状況からみた地域の特質―

はじめに

　方形周溝墓は，弥生時代の墓制の一つで，溝でもって方形に区画することを特徴とする。中国や朝鮮半島など，大陸から弥生時代前期の畿内地方に伝わり，その後列島各地に波及したと考えられている。

　本章では，常陸の方形周溝墓を概観し，分布，時期，形態・内容の諸特徴，集落との関係，古墳との関係などについて解説し，南部を中心に地域の特質について考察したい。

　常陸の方形周溝墓については，過去の論考においていくつかの見解が提示されている[1)補注1)]。なかでも，確実に弥生時代に遡る事例がないことや，北部と南部とではその受容の様態が異なることなどは，その主要な論点と言える[2)]。前者については，方形周溝墓が本来的にもつ弥生時代墓制としての歴史的，社会的性格を考慮するならば，当地域の特殊性として理解されなければならない。これは，こと関東地方に限ってみても，弥生時代の方形周溝墓が確認されている関東南部(相模・武蔵・総)や北部(上野)と対比した場合，北東部(常陸・下野)の地域性として浮かび上ってくるものと考えられる。また後者について，とくに常陸南部の様態は，本書の目的でもある下総北部から常陸南部の社会，すなわち古霞ヶ浦沿岸の特質に関わる重要な論点と考える。

第1節　地域分布と時期(第4表・第11図参照)

　常陸では，現時点で管見に触れた24の遺跡から，総数71基の方形周溝墓が発見されている。その分布は，北から久慈川流域，那珂川流域，涸沼川流域，恋瀬川流域，桜川流域，霞ヶ浦沿岸，牛久沼・小貝川流域と，河川・水域環境

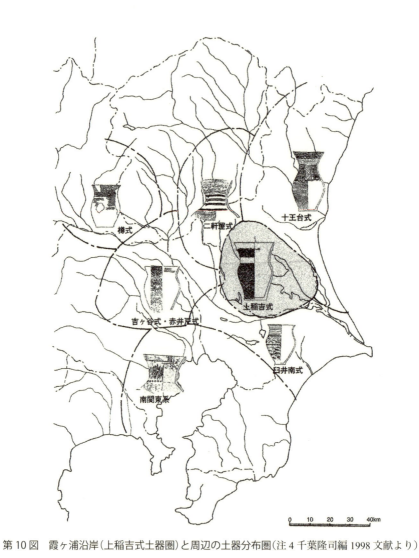

第10図　霞ヶ浦沿岸(上稲吉式土器圏)と周辺の土器分布圏(注4 千葉隆司編1998文献より)

単位に七つの地域に認められる(なお,資料の集成や分布図は,便宜的に現在の茨城県域を対象としている)補注2)。また,これらの分布域は,設楽博己が指摘したように3),方形周溝墓を受容した社会あるいはそれを生み出した弥生後期の文化領域と対応させることもできる。つまり,東中根式,十王台式などの在地弥生土器の分布する常陸北部(久慈川,那珂川流域を中心とする涸沼川以北)と,長岡式,二軒屋式土器の影響下にある在地弥生土器,上稲吉式土器4)の分布する常陸南部

第 2 章　方形周溝墓の地域性

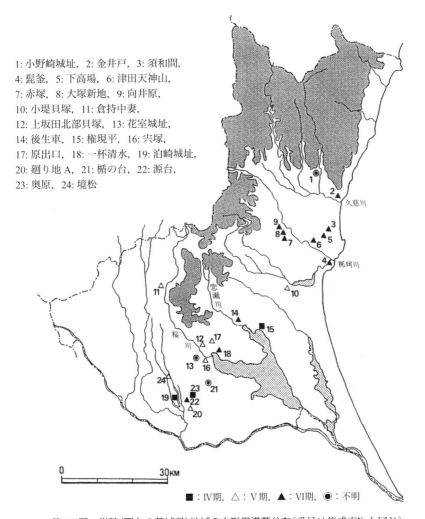

1: 小野崎城址, 2: 金井戸, 3: 須和間,
4: 髭釜, 5: 下高場, 6: 津田天神山,
7: 赤塚, 8: 大塚新地, 9: 向井原,
10: 小堤貝塚, 11: 倉持中妻,
12: 上坂田北部貝塚, 13: 花室城址,
14: 後生車, 15: 権現平, 16: 宍塚,
17: 原出口, 18: 一杯清水, 19: 泊崎城址,
20: 廻り地 A, 21: 楯の台, 22: 源台,
23: 奥原, 24: 境松

■: Ⅳ期, △: Ⅴ期, ▲: Ⅵ期, ◉: 不明

第 11 図　常陸（現在の茨城県）地域の方形周溝墓分布（番号は集成表№と同じ）

（霞ヶ浦沿岸を中心とする涸沼川以南）の大別が可能であり, 時期や被葬者の系譜などとの関連から見ても, より歴史的意義を内包した地域区分と考えられる。付加条縄文を多用する弥生時代後期後半の十王台式土器, 上稲吉式土器, 二軒屋式土器の分布圏は, 土器の技法のみならずより広義の文化圏であったと考えられ, 弥生時代に方形周溝墓の波及をみない地域とも重なっている（第 10 図参照）。

ところで, 当地域の方形周溝墓は, 主要河川の支流沿いやその谷筋など地理

39

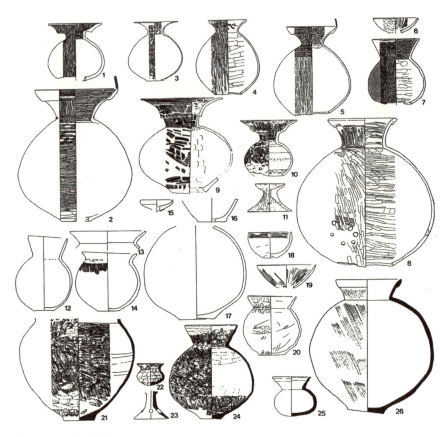

第12図　茨城県地域の方形周溝墓出土土器(S=1:10, 3~5 は 1:17　1, 2 以外は各文献より)
1・2: 奥原2号, 3~5: 泊崎城址, 6~8: 上坂田北部貝塚, 9: 小堤貝塚, 10: 倉持中妻2号, 11: 倉持中妻1号, 12~17: 大塚新地, 18~20: 廻り地A1・2号, 21: 須和間8号, 22・24: 須和間10号, 23: 須和間6号, 25・26: 赤塚2号

的にやや奥まったところに位置するものが多く、方形周溝墓をもつ遺跡（集落）が集中して分布する傾向がある。これは出現期古墳のあり方とは対照的である。出現期古墳は主要水系を間近に臨む台地や丘陵上に立地しており、比較的分散して分布し、それぞれが一定範囲の領域を保有するかに見える。当地域では古墳出現以降の方形周溝墓が大半を占めており、古墳被葬者を頂点とする当時の階層序列の中に位置付ける視座も必要と思われる。

　方形周溝墓の営造時期を考えるには、供献された数少ない土器が基準資料で

あり，出土土器の編年的位置付けがベースとなる。営造時期については集成表に示したとおりだが，土器の出土がないものは不明となっている。一応この点を考慮したうえで，集成表を一瞥して明らかなことは，常陸の方形周溝墓のなかには弥生時代後期に遡る確実な事例が認められないことである。弥生時代後期とは，「畿内第Ⅴ様式」併行期を意図したものだが，さらに定型化した大規模前方後円墳出現直前の「庄内式古段階」併行期(弥生時代終末)も含むという前提に立っている[5]。

さて，集成した方形周溝墓から出土した土器群は，その型式的特徴から大きく二つに分けることができる。それは，南関東地方など外来の弥生土器の系譜上にある土器を含む一群(第12図1~5)と，いわゆる古墳時代の土師器のみで構成される一群とである(第12図6~26)。

前者の土器が出土する方形周溝墓は，常陸では最古の一群に属するもので，奥原2号墓，権現平2号墓，泊埼城址遺跡の3例がある。この3例から出土している壺形土器は，南関東地方以西の弥生土器の系譜上にある装飾壺で，定型化した前方後方墳や前方後円墳など常陸の出現期古墳からは出土せず，それ以前の特徴を示している。出土土器の大部分が装飾壺で構成される奥原2号墓は，庄内式新段階併行期(Ⅳ期)でも古相を示し，他の2遺跡も庄内式新段階併行と考えられ，おおむね古墳時代前期古段階に位置付けられる。これに対し後者の土器群を出土する方形周溝墓は，当地域の古墳出現以降に位置付けられ，小型器台，小型坩の有無や有段・複合口縁壺の特徴から，古墳時代前期中段階(Ⅴ期)と新段階(Ⅵ期)の二時期に分けることが可能と思われる[6]。

以上，方形周溝墓の分布と時期についてその概略を記したが，両者の間にはひとつの興味深い関係を見出すことができる。それは，時期別に見た方形周溝墓の分布状況の偏りにある(第11図参照)。最古の一群に属する奥原2号墓，権現平2号墓，泊埼城址遺跡の3例は，すべて涸沼川以南の南部に位置しているのに対し，北部の方形周溝墓の大半が最も新しいⅥ期に属し，南北で対照的な分布状況を示している。Ⅴ期を見ても，北部では，小堤貝塚遺跡の1例のみで，その大半は南部の方形周溝墓が占めている。つまり，Ⅳ期・Ⅴ期の方形周溝墓は南部に多く，北部にはⅤ期以降に出現し，Ⅵ期を中心に波及していく状況が読み取れるのである。常陸の方形周溝墓は，古墳出現直前に下総北部地域との

41

交流を深めていた南部で受容され、北部には古墳出現以後に波及したと考えられ、南北二地域間に、方形周溝墓の受容の様態やその系譜に明確な違いが存在していたことは確かなようである。この点に関しては、後述の土器や集落の検討をとおしてその具体像を探ってみたい。

第2節　喪葬儀礼の諸特徴

(1) 形態・規模・埋葬施設

　平面形態の特徴は、奥原2号墓・須和間遺跡などわずかに長方形のものもあるが、多くはほぼ正方形を呈している。周溝の平面形には、弥生時代から古墳出現期に多い四隅の切れる形態や一辺の中央に陸橋をもつ形態、あるいは前方後方形などはまったく認められない。周溝は方形に全周するもの(D1)が多く、形態は全般的に画一化されていると言える。わずかに、一辺の両端が切れ、陸橋をもつ形態(B1)が源台5号墓に、一隅が切れ陸橋をもつ形態(C1)が倉持中妻3号墓、赤塚西団地内遺跡、源台2号墓、花室城址遺跡などに、一辺あるいは二辺を欠き、周溝がコの字形(D2)やL字形(C3)を呈する形態が髭釜遺跡に認められるのみである。また、周溝の一辺を共有する形態が、廻り地A1・2号墓、原出口遺跡などに認められる。全国的に見ても、古墳時代の方形周溝墓は溝が全周する傾向にあり、当地でも最古に位置付けられる奥原2号墓がすでにこの形態であることは、時期的特徴をよく表している。

　規模は、長辺を基準にみると、大まかに5m前後、10m前後、15m前後の三つに大別でき、とくに10m前後に集中している。このほか、ごく少数だが20mを超える事例があり、以上四つの類型は第13図の集成グラフからも読み取ることができる。一辺15mを超える大形の事例は、71例中4基ときわめて少なく、大半は15m以下の小・中規模の方形周溝墓である。また、20mを超えるより大形のものは、最古のⅣ期に属する権現平2号墓とともに最も新しいⅥ期の髭釜2号墓の双方に存在する。大きさに時期的な偏りはなく、各期それぞれに大・中・小規模に適度なばらつきが認められる。最も集中する一辺10m前後の規模は、同時期(Ⅴ～Ⅵ期)で小規模(全長30～40m)に属する出現期前方後方墳の安戸星1号墳[7]、原1号墳[8]、狐塚古墳[9]などの後方部の約1/2に相当する特

第 2 章　方形周溝墓の地域性

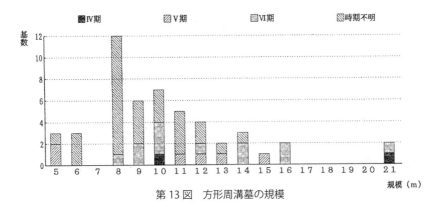

第 13 図　方形周溝墓の規模

徴は重要である。これは，一辺 20 m を超える大規模な方形周溝墓の大きさが，先の小規模前方後方墳の後方部とほぼ同規模であることや，時期ごとに規模がばらつく傾向などと考え合わせると，古墳出現期の方形周溝墓がすでに併存する古墳の階層序列に組み込まれていたことを示唆する事実として興味深い。

　埋葬施設については，確実な検出事例に乏しく，多くを語り得ない状況にある。棺形態の明らかなものは，方台部中央の土壙に割竹形木棺を納めたとされる須和間 11 号墓，周溝内の土壙に円筒棺を納めた髭釜 4 号墓のわずか 2 例にすぎない。このほか，下高場遺跡で方台部中央に土壙 1 基，須和間 10 号墓で周溝内からやはり土壙 1 基が，須和間 6 号墓では方台部内に 4 基の土壙が発掘されている。報告では，これらはすべて埋葬施設と考えられており，とくに須和間 6 号墓における複数の埋葬施設は，数少ない事例として注目に値する。

　須和間 11 号墓の埋葬施設は，方台部の封土(墳丘盛り土)内に構築されたものである。封土が残存しない他の多くの事例では，方台部内に確実な埋葬施設の痕跡は見出されず，わずかに周溝内に土壙が認められるにすぎない。つまりこの事実は，古墳時代を主体とする常陸の方形周溝墓の多くが，主体埋葬施設を方台部封土内に構築していたことを示唆していると考えられる[補注3]。

(2) 群構成

　次に，常陸の方形周溝墓について遺跡内における群構成を見ておきたい。ただ，方形周溝墓の存在する一遺跡をほぼ完全に調査し尽くしたといえる事例はわずかである。その点，多分に予測的なところもあるが，ある一定の傾向と見

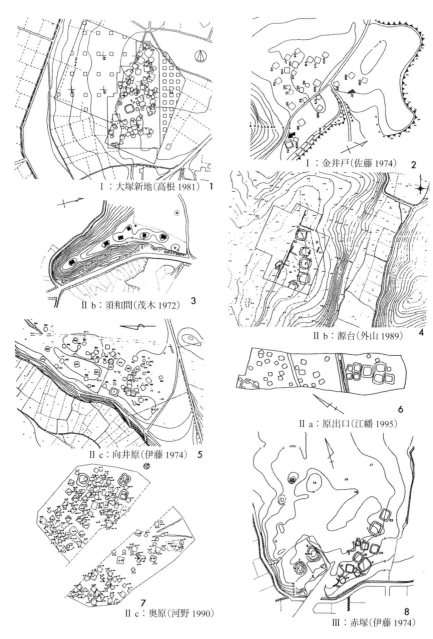

第14図 方形周溝墓の群構成（S=1：4600 各文献より，一部改変）

第 2 章　方形周溝墓の地域性

通しを把握することは可能である。

　遺跡内における群構成を類型化すると，以下の五つに分類できる(第14図)。

　　Ⅰ　　単独で造営(大塚新地遺跡，一杯清水遺跡，金井戸遺跡)
　　Ⅱa　　数基が隣接(倉持中妻遺跡，花室城址遺跡，廻り地A遺跡，原出口遺跡)
　　Ⅱb　　数基が連接(須和間遺跡，後生車遺跡，源台遺跡)
　　Ⅱc　　数基が散在(向井原遺跡，奥原遺跡)
　　Ⅲ　　10基以上が群集(赤塚西団地内遺跡)

　Ⅰ類はすべて古墳時代前期後半(Ⅵ期)に位置付けられ，集落のはずれに位置する特徴がある。複数基存在するⅡa他は，基本的に主軸を同じくするグループで構成されているのが特徴である。これには，一遺跡内が単一の主軸グループで構成されるものと複数の主軸グループで構成されるものとがある。Ⅱa，Ⅱb，Ⅱcには廻り地A遺跡のように二つの主軸グループで構成されるものもあるが，基本的には単一のグループで構成されているようである。これに対し，数の多いⅢ類には複数の主軸グループが存在し，赤塚西団地内遺跡では3基前後で構成される3~4のグループが確認できる。

　赤塚西団地内遺跡の主軸グループは，数基の方形周溝墓が近接して構築され，ひとつのまとまりをもっているように見受けられる。このような状況はⅡa類にも認められ，なかには溝を共有するような密な関係のものも含まれている。これに対し，Ⅱb，Ⅱc類は，個々の方形周溝墓が，ある一定の時間をおいて連綿と構築されていった感がある。つまり，前者は，一つのグループが共同体の有力者とその成員の墓，後者は何世代かにわたる共同体の有力者の墓といった解釈も可能かと思われる。

　このように考えると，Ⅱc類はⅠ類の数世代分に相当するとも考えられ，両者は性格的に同じ被葬者の方形周溝墓と理解することができる。一方，Ⅱb類とⅡc類には，立地や集落との関係において大きな違いがある。前者は，集落から離れた台地や丘陵上にあり，後者は集落内やその隣接地に構築されており，両被葬者の共同体における立場の違いを暗示しており，出現期古墳と同様に丘陵上に立地する須和間遺跡や後生車遺跡の方形周溝墓は特異な存在と言える。

　いずれにしても，常陸の方形周溝墓には，その集団構成から見るかぎり他地域で認められるような群集する家族墓的な性格のものはなかったようである。

おそらく，その多くは家長などの有力者や一部の共同体成員など，特定の階層に限られた墳墓であった可能性が高い。とくに，最古に位置付けられるⅣ期の奥原2号墓，権現平2号墓，泊崎城址遺跡例などを見るかぎり，一集落に方形周溝墓が一基といった感がつよく，波及期には階層的により限定された墓制であったと考えられる。そして，Ⅱa類やⅢ類の出現するⅤ・Ⅵ期に至り，一定の範囲で被葬者層の拡大が進んだものと思われる。

さて，方形周溝墓の出現に影響をもたらしたと思われる周辺地域の状況はどうであろうか。弥生時代後期後半から古墳時代初頭にかけての武蔵・相模では，東京都北区御殿前遺跡(23基)[10]，埼玉県戸田市鍛冶谷・新田口遺跡(95基)[11]，神奈川県海老名市本郷遺跡(38基)[12]などで，群集する方形周溝墓群が見つかっている。これに対して，上総・下総では，中期後半に認められた群集する方形周溝墓が，後期になると認められなくなり，とくに下総では方形周溝墓そのものの検出事例が少なくなる。新たに，後期後半になると，上総を中心に市原市根田遺跡[13]や長平台遺跡[14]のように銅釧やガラス玉，鉄剣などを副葬品にもつ事例が認められるようになる。おそらく，弥生時代後期後半の上総・下総では，方形周溝墓が特定階層に限られた墓制になった可能性が高く，その後，常陸南部にもこのような性格の墓制として波及するに至ったのではないかと考えられる。

(3) 土器の儀礼

常陸の方形周溝墓で，土器以外の出土品はきわめて少ない。とくに埋葬施設に伴う副葬品は，わずかに須和間11号墓の硬玉製勾玉，髭釜4号墓の滑石製臼玉などがあるすぎない[15]。そこで，ここでは出土資料の主体をなす，喪葬儀礼に使用された土器を中心に検討を試みたい。

まず，はじめに土器の組成と出土状況について，時期ごとに見ていくことにする(第12図参照)。Ⅳ期は，壺形土器主体の構成で，それも大形のものが多い。わずかに奥原2号墓に甕形土器，権現平2号墓に大形の鉢形土器が認められる。壺形土器は複数個体あり，奥原2号墓では総数10個体以上にも及ぶ。壺形土器には必ず焼成後(焼成前は泊崎城址の1個体のみ)に底部への穿孔が施されており，装飾壺が多く含まれているのも特徴である。出土状況は，すべて周溝内からの

出土である。

　V期は，同じように壺形土器主体の構成ではあるが，個体数は減少し，他に，坩，高坏，小型器台，小型甕などの小型土器群が加わってくる。なかには倉持1号墓，廻り地001，002号墓のように壺を含まず小型土器だけで構成される事例も現れる。壺の底部にはやはり必ずと言っていいほど穿孔が施されるが，前代と違い焼成後以外に焼成前穿孔が目立つようになる。出土状況は，すべて周溝内からの出土である。

　VI期は，壺形土器と小型土器群で構成され，壺を持たないものもある。この他に，須和間8号墓，源台4号墓，境松遺跡のように甕形土器を伴うものが増えてくる。前代とは異なり，壺の底部に穿孔を施さなくなる傾向が強くなることが特徴で，実際6例ある壺形土器のなかに確実な穿孔事例は認められない。出土状況は，やはり周溝内からの出土が多い。なかには，須和間11号墓のように埋葬施設上に小型坩を供献する事例も認められ，出現期古墳の土器祭祀に近似している。おそらく，この時期の方形周溝墓のなかには，出現期古墳の影響下に構築されたものもあったと考えられる。IV期に特徴的な壺形土器主体の土器組成は，方形周溝墓本来の土器祭祀のあり方を継承すると考えられる。この点からすれば，V期からふえてくる小型土器群の存在は，出現期古墳の土器祭祀との関わりのなかで生まれてくるものと言えよう[16]。

　在地の弥生土器を出土する方形周溝墓はなく，常陸の方形周溝墓から出土する土器はすべて外来系と言ってよい。IV期の波及期に位置付けられる南部の方形周溝墓のなかには，南関東系や東海系が融合した弥生土器の系譜上にある装飾壺の出土が多く，方形周溝墓の波及経路を考える上で示唆的である。

　奥原2号墓からは6個体を越える装飾壺が出土している。これらは複合口縁と球形に近い下膨れの胴部をもち，口縁部及び頸部から肩部にかけて文様帯をもつ。文様のモチーフには，斜縄文，羽状縄文，沈線区画の網目状撚糸文などが認められ，縄文には付加条縄文もありS字状結節文がまったくないことを特徴としている[17]。このような特徴は，南関東の装飾壺を詳細に検討した比田井克仁の研究によると[18]，文様E，G類の装飾壺に相当し，比田井編年[19]の古墳時代前期Ⅰ段階(本章のIV期、注6文献参照)に位置付けられている。その分布は，E類は東京湾沿岸の南関東全域に認められるが，G類は印旛・手賀沼周辺を中

心に大宮台地に限られるという。また，本例のなかにわずかに認められる付加条1種付加2条の縄文も，印旛・手賀沼周辺の下総北部から常陸南部の弥生時代後期後半の在地弥生土器に普遍的に認められる施文である。

　このように考えると，奥原2号墓出土土器の源流は印旛・手賀沼周辺から下総北西部の地域(現在の印西市から野田市周辺)に求められる可能性が高く，常陸南部への初期方形周溝墓の波及経路も同様なものと考えられてくる[20]。しかも，この結果は，先に検討した群構成の特徴とも符合してくるのである。

　奥原2号墓の装飾壺は，胴部球形化の傾向が認められ，頸部内面は丸味を失い稜を形成している。これは，比田井のいうB形態の装飾壺に相当し，時期的に前期I段階でも古相ではなく，中相から新相に位置付けられ，畿内大和に初期の大規模前方後円墳が出現する時期とほぼ重なっている。常陸南部でもこの時期，石岡市外山5号・土浦市原田西8号・鹿嶋市木滝台118号住居跡例[21]などが示すように，縄文や櫛描文を主体とする在地弥生土器が残存し，古式土師器や南関東系土器と共存していた可能性が高い[22]（第3表・第15図参照）。

　奥原2号墓のある奥原遺跡姥神地区では，3基の方形周溝墓の出現以前に，隣接地に弥生時代後期後半の住居跡が散在し，集落出土の土器は在地弥生土器のみで構成されていた。その後は，奥原2号墓と同様に，古式土師器や南関東

第3表　常陸地域土器編年対照表（第15図を参照）

	北　部	南　部	墳墓・古墳
弥生終末	富士山1号住 髭釜32号住	原田北1号住 尾坪台8号住 天王峯11号住	
I段階古	部原北2号住 髭釜43号住 部田野山崎8号住 武田5号住	原田北6号住 外山5号住	奥原2号方形周溝墓(南部)
I段階新	三反田4号住	原田西8号住 烏山26号住 境松22・23・36・40号住 木滝台118号住	権現平2号方形周溝墓(南部) 泊崎城址方形周溝墓(南部)
II段階	大塚新地2号住 久慈吹上3号住	境松5・8・10・32号住	安戸星1号墳(北部) 原1号墳(南部) 勅使塚古墳(南部) 星神社古墳(北部)

（注22 古墳時代土器研究会編 1998 文献より，一部改変）

系土器を含む土器群で構成される集落が，その南に展開していく状況が読み取れる。集落内には在地弥生土器はまったく認められず，住居形態も前代の隅丸長方形から正方形へと変化しており，3基の方形周溝墓もこの新たな集落に帰属するものと考えられる。この集落は，外来の新しい文化を受け入れ，その影響下に再生された在地集落とも考えられる。しかしながら，いまだ周辺に在地弥生土器をもつ集落が併存するこの時期に，それを払拭した集落にかぎり方形周溝墓が造営されている状況は興味深く，地域の特質を考える上でも重要である。やはり，奥原2号墓を造営した集落は，先の下総北部から北西部の地域を介して，あるいはそこから直接移り住んだ移住者が営んだ可能性が高いと考えられる。

第3節　集落との関係

　すでに述べたように常陸の方形周溝墓は，主要河川の支流沿いやその谷筋など地理的にやや奥まったところに位置するものが多い。この立地は，方形周溝墓出現以前の弥生時代後期の集落立地に近似しており，提示した24遺跡中10遺跡から弥生時代後期後半主体の住居跡が発見され，規模の大小はともかくとして弥生時代集落の存在が確かめられている。発見されていない他の遺跡は，部分的な小範囲の発掘事例が多く，方形周溝墓の発見された大部分の遺跡において，弥生時代集落との間に密接な関係が予測される。多くの場合，この集落が古墳時代前期の集落へと転換しており，方形周溝墓はその集落内に営まれている。金井戸遺跡，大塚新地遺跡，向井原遺跡，奥原遺跡などはその典型的な事例と言える。
　大塚新地遺跡では，古式土師器を伴う住居に在地弥生土器が共伴する事例や，土師器の影響を受けて故意に無文化した在地弥生土器の出土例などが認められる。これに対し，奥原遺跡の場合は，弥生時代集落と古墳時代前期集落の土器様相は一変している。前者は在地弥生土器のみ，後者は古式土師器や南関東系土器のみで構成され，両集落の土器様相は一線を画している。弥生時代から古墳時代への集落展開の多様な一面を反映しており，前述のように，奥原遺跡は方形周溝墓という外来の墓制をもった集団が外部から移住し，既存の集落を吸

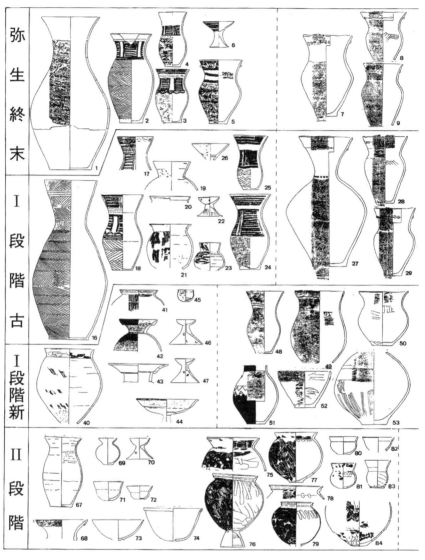

(弥生終末)北部:富士山1住1~3・6(井上1979)　髭釜32住4・5(井上1980)　南部:原田北1住7~9(海老澤1993)　尾坪台8住10・11・14・15(中村1986)　天王峯11住12・13(河野1984)
(Ⅰ段階古)北部:部原北2住16~23(茂木1982)　髭釜43住24・25(井上1980)　南部:原田北6住27~29(海老澤1993)　外山5住30~39(山本1982)
(Ⅰ段階新)
北部:三反田4住40~47(川崎他1978)　南部:原田西8住48~53(海老澤1993)　烏山26住54~59(高根他1975)　境松22住64・65(久野1987)　同23住61・63(久野1987)　同36住62(久野1987)　同40住60・66(久野1987)

第 2 章　方形周溝墓の地域性

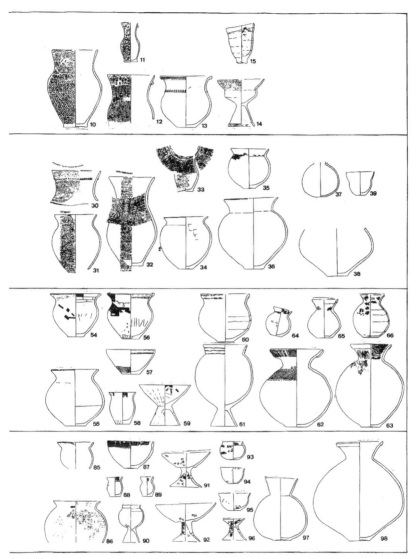

（Ⅱ段階）
北部：大塚新地 2 住 67~74（高根 1981）　久慈吹上 3 住 75~84（鈴木 1981）　南部：境松 5 住 90・92.93・97・98（久野 1987）　同 8 住 86・87（久野 1987）　同 10 住 85・88・89・91（久野 1987）　同 32 住 94~96（久野 1987）

第 15 図　常陸地域弥生時代終末~Ⅱ段階（古墳時代前期中段階）併行編年試案
破線より左は北部（涸沼川以北），右は南部（涸沼川以南）
（注 22 古墳時代土器研究会編 1998 文献より）

収した状況が想定される。一方，大塚新地遺跡の場合，在地弥生文化と外来文化との融合が集落のなかで展開したと考えられ，古墳文化の到来に伴い方形周溝墓もその一要素として在地弥生社会のなかに受容されたものと思われる。

次に方形周溝墓と同時期の集落との関係について見ていきたい。24遺跡中10遺跡からほぼ同時期の集落跡が発見されており，方形周溝墓と当時の集落との密接な関係がうかがわれる。小規模かつ部分的な発掘事例も多く一概に類型化は難しいが，現状で次の六つの分類が考えられる。

(1) 尾根上に構築され，集落から隔絶し独立した墓域を形成するもの（須和間遺跡，後生車遺跡）。
(2) 10基以上が台地縁辺に群集して墓域を形成し，近隣に同時期の集落が存在するもの（赤塚西団地内遺跡）。
(3) 同時期集落に隣接して墓域を形成するもの（原出口遺跡）。
(4) 同時期集落内に1基だけ存在するもの（金井戸遺跡，大塚新地遺跡）。
(5) 同時期集落内に数基存在するもの（髭釜遺跡，向井原遺跡，奥原遺跡）。
(6) 集落から離れて，単独で1基だけ存在するもの（一杯清水遺跡）。

(2)〜(6)は，他地域の方形周溝墓にも多く認められる一般的なあり方と言えよう[23]。(4)と(5)は集落と墓域が混在し，(1)・(2)・(3)・(6)は集落とは離れて墓域を形成する。なお，数の多寡や遺跡内における構成の違いは，先にも述べたように各遺跡の被葬者の階層の違いを反映するものと考えられる。ただし，(1)については現在の知見から，隣接して同時期の集落が存在する可能性も低く，この方形周溝墓群に限り集落から隔絶した感がとくに強いと言える[24]。言い換えれば，立地や集落との関係だけでなく，前述した埋葬施設や土器祭祀の面からみても，より古墳に近い様相が看取されるのである。

以前筆者は，方形周溝墓のある集落やその近隣の集落から，後期弥生土器の流れをくむ外来系土器の出土する事例が多いことを指摘した[25]。大塚新地・向井原・上坂田北部貝塚・権現平・泊崎城址・奥原・境松の各遺跡では，方形周溝墓と同時期の外来系土器が発見されている。奥原遺跡や泊崎城址遺跡の方形周溝墓出土の土器からも明らかなように，常陸南部では南関東系土器の出土が顕著で，先に述べたような方形周溝墓の波及経路が想定される。

これに対し，常陸北部はどうであろうか。方形周溝墓の分布する那珂川・久

慈川流域は，東海系のＳ字状口縁台付甕(以下，Ｓ字甕と略す)が多く分布する地域として注目されている26)。事実，方形周溝墓の発見された集落や，近隣の集落遺跡からこの種の甕形土器が発見された事例は多い27)。出土するＳ字甕の多くはＣ・Ｄ類で，Ｓ字甕としては最も新しい型式である28)。これは，北部の方形周溝墓の大半がⅥ期に属することと時期的に符合しており，おそらく方形周溝墓とＳ字甕，両者の波及経路には密接な関係があったと思われるが，具体相についてはＳ字甕の系譜的研究が必要である。

第4節　古墳との関係

　方形周溝墓と古墳との関係については，出現時期，分布，祭祀儀礼等々があるが，以下その要点を列記し若干の考察を試みたい。
1)　常陸の方形周溝墓で最古の一群(Ⅳ期)に属するものに，奥原2号墓，権現平2号墓，泊崎城址遺跡の3例があり，この3例からはそれぞれに南関東の弥生土器の系譜上にある装飾壺が出土している。この壺は，古墳時代前期古段階(比田井編年前期Ⅰ段階)に位置付けられるもので，周辺の出現期前方後円(方)墳からはまったく出土せず，当地域における古墳の出現はこれ以降と考えられる(第3表)。
2)　方形周溝墓のあり方は，主要河川の支流沿いやその谷筋など，地理的にやや奥まったところに位置するものが多い。限定された小地域内に集中して分布する傾向があり，前代の在地弥生集落との密接な関係が認められる。これに対し出現期の古墳は，主要水系を間近に臨む台地や丘陵上に立地し，多くが集落から離れた位置にある。しかも比較的分散して分布し，それぞれが一定範囲の領域を保有するかに見える。
3)　方形周溝墓の土器は，周溝内から出土する事例が多く，壺形土器主体の土器組成は方形周溝墓本来の喪葬儀礼のあり方を受け継ぐものと考えられる。ただ，なかには須和間11号墓のように埋葬施設上に小型坩を供献する事例も認められ，出現期古墳の土器祭祀に近似している。このように，Ⅴ期の古墳出現以降に増加する小型土器群の存在は，出現期古墳の喪葬儀礼との関わりのなかで生まれてくるものと考えられる。

常陸における古墳の出現は，古墳時代前期中段階（本章のV期）の布留式古段階併行期頃で，北部に方形周溝墓が出現する時期，C類のS字甕が波及する時期等と重なる。一例として，小型高杯，小型器台消滅以前の土器様相をもつ水戸市安戸星1号墳，稲敷市浮島原1号墳，行方市勅使塚古墳[29]などの小・中規模の前方後方墳がこの時期の古墳と考えられ，北部・南部の広範囲に出現してくる。この現状を在地弥生土器の分布圏に照らしてみると，十王台式土器の分布する北部では方形周溝墓と古墳がほぼ同時期に出現し，これに対しもう一方の在地弥生土器である上稲吉式土器の分布する南部では，方形周溝墓が古墳よりも一段階早く出現しているということになる。

　他地域の状況をみると，古墳出現期における土器の移動に象徴される文化の伝播や人の動きと政治的影響力の波及とは重複する部分が多いように見受けられる。だが，両者は本質的には別個のものであり，常陸南部における方形周溝墓と古墳の出現状況はその相違を明確に反映している。

　出現期の古墳は，方形周溝墓とは異なり主要水系を間近に臨む丘陵や細尾根上に構築され，同時期に隣接する集落の存在は考えられず，所属集団から隔絶した感が強い。このうち，安戸星1号墳・原1号墳では，同一丘陵上に連接する方墳の存在が注目される。この方墳は，前方後方墳とほぼ同時期の築造と考えられ，一辺10m前後と一般的な方形周溝墓と同様に小規模なものである。常陸の方形周溝墓のなかでは特異な存在と考えた須和間遺跡の方形周溝墓は，立地・構成・規模の面からみてこの方墳に近似し，性格的にも類似すると考えられる。このような，前方後方墳，これに連接する方墳，須和間方形周溝墓群，その他の方形周溝墓の関係は，古墳出現期に生まれた一定領域内での重層的な階層構造を反映したものと言えるだろう。

まとめ

　常陸への方形周溝墓の波及は，第一波として古墳時代前期古段階（IV期）に南部の古霞ヶ浦沿岸へ，第二波として古墳時代前期中段階（V期）に北部の那珂川，久慈川流域へと及んだ。両者ともに外来系土器の移動に象徴される文化伝播の

ひとつであったが，前者は，南関東系土器や東海系土器を伴い，下総北西部からの波及が跡付けられた。後者については，東海系Ｓ字甕の移入との密接な関係が認められ，ひとつの可能性として那珂川・久慈川水系を帰着点とする太平洋の海上ルートがその波及経路として想定される。

　古墳出現期の古霞ヶ浦沿岸地域の特質として，以下の点を指摘できる。弥生時代後期後半には，常陸北部の十王台式のほか臼井南式など下総北部の土器の流入も確認されるが，前章で検討した再葬墓や土器棺墓などの墓制を考えると，弥生時代中期から後期にかけては北部からの影響がより濃厚である。つづく弥生時代終末から古墳時代前期初頭（比田井編年前期Ｉ段階）になると，徐々に常陸南部と下総北部との交流が活性化し，とくに下総北西部を介して南関東系土器の流入が顕著になる。常陸北部に先んじて南部に西日本の墓制である方形周溝墓が波及するのは，古墳出現直前のこの時期である。これは，南関東系の土器を携えた集団の移住による可能性が高く，このような社会の大きなうねりに共鳴して古霞ヶ浦沿岸をめぐる広範な交流と地域の胎動が始まると考えられる。またこのことは，弥生時代後期後半段階までは，古霞ヶ浦南岸の水域が環濠集落や方形周溝墓など，西方からの人や文化を遮る壁になっていたことも意味している[30]）。

　一方，西方からの先進文物の指標でもある鉄製の武器（鏃・剣・刀）や農工具（鎌・刀子），銅鏃などの金属製利器については，弥生時代後期前半から終末にかけて，下総北部とともに，古霞ヶ浦南岸の水域を超えて常陸にも波及している。数は少ないながら，その分布は霞ヶ浦の東南部から南西岸を経て，土浦入から桜川流域の一部と，涸沼川流域を含む那珂川河口周辺域に集中する[31]など，古墳時代以降に活発化する古霞ヶ浦沿岸の流通ルート上やその延長線上に点在する特徴を示している。古墳時代前期初頭の方形周溝墓の流入に先んじて，集団の移動を伴わないかたちで，西方からの特定文物の流入ルートが開拓され始めていたと推察される。

　さて，古墳時代中期以降になると，方形周溝墓はほとんど認められなくなる。この方形周溝墓消滅の要因として，ひとつに５世紀前半以降における前方後方墳の消滅や大型前方後円墳の出現など，列島規模でみられる時代の画期との関わりが考えられる[32]。また，赤塚西団地内遺跡などの方形周溝墓群のあり方

は，6世紀以降に主要河川からやや離れたところに出現してくる中小円墳や小型前方後円墳，終末期の方墳群の様相に似ている[33]。おそらく，両被葬者層は階層的に近似しており，上記の5世紀に途絶えた造墓活動が6世紀以降復活したと理解できる。5世紀における方形周溝墓の消滅は，畿内中枢政権との関わりのなかで，身分秩序の再編に伴い，地方における造墓活動が影響を受けた結果と考えられる。

補注1）　本章の旧稿発表後の論考として，齊木誠「常陸地域における方形周溝墓の基礎的分析」『筑波大学先史学・考古学研究』第27号　2016年，がある。

補注2）　茨城県内の方形周溝墓については，齊木誠の集成（補注1文献）によると，60遺跡176基の事例が確認されている。本章の旧稿発表以降およそ25年が経過しており，その数は倍以上と大幅に増加している。しかし，方形周溝墓の分布状況，出現時期と展開，出現の背景や様態，古墳との関係など，当該地域の方形周溝墓の理解について本章旧稿と大きな隔たりはないようである。本章末尾の第4表参照。

補注3）　2012年に発掘調査されたつくば市面野井古墳群の第2号方形周溝墓は，古墳時代前期中頃（本章のV期）の築造で，方台部のほぼ中央から長軸2.83 m，幅0.67 mの木棺の痕跡が発見されている。残された木棺の痕跡は，底面が浅いU字形あるいは船底形を呈し，両端の小口に粘土塊を充填した構造で，頭位は北東方向，棺内からは水晶製勾玉ほか，緑色凝灰岩，滑石，鉄石英製などの管玉，ガラス玉，鉄製刀子が出土している。木棺底面の掘方は基盤の地山層に達していたが，方台部封土がすでに削平されていたことから，木棺上部の形態など埋葬施設全体の構築状況は不明である。㈶茨城県教育財団『面野井古墳群　都市計画道路新都市中央通り線バイパス建設事業地内埋蔵文化財調査報告書』茨城県教育財団埋蔵文化財調査報告第391集　2014年。

注
1）　茂木雅博「方形周溝墓論」『常陸須和間遺跡』雄山閣　1972年，川崎純徳「古墳以前－常総地方における古墳成立の基盤について考える－」『常総台地』6　1972年，塩谷修「茨城県地方における方形周溝墓の出現とその性格」『史学研究集録』10　1985年，設楽博己「常陸地方における方形周溝墓をめぐって」『比較考古学試論』雄山閣　1987年，村田健二「関東地方東部における古墳出現期の様相Ⅰ」『研究紀要』8　㈶埼玉県埋蔵文化財調査事業団　1991年。
2）　注1塩谷，設楽文献。
3）　注1設楽文献。
4）　川崎純徳「霞ヶ浦沿岸における弥生文化終末期の様相－特に貼瘤を持つ土器群を中心にして－」『婆良岐考古』第5号　1983年，海老澤稔「茨城県内出土弥生土器の検討（7）上稲吉式土器について」『婆良岐考古』第11号　1989年，千葉隆司編『霞ヶ浦沿岸の弥生文化－土器から見た弥生社会－』霞ケ浦町郷土資料館　1998年。
5）　最古型式の前方後円墳である箸墓古墳は，庄内式新段階，纒向Ⅲ式併行と考えられる。
6）　Ⅰ～Ⅵ期の時期区分については，本章旧稿の初出文献，山岸良二編『関東の方形周溝墓』

第 2 章　方形周溝墓の地域性

　　 同成社　1996 年所収,「関東 7 都県方形周溝墓集成表」の凡例を参照。
7)　茂木雅博他『常陸安戸星古墳』安戸星古墳調査団　1982 年。
8)　茂木雅博他『常陸浮島古墳群』浮島研究会　1976 年。
9)　西宮一男『常陸狐塚古墳』岩瀬町教育委員会　1976 年。
10)　小林三郎地「御殿前遺跡」『東京都遺跡調査・研究発表会』Ⅸ・Ⅹ　東京都教育委員会 1984・85 年, 鈴木敏弘「御殿前遺跡」『第 9 回三県シンポジウム　東日本の弥生墓制』1988 年。
11)　西口正純『鍛治谷・新田口遺跡』埼玉県埋蔵文化財調査事業団報告書第 62 集　㈶埼玉県埋蔵文化財調査事業団　1986 年。
12)　後藤喜八郎他『海老名本郷』Ⅰ～Ⅶ　本郷遺跡調査団　1985~92 年。
13)　米田耕之助『㈶市原市文化財センター年報』昭和 60 年度　㈶市原市文化財センター 1986 年。
14)　半田堅三他『上総国分寺台調査概報』上総国分寺台遺跡調査団　1982 年。
15)　補注 3 参照。
16)　塩谷修『前方後円墳の築造と儀礼』同成社　2014 年　第 2 章参照。
17)　牛久市教育委員会, 茨城県立歴史館のご好意により資料を見実し, 実測させていただいた。
18)　比田井克仁「古墳出現段階における伝統性の消失－伝統的文様壺から見た場合－」『古代』91 号　1992 年。
19)　比田井克仁「南関東における庄内式併行期前後の土器移動」『庄内式土器研究Ⅴ』庄内式土器研究会　1994 年。比田井克仁「南関東における庄内式併行期の土器」『庄内式土器研究Ⅶ』庄内式土器研究会　1994 年。
20)　設楽も同様の見解を提示している。注 1 設楽文献。
21)　㈶茨城県教育財団『石岡都市計画事業南台土地区画整理事業地内埋蔵文化財調査報告書 1 －兵崎遺跡・外山遺跡－』1982 年, ㈶茨城県教育財団『土浦北工業団地造成地内埋蔵文化財調査報告書Ⅰ　原田北遺跡Ⅰ・原田西遺跡(上),（下）』1993 年, 田口崇他『木滝台遺跡・桜山古墳埋蔵文化財発掘調査報告書』日本文化財研究所　1978 年。
22)　茂木雅博他『常陸部原遺跡』東海村教育委員会　1982 年, 村田健二「関東地方東部における古墳出現期の様相Ⅰ」『研究紀要』8　㈶埼玉県埋蔵文化財調査事業団　1991 年, 古墳時代土器研究会編『土器が語る－関東古墳時代の黎明－』第一法規出版　1998 年　82~91 頁。
23)　山岸良二『方形周溝墓』考古学ライブラリー 8　ニュー・サイエンス社　1981 年。
24)　茂木雅博地『常陸須和間遺跡』雄山閣　1972 年, 茂木雅博他『東海村の遺跡』東海村教育委員会　1986 年。
25)　注 1 塩谷文献。
26)　鈴木敏弘「那珂・久慈郡の源流と S 字口縁土器」『常陸風土記と考古学』雄山閣　1985 年。
27)　注 1 塩谷文献。
28)　赤塚次郎「S 字甕覚書 '85」『年報　昭和 60 年度』㈶愛知県埋蔵文化財センター　1986 年。
29)　大塚初重・小林三郎「茨城県勅使塚古墳の研究」『考古学集刊』2-3, 1964 年。

30) 小林孝秀「房総の古墳編年－下総を中心として－」『地域編年から考える－部分から全体へ－』東北・関東前方後円墳研究会第20回大会シンポジウム　2015年。小林も，弥生時代終末から古墳時代初頭段階まで，香取の海(本論でいう古霞ヶ浦の南岸)の水域は，環濠集落や方形周溝墓などの西方の文化を遮る壁になっていたと考えている。

31) 関口達彦「Ⅱ　県内出土品の集成」『県内の青銅製品の集成と分析』千葉県文化財センター研究紀要17　1997年，横倉要次・川又清明「県内出土弥生時代遺物」『茨城県における弥生時代研究の到達点－弥生時代後期の集落構成から－』1999年，㈶茨城県教育財団弥生時代研究班「茨城県内の弥生時代出土遺物集成(1)－金属製武器－」『研究ノート』10号　2001年，杉山和徳「東日本における鉄器の流通と社会の変革」『久ヶ原・弥生町期の現在－相模湾/東京湾の弥生後期の様相－』西相模考古学研究会記念シンポジウム資料集　2014年。

32) 5世紀前半に，畿内中枢政権の主導のもと，全国的に古墳に内包される身分秩序の再編成があったと考えられる。注16文献　第3章参照。

33) 本書第4章参照。

引用文献(第4表・第15図)
伊藤重敏・川崎純徳　1966『津田天神山遺跡調査報告』茨城県教育委員会
伊藤重敏　1969『勝田市下高場遺跡調査予報』勝田市教育委員会
伊藤重敏　1974「赤塚古墳群」『茨城県史料　考古資料編　古墳時代』
伊藤重敏　1974『向井原遺跡調査報告書』水戸市教育委員会
伊藤重敏　1987『後生車古墳群発掘調査報告書(第2次)』石岡市教育委員会
伊藤重敏　1994『権現平古墳群』茨城県新治郡玉里村教育委員会
井上義安　1979『茨城県富士山遺跡Ⅰ』
井上義安　1980『髭釜－鹿島線建設に伴う埋蔵文化財発掘調査概報－』大洗地区遺跡発掘調査会
井上義安　1987『茨城県小幡貝塚』茨城町史編さん委員会
江幡良夫　1995『土浦北工業団地造成地内埋蔵文化財調査報告書Ⅲ　原出口遺跡』㈶茨城県教育財団
海老澤稔　1993『土浦北工業団地造成地内埋蔵文化財調査報告書Ⅰ　原田北遺跡Ⅰ・原田西遺跡(上)，(下)』㈶茨城県教育財団
大川清他　1971『花室城跡発掘調査概要』茨城県教育委員会
岡村和子　1977『原始墓制研究』5　原始墓制研究会
川崎純徳他　1978『三反田遺跡(一・二次)』三反田遺跡調査団
川崎純徳　1979「下高場遺跡」『勝田市史』別編Ⅱ考古資料編　勝田市史編纂委員会
瓦吹堅他　1982『茨城県教育財団文化財調査報告 XV』㈶茨城県教育財団
黒澤春彦・関口満　1992『田村・沖宿地区遺跡調査現地説明会資料』土浦市遺跡調査会
久野俊茂　1987『主要地方道取手筑波線道路改良工事地内埋蔵文化財調査報告書－境松遺跡－』㈶茨城県教育財団
河野辰男　1990『奥原遺跡』牛久市教育委員会
河野辰男　1984『天王峯遺跡報告書』牛久市教育委員会
佐藤次男　1974「金井戸集落」『茨城県史料　考古資料編　古墳時代』
設楽博己　1991「根本古墳」『筑波古代地域史の研究』筑波大学
設楽博己　1987「常陸地方における方形周溝墓をめぐって」『比較考古学試論』雄山閣
高根信和他　1975『烏山遺跡群』茨城県住宅供給公社
高根信和　1981『常磐自動車道関係埋蔵文化財発掘調査報告書』㈶茨城県教育財団
外山泰久　1989『常陸源台遺跡』牛久市教育委員会

第 2 章　方形周溝墓の地域性

中村幸雄　1986『竜ヶ崎ニュータウン内埋蔵文化財調査報告書 14 －尾坪台遺跡・十三塚遺跡－』㈶茨城県教育財団
平松康毅　1980『泊崎城址発掘調査報告書』茎崎村教育委員会
前田潮　1981「上坂田北部貝塚」『筑波古代地域史の研究』筑波大学
汀安衛他　1986『楯の台古墳群』楯の台古墳群発掘調査会
茂木雅博他　1972『常陸須和間遺跡』雄山閣
茂木雅博　1972「方形周溝墓論」『常陸須和間遺跡』雄山閣
茂木雅博他　1976『常陸浮島古墳群』浮島研究会
茂木雅博　1982『常陸部原遺跡』東海村教育委員会
山野井哲夫他　1983・84『倉持遺跡－第1・2年次調査』明野町教育委員会
山本静男　1982『石岡都市計画事業南台土地区画整理事業地内埋蔵文化財調査報告書 1 －兵崎遺跡・大谷津 A 遺跡・対馬塚遺跡・大谷津 B 遺跡・大谷津 C 遺跡・外山遺跡－』㈶茨城県教育財団

第4表 茨城県の方形周溝墓集成表(旧稿後の発見資料については補注1斎木文献参照)

遺跡No.	遺跡名	遺構No.	形態	規模(m)	墳丘	主体部	時期	出土土器 主体部	出土土器 方台部	その他(穿孔・破砕土器)	他の出土遺物	文献	備考
1	小野崎城址					－						岡村 1977	
2	金井戸1					－	Ⅵ		有			佐藤 1974	
3	須和間6	SX2	D3	11.0×6.0	有	1(?)土坑			穿			茂木・他 1972	
		SX5	D3	11.0×8.0	有	3(?)土坑							
		SX6	D2	11.3×7.6	有	4(?)土坑							
		SX8	D1	7.0×8.0	有	－	Ⅵ						
		SX10	D1	14.8×	有	1土坑	Ⅵ	有	有		紡錘車		
		SX11	D1	16.0×13.0	有	1木棺	Ⅵ	有破			硬玉勾玉		
4	髭釜3	SX1	C3		無	－	Ⅵ		有 穿2		滑石白玉	井上 1980	
		SX2	D2	(25.8×23.4)	無	－							
		SX4	?		無	1円筒棺	Ⅵ						
5	下高場1		D1	14×14	?	1土坑	Ⅵ?		有			伊藤 川崎 1969 1979	
6	津田天神山1		D1	12.5×12.5	有	－	Ⅵ?		有			伊藤・川崎 1966	
7	赤塚13	SX1	D1?	12×10	有	－	Ⅵ?					伊藤 1974	
		SX2	D1?	9×10	有	－	Ⅵ						
		SX3	D1?	9×8	有	－			有				
		SX18	D1	9×7		－							
		SX19	D1	8×8		－			有				
		SX20	D1	8×8		－			有				
		SX21	D1	6×6		－							

第 2 章 方形周溝墓の地域性

遺跡No.	遺跡名	遺構No.	形態	規模（m）	墳丘	主体部	時期	出土土器 主体部	出土土器 方台部	出土土器 溝部（穿孔・破砕土器）その他	他の出土遺物	文献	備考
7	赤塚	SX22	D1	6 × 6		-							
		SX23	D1	11 × 9		-				有			
		SX26	D1	8 × 8		-							
		SX27	C1?	8 × 8		-				有			
		SX28	D1?	9 ×		-							
		SX29	D1?		無	-							
8	大塚新地 1		D1	9.25 × 8.20	無	-	VI?			有 破		髙根 1981	
9	向井原 5	SX1	D1	最大一辺 8m	無	-	VI?			有		伊藤 1974	
		SX2	D1	11.0 ×	無	-	V						
		SX3	D1	12.3 × 13.6	無	-	V						
		SX4	D1		無	-	V						
		SX5	G1		無	-	V			有 穿 2		井上・他 1987	
10	小堤貝塚 1	SX1	C1?	12.3 × 12.3	有	-	V			有 穿 1		山野井・他 1983·84	
11	倉持中妻 3	SX2	D1	11.0 ×	有	-	V			有 穿 1			
		SX3	C1?	12.3 × 13.6	無	-	V?			有 穿 2		前田 1981	
12	上坂田北部貝塚 1		D1?	13.0 × 11.2	無	-	V			有 穿		殻築 1987	
13	花室城址 2	SX201	D2?	8.01 ×	無	-				有 穿		大川・他 1971	
		SX202		10.01 × 9.5	無	-				有			
14	後生車 3	SX1	D1	14.5 × 12.4	有	-	VI			有		伊藤 1987	文献記載 2 号墳
		SX2	D1	9.3 × 8.4	有	-	VI			有			
		SX3	D1	10.2 × 9.6	有	-				有			
15	権現平 1		C1	21.1 × 21.1	有	-	IV			有		伊藤 1994	
16	宍塚 1				無		V			有		殻築 1981·87	

遺跡No.	遺跡名	遺構No.	形態	規模(m)	墳丘	主体部	時期	出土土器 主体部	方台部	溝部	その他(穿孔・破砕土器)	他の出土遺物	文献	備考
17	原出口8	SX1	D1	一辺 6〜10m 最大はSX4	無	-							江幡	1995
		SX2	D1		無	-								
		SX3	D1		無	-								
		SX4	D1		無	-	V				有 穿2			
		SX5	D1		無	-								
		SX6	D1		無	-								
		SX7	D1		無	-								
		SX8	D1		無	-								
18	一杯清水1		D1	11.4 × 11.9	無	-	VI				有		黒沢・他	1992
19	沼崎城址1				無	-	IV				有 穿3		平松	1980
20	堀り地A	SX1	D1	4.48 × 4.9	無	-	V				有		瓦吹・他	1982
		SX2	D1	4.0 × 4.88	無	-	V				有			
		SX3	D1	6.64 × 5.5	無	-								
		SX4	D1	8.2 × 8.0	無	-								
21	幡の台1	SX1	D1	4.87 × 4.46	無	1?土坑	III〜IV				有		汀・他	1986
22	源台6	SX2	C1	10.5 × 10.5	有	-	VI?				有 破		外山	1989
		SX3	G2	径 8.5	有	1?土坑	VI				有 破			
		SX4	D1	10.2 × 9.2	無	-	VI?				有 破			
		SX5	B1	8.2 × 9.25	有	1?土坑					有 破			
23	奥原3	SX1	D1	10.0 × 9.0	無	5?土坑	IV				有		河野	1990
		SX2	D1	7.70 × 8.66	有						有 穿9			
			D1	10.0 × 6.0										

第 2 章　方形周溝墓の地域性

遺跡No.	遺跡名	遺構No.	形態	規模（m）	墳丘	主体部	時期	出土土器（穿孔・破砕土器） 主体部	方台部	溝部	その他	他の出土遺物	文献	備考
23	奥原	SX3	D1	7.50 × 6.25		1？土坑	Ⅵ？			有				
24	境松 1			14.8	有	ー	Ⅴ〜Ⅵ			有			久野	1987

〈集成表注〉
形態分類は注6 初出文献の第3部第4章（第4図）を参照。規模は方台部の長辺×短辺を表し、（ ）付は周溝を含んだ規模。
「穿」は穿孔土器、「破」は破砕土器の意。

第3章　前方後円墳と築造規格

はじめに

　霞ヶ浦沿岸における前方後円墳の分布を見ると，首長クラスと目される大型古墳が相対的に密に分布する地域が認められる。それは，①霞ヶ浦北岸（高浜入），②霞ヶ浦西岸（土浦入），③北浦の南岸を含む霞ヶ浦東南部（潮来・鹿島）の3ヶ所である。第一に，政治拠点の形成を考えた場合，地理的にみて，それぞれが内外に開かれた交通の要所にあたることは示唆的である。またこの分布域は，第6章で後述するように，古墳に樹立された埴輪の地域色，つまり製作者集団の存在を示唆する胎土・器形・技法の特徴が表す埴輪のまとまりとも重なっている[1]。要するに，大型古墳の密集地は，当時の交通・生産の核となる地域であったとも考えられる[補注1]。

　なお，霞ヶ浦西岸の土浦入から桜川を遡上すると筑波山麓に至る。この筑波山周辺にも，大型の前方後円墳が比較的密に分布している。また，埴輪の胎土からみても，土浦入から筑波山周辺にかけては，同じ特徴を共有している。ここでは，霞ヶ浦西岸とともに，筑波山周辺も合わせて考えることにしたい。

　前方後円墳の築造規格については，上田宏範の先駆的な型式学的研究[2]にはじまり，石部正志・宮川徏・田中英夫・堀田啓一らの企画論[3]などの蓄積がある。また，最近では北條芳隆による相似墳の追求[4]，岸本直文による前方後円墳築造規格の系列的研究などが行われている[5]。本稿では，上記の型式分類や企画論を基礎に，首長墳の動向を前提とした築造規格の系列的研究の視点を重視したい。

　ところで，霞ヶ浦沿岸の前方後円墳の築造規格については，すでに上田宏範・阿久津久・日高慎らにより部分的な検討がなされているものの[6]，首長の動向を十分にふまえながら首長墳の築造規格を検討しているとは言い難い。

首長墳の築造規格から首長層相互の政治的関係を解明するには，霞ヶ浦沿岸だけでなく，本書の主題である内海の南岸（下総北部）を含む古霞ヶ浦沿岸の前方後円墳を対象とする必要がある。なお，系列的に築造規格を分析するにあたっては，墳丘の遺存が比較的良好で，かつ詳細な測量図が公表された資料が対象となる。あらかじめ了解願いたい。

第1節　首長墳の動向と築造規格

　本節では，霞ヶ浦沿岸の首長墳の動向を小地域単位に確認し，前方後円墳の築造規格の特色を抽出する。第5表は，霞ヶ浦沿岸の前方後円墳の一覧表だが，その多くは各地の首長クラスの古墳である。表の構成は，首長墳の性格や動向を把握するために墳丘長，埴輪の有無及び時期，埋葬施設の3要素，また前方後円墳の規格を把握するために，平面形態の基準となる前方部幅[7]，前方部の長さ，前方部の形式(区)の3要素を示した。

(1) 首長墳の動向

　霞ヶ浦沿岸の首長墳の動向については，第6章においても小地域単位に古墳を検討し，その一端を提示している。重複する点も多いが，沿岸地域以外に筑波山周辺の資料も加え，首長墳の消長をやや広域な地域区分に従い概観しておきたい。

　古墳の築造時期については，円筒埴輪の編年観を基準にしている[8]。円筒埴輪の時期的特徴は以下のとおりである。

Ⅰ期：壺形埴輪　※円筒埴輪の確実な事例は不明。（川西編年1期）

Ⅱ期：細身で突出度の高い断面M字形の突帯。円形，方形の透孔。外面2次調整にタテハケ，ヨコハケ。胴部寸胴形。黒斑有り。（川西編年2・3期）

Ⅲ期：太身で突出度の高い断面台形の突帯。円形主体の透孔，わずかに方形残る。2次調整省略，わずかにB種ヨコハケ。胴部寸胴形。窖窯焼成。（川西編年4期）

Ⅳ期：太身で低い断面台形の突帯。円形透孔。2次調整省略。胴部外傾。窖窯焼成。（川西編年5期）

Ⅴ期：低平，幅広の突帯。断面三角，山形の突帯。円形透孔。2次調整省略。
　　　胴部外傾・外反。小型化。窖窯焼成。（川西編年5期）

　なお，Ⅰ期は古墳時代前期後半古段階まで，Ⅱ期は古墳時代前期後半新段階～中期前半，Ⅲ期は古墳時代中期中葉～中期後半，Ⅳ期は古墳時代後期前半～後期中葉，Ⅴ期は古墳時代後期後半と考えている。

　上記の円筒埴輪の編年をもとに，各地域の首長墳の動向を見ていきたい。まずは，各時期の古墳を列記する。なお，（　）内は墳丘の規模(m)と所在地を表している。

[Ⅰ期]

〈北　岸〉　熊野古墳(68：かすみがうら市市川)

〈東南部〉　伊勢山古墳(94：鹿嶋市宮中野)

〈西　岸〉　王塚古墳(86.5：土浦市手野町)

〈筑波山周辺〉　桜塚古墳(59.6：つくば市水守)・灯火山古墳(68：筑西市村田)
　　　　　　　※葦間山古墳(140?：下館市徳持)・佐自塚古墳(58：石岡市佐久)

[Ⅱ期]

〈北　岸〉　舟塚山古墳(182：石岡市北根本)

〈東南部〉　※浅間塚古墳(85：潮来市上戸)

〈西　岸〉　※常名天神山古墳(85~90：土浦市常名)

〈筑波山周辺〉　土塔山古墳(67：つくば市漆所)

[Ⅲ期]

〈北　岸〉　府中愛宕山古墳(96：石岡市府中)・三昧塚古墳(86：行方市沖洲)・
　　　　　　富士見塚古墳(88：かすみがうら市柏崎)

〈東南部〉　夫婦塚古墳(103：鹿嶋市宮中野)　〜Ⅳ期

〈西　岸〉　―

〈筑波山周辺〉　宮山観音古墳(92：筑西市宮山)

[Ⅳ期]

〈北　岸〉　権現山古墳(89.5：小美玉市下玉里)・舟塚古墳(72：小美玉市上玉里)・
　　　　　　山田峯古墳(83：小美玉市下玉里)・滝台古墳(83：小美玉市下玉里)

〈東南部〉　瓢箪塚古墳(66.5：行方市矢幡)・赤坂山古墳(52：行方市矢幡)

〈西　岸〉　―

第5表　霞ヶ浦沿岸の前方後円墳一覧　　　　　　　　　※（　）内の数値は推定復元値

No.	古墳名	墳丘長	埋葬施設	埴輪	前方部幅	前方部長	前方部(区)	文献
〈北岸〉								
1	熊野古墳	68		壺Ⅰ	24	28	5	1
2	舟塚山古墳	182		○Ⅱ	99	91	8	2
3	府中愛宕山古墳	96		○Ⅲ	60	41	6	3
4	三昧塚古墳	86	箱式石棺	○Ⅲ	40	38	6	4
5	富士見塚古墳	88	石棺(前方部)	○Ⅲ	53.5	43	8	5
6	権現山古墳	89.5		○Ⅳ	67	42	7	6
7	舟塚古墳	72	箱式石棺	○Ⅳ	54	35	7	7
8	山田峯古墳	83		○Ⅳ	57.5	41.4	8	8
9	滝台古墳	83		○Ⅳ	47.8	46.9	10	9
10	閑居台古墳	60		○Ⅴ	26.8	30.6	8	10
11	桃山古墳	54.5		○Ⅴ	37.4	24.1	6	11
12	風返稲荷山古墳	77.5	横穴式石室	×	52	30	5	12
13	地蔵塚古墳	59		○Ⅳ		15	2.7	13
14	雷電山古墳	(63.5)		○Ⅳ		—	—	14
15	愛宕塚古墳	(63.8)		○Ⅳ		14	2.3	15
16	大日山古墳	(37.6)	横穴式石室	○Ⅴ		9.7	2.7	16
〈東南部〉								
17	伊勢山古墳	94			37	44	7	17
18	夫婦塚古墳	103		○Ⅲ～Ⅳ	41.5	55.5	9	18
19	瓢箪塚古墳	66.5	石棺？	○Ⅳ	26	30	7	19
20	赤坂山古墳	52		○Ⅳ	17	25	8	20
21	大生西1号墳	72	箱式石棺(造出し)	○Ⅴ	33.5	33	7	21
22	大生西2号墳	57			32.5	23	5	22
23	大生西4号墳	63			35.5	23	5	23
24	大生西5号墳	60			42	27	7	24
25	日天月天塚古墳	42	箱式石棺	○Ⅴ	27	20	7	25
〈西岸〉								
26	王塚古墳	86.5			26.5	42	7	26
27	今泉愛宕山古墳	55		○Ⅴ	38.5	25	7	27
28	木原台白旗2号墳	53	箱式石棺	○Ⅴ	30	25	7	28
29	松塚1号墳	62		×	43	24	5	29
〈筑波山周辺〉								
30	桜塚古墳	59.6	木棺粘土槨		29	21.6	5	30
31	灯火山古墳	68		壺Ⅰ	24	27	5	31
32	佐自塚古墳	58	木棺粘土槨	器台Ⅰ	29	23	5	32
33	土塔山古墳	67			27	27	5	33
34	宮山観音古墳	92	石棺？	○Ⅲ	40	47	9	34
35	八幡塚古墳	94		○Ⅳ	37	37	5	35
36	丸山4号墳	35	横穴式石室	○Ⅳ	18	14	5	36

〈筑波山周辺〉　八幡塚古墳(94：つくば市沼田)・丸山4号墳(35：石岡市柿岡)
[Ⅴ期]
〈北　岸〉　閑居台古墳(60：小美玉市高崎)・桃山古墳(54.5：小美玉市下玉里)・
　　　　　風返稲荷山古墳(78.1：かすみがうら市風返)
　　　　　※要害山1号墳(75：石岡市小井戸)※小舟塚古墳(100？：小美玉市下玉里)
〈東南部〉　大生西1号墳(72：潮来市大生)・大生西2号墳(57：潮来市大生)・
　　　　　大生西4号墳(63：潮来市大生)・大生西5号墳(60：潮来市大生)・
　　　　　日天月天塚古墳(42：潮来市堀之内)
〈西　岸〉　今泉愛宕山古墳(55：土浦市今泉町)・松塚1号墳(62：つくば市松塚)・
　　　　　木原台白旗2号墳(53：稲敷郡美浦村)
〈筑波山周辺〉　－

　※印は，第5表に掲載していない古墳。墳丘規格の不確定な古墳で，時期も多分に予測的ではあるが参考資料として提示した。以上をまとめたものが，第6表である。

第6表　霞ヶ浦沿岸の前方後円墳の動向　　　　　　　※〈　〉内は時期の流動的な古墳

地域 時期	北岸 (高浜入)	東南部 (潮来・鹿島)	西岸 (土浦入)	筑波山周辺
前期 400	・熊野 (68)	・伊勢山 (94) 〈浅間塚 (85)〉	・王塚 (86.5) 〈常名天神山 (85-90)〉	・葦間山 (140)・桜塚 (59.6) ・灯火山 (68)・佐自塚 (58)
中期 500	・舟塚山 (182) ・府中愛宕山 (96) ・三昧塚 (86)・富士見塚 (88)			〈土塔山 (61)〉 ・宮山観音 (92)
後期 600	・権現山 (89.5) ・舟塚 (72) ・山田峰 (83) ・滝台 (83) ・閑居台 (60) 〈要害山1号 (100)〉 桃山 (54.5)〈小舟塚 (100?)〉 ・風返稲荷山 (77.5)	・夫婦塚 (103) ・瓢箪山 (66.5) ・赤坂山 (52) ・大生西1号 (72) ・大生西2号 (57) ・日天月天塚 (42) ・大生西4 (63)・5 (60) 号	今泉愛宕山 (55) 木原台白旗2号 (53) 松塚1号 (62)	・八幡塚 (94) ・丸山4号 (35)

高浜入に面する霞ヶ浦北岸には，前期から後期後半まで首長クラスの前方後円墳が継続して築造されている。しかも，中期前半に位置付けられる墳丘長182mの舟塚山古墳以降は，沿岸最大規模の前方後円墳のほとんどがこの地域に集中している。これに対し，西岸及び東南部では，中期以降に前方後円墳の築造が一時断絶し，勢力の衰退する時明が認められる。その後，西岸の土浦入では後期後半に，東南部では中期末から後期初頭頃に前方後円墳の築造が再開する。東南部では，墳丘長103mの夫婦塚古墳を筆頭に，比較的大型の前方後円墳がいくつかの拠点に分かれて継続して築造される。ただし，夫婦塚古墳以外に，北岸の勢力を上回る規模の古墳は築造されていないようである。そして，西岸では，さらに小規模な前方後円墳が築造されている。
　一方，筑波山周辺では，前期後半から末葉に推定墳丘長140mの葦間山古墳が他の拠点を凌駕する規模で築造され，中期前半から後期前半まで断続的ながら首長クラスの前方後円墳の築造が継続している。とくに，中期後半から後期前半にかけて，宮山観音古墳，八幡塚古墳など大型の前方後円墳が築造され，この時期に限り北岸の勢力と拮抗する様相が看取される。

(2) 築造規格の特色
　次に，築造規格の特色について概観する。前方後円墳の平面規格は，第5表の前方部幅及び前方部長と，後円部径によってその特徴を捉えることができる。そこで，前方部長については，石部正志等による後円部八等分を基準単位とする前方部の形式(区)分類(第5表, 注3文献参照)を，前方部幅については，後円部径に対する比率をグラフ化(第16図)して，相互の比較の目安としたい。
　霞ヶ浦北岸では，前期の熊野古墳を除くほとんどの古墳で前方部幅が後円部径を上回り，幅の増大と共に前方部が徐々に発達する傾向が窺われる。また，前方部長は，その多くが6~8区型以上，すなわち前方部の長い系列[9]で占められている。
　なお，霞ヶ浦北岸には，前方部長が後円部径の2分の1未満になる前方部の短小な，いわゆる帆立貝形古墳[10]が数例認められる。円丘部は比較的大型で，時期的にも後期前半以降に集中する特徴も注目される。
　霞ヶ浦東南部では，中期に首長墳の断絶はあるものの後期中葉頃まで前方部

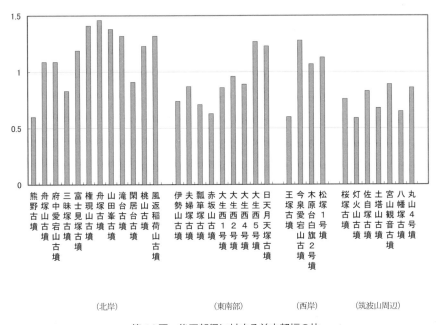

第16図　後円部径に対する前方部幅の比

幅が狭い特徴が継続する。これに伴い，前方部長も7区型以上の古墳が多く，前方部の狭長な前方後円墳を長期間継続して築造する特色が認められる。

霞ヶ浦西岸では，中期前半から後期中頃まで，前方後円墳の築造が長く断絶する。前期後半頃と推定される王塚古墳は，柄鏡形の前方後円墳で，前方部が狭くかつ長い特徴をもっている。後期後半の今泉愛宕山古墳は，前方部幅が後円部径を上回り，前方部が長く発達した形態の前方後円墳である。

筑波山周辺では，全ての古墳で前方部幅が後円部径より狭く，一例を除き前方部長も5区型と，前方部が狭く短いタイプを指向している。この傾向は，前期から前方後円墳の規模が最大となる後期前半まで一貫した特色として指摘できる。

第2節　築造規格の系列と地域色

ここでは，前節の首長墳の動向と築造規格の特色に基づき，前方後円墳の推移を地域的，系列的に跡付けてみる。築造規格の視点から，拠点ごとの首長墳

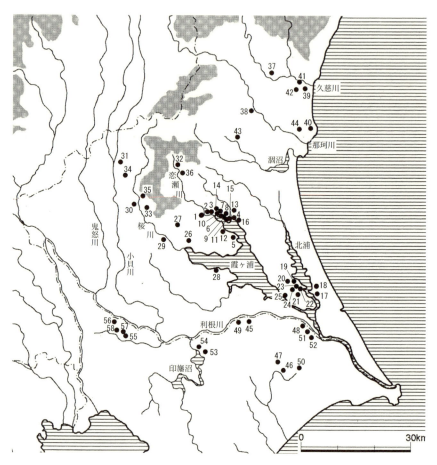

第17図　前方後円墳の分布（番号は第5・8・9表の古墳一覧と同じ）

系列の特性や特色ある墳丘規格に注目してみたい。第17図に首長墳の分布を示した。分布図には，霞ヶ浦沿岸以外に本章附節で提示した下総北部地域や旧稿では取り上げていた那珂・久慈川流域の主な首長墳[11]も含まれている。

(1) 霞ヶ浦沿岸における系列の型

　列島各地に築造された前方後円墳の中に，畿内の大王陵クラスの前方後円墳と規格が類似する類型墳，相似墳が多数存在することは，近年の研究成果が明らかにするところである[12]。築造時期が近接する事例も多く，畿内の王権と地

第7表　霞ヶ浦沿岸と畿内の前方後円墳

(北　岸)

古　墳　名	畿内の類似墳
熊野古墳	佐紀陵山古墳
舟塚山古墳	大仙古墳
府中愛宕山古墳	仲ツ山古墳
三昧塚古墳	仲ツ山古墳
富士見塚古墳	大仙古墳
権現山古墳	土師ニサンザイ古墳
舟塚古墳	土師ニサンザイ古墳
山田峯古墳	土師ニサンザイ古墳

(東南部)

古　墳　名	畿内の類似墳
伊勢山古墳	宝来山古墳
瓢箪塚古墳	宝来山古墳
大生西2号墳	コナベ古墳
大生西5号墳	大仙古墳
日天月天塚古墳	土師ニサンザイ古墳

(西　岸)

古　墳　名	畿内の類似墳
王塚古墳	宝来山古墳
今泉愛宕山古墳	土師ニサンザイ古墳
木原台白旗2号墳	土師ニサンザイ古墳

(筑波山周辺)

古　墳　名	畿内の類似墳
灯火山古墳	佐紀陵山古墳
佐自塚古墳	佐紀陵山古墳
八幡塚古墳	佐紀陵山古墳
丸山4号墳	コナベ古墳

方首長との間に，規模を違えて前方後円墳の築造規格を共有するような密接かつ階層的な政治的関係のあったことが想定される。

　試みに，後円部径に対する前方部長の類型(区)や前方部幅の比率を指標にして，霞ヶ浦沿岸と畿内の大型前方後円墳の築造規格を比較してみた。その結果，第7表のような墳丘形態の類似する対応関係が認められた。これらも参考の上，以下の検討に移りたい。

　霞ヶ浦沿岸の前方後円墳について，築造規格を視点にその変遷を見ていくと，地域を異にして二つの特色ある首長墳系列が認められる。今，仮にこの二つの系列を，(a)地方型と(b)中央型に分類し，次のように定義してみよう。

(a)地方型：前方後円墳出現期における築造規格の特色を継承し，中期を通じ後期まで残存する地域。

(b)中央型：前方後円墳出現後，ほぼ一貫して畿内の大型前方後円墳の規範に則った築造規格を採用し，変遷する地域。

(2) **築造規格系列の地域色**

　最初に，地方型の変遷を示す地域から見ていこう。地方型は，霞ヶ浦東南部や西岸及び筑波山周辺に認められる。第18・19図を見ながら，少し具体的に話を進めてみたい。

　霞ヶ浦東南部では，7区型以上の前方部が長い特徴をもつ前方後円墳が，6世

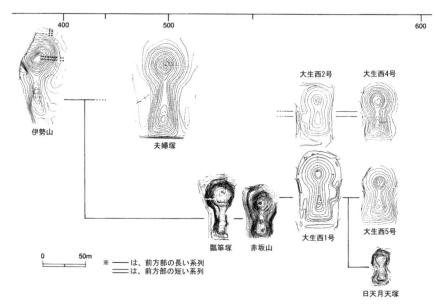

第18図　霞ヶ浦東南部の前方後円墳系列（地方型）

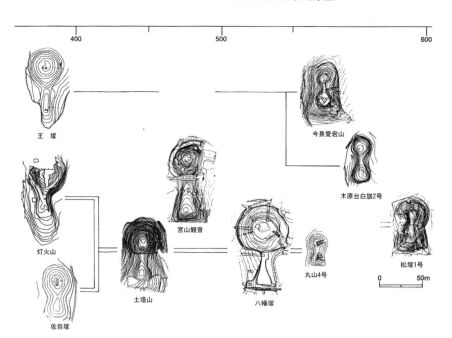

第19図　霞ヶ浦西岸・筑波山周辺の前方後円墳系列（地方型）

紀中頃まで築造されている。前方部幅も狭く後円部径を上回ることはなく，明らかに前方部の狭長な前期型式の規格が継続している。前期に遡る可能性が高い伊勢山古墳は，前方部幅がやや狭いながら奈良県桜井市の渋谷向山古墳や奈良市の宝来山古墳と類似する築造規格を採用し，築造時期も大きく隔たらないものと考えられる[13]。

　この伊勢山古墳と後期の瓢箪塚古墳，赤坂山古墳を比較してみる。瓢箪塚古墳は前方部長7区型，前方部幅の比0.71と伊勢山古墳とほぼ同形である。一方，赤坂山古墳は前方部長8区型，前方部幅の比0.62で，瓢箪塚古墳の前方部をやや長く設計したと考えられる。両古墳とも，伊勢山古墳とは時期を隔てて，その築造規格を踏襲していると考えてよい。このような前方部の長い墳丘形態は，当地域の首長墳系列の特色とも言える。ただし，その中にあっても，9区型で長大な前方部をもつ夫婦塚古墳は，築造規格の稀有な事例として注目される。興味深いことに，同様な事例は後述する他地域にも認められることから，後段であらためて検討することとしたい。

　さて，霞ヶ浦東南部では，後期中頃を境に前方部の長い首長墳系列に加え，前方部のやや短い系列が出現してくる。これに伴い，両系列ともに前方部が増大する傾向を見せ，この時期に至って初めて前方部幅が後円部径を上回る前方後円墳が築造されるようになる。墳丘規模は，50~70mと後期前半の首長墳とほぼ同規模だが，築造規格に変革が認められる。

　大生西5号墳や日天月天塚古墳は，ともに前方部が長い系列で，前方部幅の比が1.27，1.22と，後円部径を凌駕している。また，大生西2号墳，4号墳は，前方部長5区型で前方部の短い系列としてこの時期新たに出現するが，前方部幅の比は0.95，0.88と後円部径を上回るほどではない。規格の系譜を畿内に求めるとするならば，前者は，大阪府百舌古墳群中の堺市大仙古墳や土師ニサンザイ古墳など中期中葉・後半頃の大型前方後円墳に，後者は中期初頭・前半の大型前方後円墳である大阪府藤井寺市の津堂城山古墳や奈良市のコナベ古墳などに類似性が認められる。

　霞ヶ浦西岸の土浦入に位置する王塚古墳は前方部長7区型，前方部幅の比が0.59と前方部が狭長な特徴をもっている。築造規格は東南部の伊勢山古墳と近似し，渋谷向山古墳や宝来山古墳などに規格の系譜が求められる。墳丘長約90

mの天神山古墳(土浦市常名)も,同じく狭長な前方部形態が想定されており,王塚古墳に後続しその規格を継承する首長墳と考えられる。しかし,これらに続く中期の確実な事例はなく,後期後半まで首長クラスの前方後円墳の築造は断絶する。

一方,筑波山周辺では,桜塚古墳・灯火山古墳・佐自塚古墳など前方部の短い前方後円墳が,前期後半から末葉頃に出現する。いずれも,前方部の長さは5区型で幅は後円部径より狭く,奈良市の佐紀陵山古墳の築造規格に類似している。また,後円部径約80mの突出した規模をもつ葦間山古墳も,前方部の短い同様な規格の墳丘形態が想定されている[14]。

後続する大型前方後円墳には,中期後半の宮山観音古墳[15],後期前半の八幡塚古墳などがある。また,墳丘長67mの土塔山古墳も,中期段階の築造が想定されている[16]。このうち土塔山古墳と八幡塚古墳は,前方部長5区型,前方部幅の比が0.67,0.64と前方部が未発達な形態を留めており,灯火山古墳とほぼ相似形の墳丘形態を呈している。

このように当地域では,前方部が短く未発達な前期段階の築造規格が,中期を経て後期前半まで継続する様相が看取できる。なお,中期後半に,9区型で前方部が極端に長い宮山観音古墳が築造される。この突発的に出現する特異な規格は,先の東南部の夫婦塚古墳の事例と共通しており,築造の時期と背景,規格の系譜などが問題となる。

霞ヶ浦西岸及び筑波山周辺でも,後期中頃を境に首長墳の築造規格に変化が認められる。土浦入では,中期前半以降断絶していた前方後円墳の築造が再開する。後期後半の今泉愛宕山古墳と木原台白旗2号墳は,前方部長7区型で前期と同様に前方部の長い特徴をもった前方後円墳である。ただし,前方部は増大し,幅の比が1.28,1.12と後円部径を上回る規格に変化している。築造規格の系譜は,前述の土師ニサンザイ古墳など中期後半以降の大型前方後円墳との類似が想定される。

筑波山周辺では,八幡塚古墳に続く前方後円墳として,後期中葉頃の丸山4号墳がある。丸山4号墳は,前方部長5区型で前方部の短い系列を踏襲している。変化は前方部の形状にあり,幅の比率が0.85と八幡塚古墳などに比べ拡大する傾向を示し,高さも後円部に拮抗する様相を呈している。ただし,墳丘長

は35mと小さく，大型化の進んだ中期後半から後期前半の首長墳に比べると極端な規模の縮小化が認められる。これに対し，霞ヶ浦西岸近くの桜川下流域に位置する松塚1号墳は，全長62mの比較的大型の前方後円墳で，埴輪を樹立しない後期末葉の築造が想定される。本古墳は前方部5区型で，幅の比率が1.13と前方部が増大した規格を特徴としている。筑波山周辺の首長墳系列は，前方後円墳の終末段階に至り桜川河口域近くに移動し，霞ヶ浦西岸の勢力をも取り込みつつ，前方部の短い系列を踏襲していたと考えられる。

　地方型の基本的な特徴は，前方後円墳出現時における築造規格がその後も踏襲され，大きく変わることなく，中期を通じ後期前半から中頃まで継続していることにある。初期の前方後円墳は前期中葉〜後半に出現し，霞ヶ浦東南部と西岸の地域では宝来山古墳に，筑波山周辺では佐紀陵山古墳に類似する築造規格を採用している。どちらも，奈良県の佐紀盾列古墳群中に築造された大型前方後円墳で，当地域における前方後円墳の出現と大きく隔たらない時期の古墳である。前方部の幅が狭く未発達な前期型式で，前者は前方部が長く，後者は短い築造規格を特徴としている。地方型の地域では，一時首長墳の断絶する地域はあるものの，この規格が後期段階まで系列的に踏襲されたと考えられる。このことから，中期から後期前半における地方型の地域首長層と畿内の王権との政治的事情については，直接的な関係は稀薄で，その間は途絶えていたか，あるいはきわめて間接的だったことが想定される。

　しかし，後期中葉頃を境に地方型の首長墳の築造規格に変化が認められる。それは，前方部の幅と高さが増大し，前期型式の未発達な前方部に変わって前方部の発達した前方後円墳が築造されたことにある。この前方部の形態変化は，前方後円墳の出現時以来久しく導入が途絶えていた畿内の大型前方後円墳の築造規格が，この時期あらたに導入された結果によるものであろう。事実，前方部の長い系列では土師ニサンザイ古墳，前方部の短い系列ではコナベ古墳など，それぞれ畿内の主要な大型前方後円墳との間に規格の類似性が認められた。前者は中期後半，後者は中期前半の築造ながら，その築造規格は畿内の後期大型前方後円墳の系列に継承されている。また，前期以来の前方部の長短の系列は，地方型の各地で後期中葉以降も継続していたようである。なお，東南部では，前方部の長い主系列に加え，あらたに前方部の短い系列が出現するなどの変化

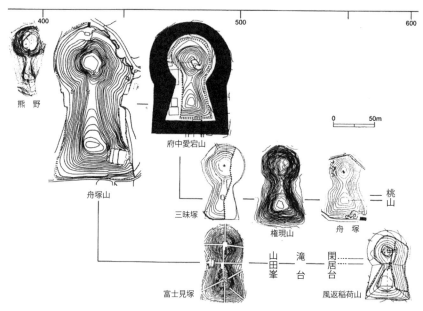

第20図 霞ヶ浦北岸の前方後円墳系列(中央型)

も認められる。

　次に，中央型の変遷を示す霞ヶ浦北岸について，第20図によりながら，地方型との比較に立って話を進めよう。霞ヶ浦北岸では出現期の熊野古墳(5区型)，最終末の風返稲荷山古墳(5区型)以外，多くの首長墳が6~8区型で，中期中葉以降前方部の長い首長墳系列が継続する。しかも，第16図の前方部幅の比率の変化が示すように，地方型と異なり前方部幅が時期の推移に従い徐々に拡大する様相が窺える。

　前期後半頃の熊野古墳は，前方部長5区型で前方部幅の比が0.6と灯火山古墳とほぼ相似形の墳丘形態を呈している。同様に，佐紀陵山古墳の築造規格との類似性が指摘できる。その後，この前方部の短い系列は続かず，墳丘長182mの舟塚山古墳の築造を契機に，前方部の長い築造規格へと移行する。

　築造規格の系列を視点に，舟塚山古墳以後の首長墳を分類すると，二つの系列に分かれる。一つは，舟塚山古墳→(富士見塚古墳)→山田峯古墳→滝台古墳→閑居台古墳と推移する8区型以上の前方部の長い系列である。舟塚山古墳と富士見塚古墳は大阪府堺市の大仙古墳，山田峯古墳は土師ニサンザイ古墳，滝台

古墳は10区型の前方部の極端に長い特異な規格である。もう一方は，府中愛宕山古墳→三昧塚古墳→権現山古墳→舟塚古墳→桃山古墳へと推移する6〜7区型の前方部のやや短い系列である。府中愛宕山古墳と三昧塚古墳は大阪府古市古墳群の藤井寺市仲ツ山古墳，権現山古墳と舟塚古墳は土師ニサンザイ古墳の築造規格に類似している。この畿内の大型墳を霞ヶ浦北岸の類似墳の変遷に重ねてみると，築造時期の隔たりは認められるものの，ほぼ畿内の大型前方後円墳の変遷にそった築造規格の推移が後期後半まで継続する可能性が高い。

つまり初めに定義したように，中央型は，一貫して畿内の大型前方後円墳の規範に則った築造規格を採用し変遷する地域である。また，墳丘規模の面でも，地方型では後期中葉以降規模の縮小化が進行するのに対し，中央型の霞ヶ浦北岸では，後期後半まで他を凌ぐ突出した規模を維持していたと考えられる。

中央型は，地方型とは明らかにその様相を異にしており，王権との関係や霞ヶ浦沿岸内部の政治的位置付けも自ずと理解できるものと思われる。なお，後期末葉に位置付けられ，最終末の前方後円墳と考えられる桃山古墳や風返稲荷山古墳は，前方部長が6区及び5区型で，前方部のより短い規格に変化している。

第3節　特殊な前方後円墳と築造規格

ここでは，前方後円墳の特色ある築造規格として，霞ヶ浦東南部と筑波山周辺に認められる前方部が長大な前方後円墳と，霞ヶ浦北岸で特筆される前方部が極端に短い前方後円墳について検討しておきたい。

(1) 前方部の長大な前方後円墳

霞ヶ浦東南部の夫婦塚古墳と筑波山周辺の宮山観音古墳は，長大な前方部をもつ前方後円墳として注目される。どちらも，前方部長9区型，前方部幅の比率も夫婦塚古墳が0.87，宮山観音古墳が0.88で近似し，前方部幅が狭く極端に長い形態はほぼ相似形を呈している。また，墳丘長は，夫婦塚古墳が103m，宮山観音古墳が92mを測り，それぞれが地域内では最大規模の前方後円墳である。このように前方部が長大で8区型を超える前方後円墳はきわめて少なく，

全国的にも前期段階にわずかに認められるにすぎない17)。つまり，両古墳の築造の時期と規格の系譜が問題となる。

宮山観音古墳は中期後半，夫婦塚古墳は中期末から後期前半の築造が想定される。そして，両古墳を挟んで，前後の首長墳系列には

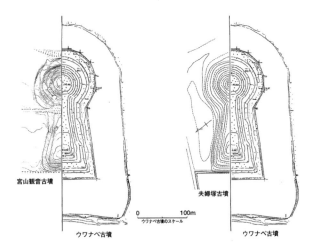

第21図　宮山観音古墳と夫婦塚古墳の墳形

築造規格の継続性が認められる。つまり，この特異な築造規格の出現は，ある意味で一時的かつ単発的な現象と捉えられる。

以上のように，両古墳には，相似形の築造規格，被葬者の階層性を表す墳丘規模，築造時期や出現状況など，いくつかの共通性が指摘できる。おそらく，同様な契機で，系譜を同じくする築造規格を一時的に採用したと考えられる。今，畿内の大型前方後円墳にこの築造規格の系譜を求めるとするならば，奈良県佐紀盾列古墳群中の奈良市ウワナベ古墳がその候補にあげられる。ウワナベ古墳は，8区型で前方部が長く，かつ幅が狭い特徴をもっており18)，宮山観音古墳と夫婦塚古墳はその二段目の規格を用いて築造されたものと想定される（第21図参照）。つまり，霞ヶ浦東南部と筑波山周辺の勢力は，前期後半から末葉には宝来山古墳や佐紀陵山古墳，中期後半から後期前半にはウワナベ古墳と，二時期にわたり同じ佐紀盾列古墳群の大型前方後円墳から単発的に築造規格の影響を受けていたことになる19)。

(2) 前方部の短小な前方後円墳

霞ヶ浦北岸では，前方部が極端に短い前方後円墳，いわゆる帆立貝形古墳が複数認められる。墳丘形態が確かなものとして，地蔵塚古墳（小美玉市），雷電山古墳（同），愛宕塚古墳（同），大日塚古墳（行方市）があり，後期前半から後半にか

第 3 章　前方後円墳と築造規格

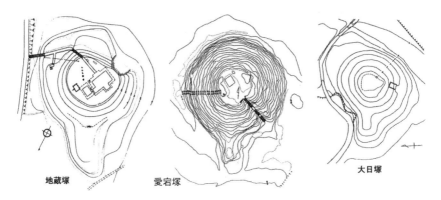

地蔵塚　　　　　愛宕塚　　　　　　　　大日塚

第 22 図　霞ヶ浦北岸の帆立貝形古墳　※縮尺は約 1500 分の 1

けて築造されている（第 5 表・第 22 図参照）。その分布が，高浜入北岸の園部川河口付近に集中している。

墳丘測量図からその築造規格を復原すると，以下 3 点の特徴が指摘できる。
① 前方部の長さは，後円部径の約 3 分の 1。※あるいは，2 分の 1 未満[20]。
② 前方部幅は，前方部の長さとほぼ等しい。
③ 前方部の高さは，後円部の高さの約 3 分の 1 以下。

この特徴は，先の 4 基の古墳におおよそ共通しており，これらの帆立貝形古墳は極めて近似した築造規格で設計されたものと思われる。

この帆立貝形古墳は，前方部は短小ながら後円部は比較的大型で，霞ヶ浦北岸の大型前方後円墳の後円部と同等な規模を有している。つまり，両者の違いは，前方部の長さにあり，規格の意図もその点にあったと思われる。これは，被葬者の地域政権内部での序列や役割を反映するものであろう。

園部川河口付近には，上記の帆立貝形古墳以外に，径 30~50 m の比較的大型の円墳が築造されており，小さな造り出しを付設したものもある。その中には，中期中葉前後の塚山古墳・妙見山古墳や，中期末葉から後期前半の築造が想定される権現塚古墳など，後期前半以前の古墳が認められる。先の帆立貝形古墳の年代観から考えて，大型円墳から帆立貝形古墳へと推移した可能性が考えられる。そこで，園部川河口付近でこの大型円墳と帆立貝形古墳のグループと，墳丘長 50 m 以上の比較的大型の前方後円墳のグループを列記してみると，両者ほぼ同数存在する結果になった[21]。

〈前方後円墳〉　　　　　　〈円墳・帆立貝形古墳〉
(1)桃山古墳(54.5 m)　　　(1)桜塚古墳(帆立，35 m)
(2)閑居台古墳(60 m)　　　(2)大日塚古墳(帆立，37.6 m)
(3)舟塚古墳(72 m)　　　　(3)塚山古墳(円，50 m)
(4)山田峰古墳(83 m)　　　(4)妙見山古墳(造り出し付円，50 m)
(5)滝台古墳(83 m)　　　　(5)権現塚古墳(造り出し付円，55 m)
(6)三昧塚古墳(86 m)　　　(6)雷神山古墳(円，56 m)
(7)権現山古墳(89.5 m)　　(7)地蔵塚古墳(帆立，59 m)
(8)小舟塚古墳(100 m？)　 (8)雷電山古墳(帆立，63.5 m)
(9)要害山1号墳(100 m)　　(9)愛宕塚古墳(帆立，63.8 m)

※大きさ順

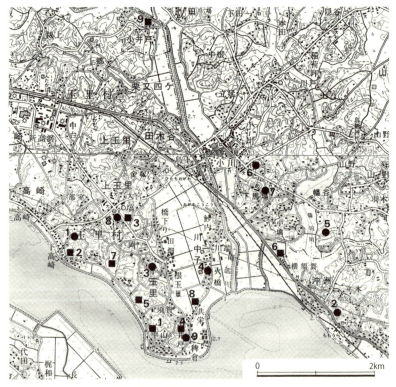

第23図　霞ヶ浦北岸における大型前方後円墳と円墳・帆立貝形古墳の分布
(■は前方後円墳，●は円墳・帆立貝形古墳，番号は上記文中と一致，国土地理院5万分の1地形図より)

また，これらの分布を地図上におとしてみると(第23図)，前方後円墳は内海の霞ヶ浦寄りに位置するものが多く，円墳・帆立貝形古墳は少し奥まった場所に位置するものが多いなど，立地を異にする傾向も認められた。

このように，前方後円墳のグループと円墳・帆立貝形古墳のグループとの間には，前方部の有無や長さ，さらには立地などの面においても格差が設けられていたことがわかる。円墳・帆立貝形古墳は，中期中葉以降から後期後半にかけて築造されており，当地域の大型前方後円墳の築造とも時期は重なる。前述のように両者の数は拮抗しており，舟塚古墳と雷電山古墳，山田峯古墳と愛宕塚古墳など，隣接して築造された事例からも窺えるように，一対一の対応関係が想定できるかもしれない。つまり，これらの大型円墳や帆立貝形古墳は，地域内部での政治的序列や役割の違いを表現するために，前方後円墳とは異なる墳形を採用し，劣位に位置付けられていた可能性が考えられる。また，このような古墳の様相は，北岸の地域政権が霞ヶ浦沿岸の他の拠点と比べて，より複雑化，高度化した政治構造を備えていたことを示唆するものと言えよう。

附節　下総北部における前方後円墳の特色

本書の課題である古霞ヶ浦の観点から，その南岸にあたる下総北部，現在の利根川右岸域の前方後円墳の推移や築造規格の特色について補足し，本章の考察の参考としたい。以下，利根川下流右岸域，印旛沼沿岸，手賀沼沿岸の小地域単位に，円筒埴輪の編年を基準として第1節と同様に前方後円墳の特色を概観する[22]。

(1) **首長墳の動向**(第17図)
[Ⅰ期]
〈利根川下流域〉柏熊1号墳(84：香取郡多古町)・柏熊8号墳(82：香取郡多古町)・
　　　　　　　大戸天神台古墳(62：香取市大戸)
〈印旛沼沿岸〉　—
〈手賀沼沿岸〉　水神山古墳(63：我孫子市高野山)
[Ⅱ期]

〈利根川下流域〉三之分目大塚山古墳(123：香取市三之分目)

〈印旛沼沿岸〉　−

〈手賀沼沿岸〉　弁天古墳(35：柏市布施)

[Ⅲ期]

〈利根川下流域〉−

〈印旛沼沿岸〉　−

〈手賀沼沿岸〉　−

[Ⅳ期]

〈利根川下流域〉舟塚原古墳(54：香取郡神埼町)

〈印旛沼沿岸〉　上福田4号墳(48：成田市上福田)

〈手賀沼沿岸〉　−

[Ⅴ期]

〈利根川下流域〉城山1号墳(68：香取市小見川)・城山5号墳(51：香取市小見川)・
　　　　　　　北条塚古墳(71：香取郡多古町)

〈印旛沼沿岸〉　浅間山古墳(78：印旛郡栄町)

〈手賀沼沿岸〉　高野山1号墳(35.5：我孫子市高野山)・
　　　　　　　日立精機2号墳(30：我孫子市我孫子)

　現在の利根川下流右岸域には，前期・中期・後期と首長クラスの前方後円墳が継続して築造されている。ただし，中期前半に全長123mの大規模前方後円墳である三之分目大塚山古墳が築造された後，中期後半の一時期のみ首長墳系列が断絶する。この首長系譜は後期初頭には復活し，城山古墳群など全長50〜70mの大規模前方後円墳の築造が後期後半まで継続する。

　印旛沼沿岸では，小・中規模の円墳を中心に構成される成田市の公津原古墳群や印旛郡栄町の竜角寺古墳群などが形成される。大規模前方後円墳の首長系譜は，上福田4号墳など後期前半に表れ，後期後半を境に公津原古墳群から龍角寺古墳群へと移動する。竜角寺古墳群では，後期末葉の浅間山古墳を最後に大規模前方後円墳の築造は終焉する。

　手賀沼沿岸では，前期後半から中期前半にかけて我孫子市の水神山古墳，柏市の布施弁天古墳の2基の前方後円墳が築造されるが，いずれも古霞ヶ浦の入

口にあたる水運の要所に位置している。その後，中期前半から後期前半にかけて前方後円墳による首長墳系列は断絶する。首長系譜は後期後半に復活し，我孫子古墳群に高野山1号墳や日立精機2号墳などの小規模前方後円墳が築造される。

(2) 築造規格の特色

第1節(2)と同様に前方部長と全長から割り出した後円部径，および前方部の型式(区)などをもとに(第8表・第24図参照)，築造規格の特色を概観する。

利根川下流右岸域では，中期前半の三之分目大塚山古墳までは後円部径が前方部幅を上回って

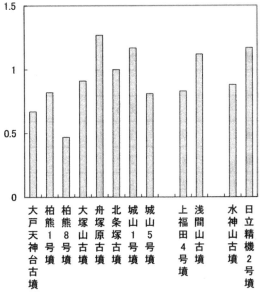

第24図　後円部径に対する前方部幅の比

第8表　下総北部の前方後円墳一覧　　　　　　※( )内の数値は推定復元値

No.	古墳名	墳丘長	埋葬施設	埴輪	前方部幅	前方部長	前方部形式(区)	文献
(利根川下流域)								
45	大戸天神台古墳	62			22.5	28.5	7	45
46	柏熊1号墳	(84)		壺I	(40)	(35)	5	46
47	柏熊8号墳	82		壺I	22	35	5	47
48	大塚山古墳	123	長持系石棺	○II	(62)	55	7	48
49	舟塚原古墳	54		○IV	35	26.5	8	49
50	北条塚古墳	70		○V	38	32	7	50
51	城山5号墳	51		○V	(26.6)	(18)	5	51
52	城山1号墳	68	横穴式石室	○V	(44.3)	(30)	6	52
(印旛沼沿岸)								
53	上福田4号墳	48		○IV	(26)	18	5	53
54	浅間山古墳	78	横穴式石室	×	58	26	4	54
(手賀沼沿岸)								
55	水神山古墳	63	ローム槨	×	28	31	5	55
56	弁天古墳	35	木棺直葬	×	?	15	6	56
57	高野山1号墳	35.5	石棺・石槨	○V	23	23	5	57
58	日立精機2号墳	30	横穴式石室	×	21	12	5	58

いるが，後期になって前方部幅が増大し，発達する様相が看取される。前方部長は，前期から後期まで6区型から8区型の長い系列を特色としているが，後期後半の城山5号墳は，幅が狭く未発達で，前方部の短い系列に属している。

　印旛・手賀沼沿岸では規格の確かな事例が少なく，詳細は明らかでない。後期になると前方部幅が後円部径を上回り発達すること，水神山古墳のように前期には前方部の長い系列が認められるが，後期になると4～5区型の前方部の短い系列が顕著となる特色が指摘できる。

(3) 築造規格系列の地域色

　第25図に，下総北部(現在の利根川下流右岸域，印旛・手賀沼沿岸)における前方後円墳の変遷と築造規格の系列を表示した。ここでは，霞ヶ浦沿岸との比較の上に立って，当地域の首長墳系列とその築造規格の特徴を以下にまとめてみた。

　① 利根川下流右岸域では，霞ヶ浦北岸の中央型に近い首長墳系列が想定される。中期前半の三之分目大塚山古墳以降，一時期首長墳の空白がある。その後，

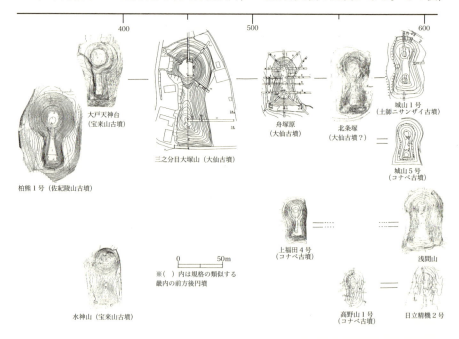

第25図　利根川下流域右岸(上段)と印旛，手賀沼沿岸(下段)の前方後円墳系列(中央型・地方型)

霞ヶ浦北岸の前方後円墳に比べ小規模ながら，同様に畿内中枢の前方部の長い主系列に則った築造規格で推移すると考えられる。首長墳系列の画期であり中核となる大塚山古墳は，ほぼ同時期の霞ヶ浦北岸に位置する舟塚山古墳の3分の2規格の相似形墳で，両者は古霞ヶ浦の南岸・北岸を占める首長墳の双璧として密接な関係にある。

②利根川下流域の出現期の前方後円墳には，前方部の長い7区型の大戸天神台古墳と共に，柏熊1・8号墳など奈良市佐紀陵山古墳と近似する前方部の短い5区型がこの時期のみ築造される。これは，かすみがうら市市川の熊野古墳の事例などから，①のように霞ヶ浦北岸と同じ動向として注目される。

③印旛・手賀沼沼沿岸では，古墳時代初期に小・中規模の前方後方墳が築造されるが，前期後半の水神山古墳以外，後期前半まで目立った前方後円墳の首長墳系列は確認できない。印旛沼沿岸には後期前半に前方部の短い小・中規模前方後円墳の首長墳系列が出現し，後期末葉まで継続する。後期のこの特徴は，地方型の霞ヶ浦東南部や筑波山周辺と同様に，佐紀盾列古墳群のコナベ古墳との間に築造規格の類似性が認められる。印旛沼沿岸では，とくに古墳時代終末期にかけて首長墳系列が隆盛する状況が看取される。最後の大規模前方後円墳である浅間山古墳は，前方部が4区型と極端に短くかつ幅が増大しており，手賀沼沿岸の日立精機2号墳と共に，前方部の発達した地域色の強い独自な墳丘規格が特徴的である。

まとめ――古霞ヶ浦沿岸の政治圏とその特質――

本章は，古霞ヶ浦沿岸の首長墳の動向をもとに，前方後円墳の築造規格とその系列を分析したものである。旧稿では，おもに現在の霞ヶ浦・北浦沿岸を中心に常陸南部の首長墳系列を素描し，築造規格の系譜と変遷を跡付けたが，本書の編集に伴いあらためて古霞ヶ浦南岸にあたる下総北部の状況も附節として補足した。

小地域の拠点ごとに築造規格を比較分析した結果，首長墳系列における「地方型」と「中央型」の違いを確認できたことが一つの成果と考える。とくに中央型の典型とも言える霞ヶ浦北岸の高浜入では，中期前半の舟塚山古墳以後，

後期末葉(7世紀初頭頃)における前方後円墳終焉の直前まで，畿内大王陵の主系列である前方部の長い築造規格を踏襲している。また，規模においても，沿岸地域の中では常に優位な位置を占めていた。霞ヶ浦北岸では，古墳時代中期後半から後期後半の間に全長 60 m を超える前方後円墳が約 10 基，高浜入南岸の出島地域を加えると，さらに多数の大規模前方後円墳が築造されており，前方後円墳に隣接して大型の円墳や帆立貝形古墳もほぼ同数確認されている。前述したように，この北岸の拠点は古墳時代を通して，畿内中枢政権と密接かつ直接的な関係を維持していたと考えられ，他と比べてより複雑化，高度化した政治構造を備えていたことが想定される。

　他の地域では，利根川下流右岸域が中央型であるほかは，霞ヶ浦東南部や霞ヶ浦西岸(土浦入)，筑波山周辺，印旛・手賀沼沿岸の各地が地方型の特徴を示している[23]。このような古霞ヶ浦沿岸各地の首長墳系列の類型化は，上述したように霞ヶ浦北岸を拠点とした地域政権の位置付けや性格を一層際立たせるとともに，その他の拠点を含む古霞ヶ浦沿岸全体の特質を理解する糸口にもなったと考える。

　本章で取り上げた古霞ヶ浦沿岸では，初期の前方後円墳に佐紀陵山古墳や宝来山古墳など，大和北部の佐紀盾列古墳群中にある大型前方後円墳の築造規格を採用している。これは，古墳時代前期中葉から後半における，初期大和政権による関東地方以北への勢力拡大[24]の動向に直接呼応する現象と捉えられる。とくに地方型の地域では，この築造規格が少なくとも後期中頃まで継承されていた。また，筑波山周辺と霞ヶ浦東南部では，中期後半から後期のある時期に，単発で前方部が狭く長大な特徴をもつ奈良市ウワナベ古墳の築造規格を採用していた可能性が高く，これもまた佐紀盾列古墳群中の大型前方後円墳の系列に位置付けられる。

　このようなことから考えて，地方型の勢力では，古墳時代前期中葉から後半の前方後円墳出現時における大和北部集団との関係がその後も継続されていたことが考えられる。つまり，畿内中枢政権と随時直接的な関係を保持していた中央型とは異なり，地方型は，古墳時代後期後半に至るまで，大和北部佐紀の勢力を介した間接的かつ断続的な政治的関係にあったことが想定されるのである[25]。

築造規格の視点に立った首長墳系列による類型は，政治的紐帯に基づく地域圏，つまり政治圏とも呼ぶべき領域のあり方を示していると考える。古墳時代中期前半に霞ヶ浦北岸の高浜入に舟塚山古墳が築造されて以降，双璧をなす利根川下流右岸域などを除けば，主な拠点では，後期前半までの約一世紀の間目立った首長墳が認められない空白期が続いたことが注目される。少なくとも中期前半から後期前半の間は，霞ヶ浦北岸の政治勢力が古霞ヶ浦沿岸全域にわたり広域かつ有力な政治勢力を保持していたようである。また，他の拠点で首長墳系列が再興する後期においても，前方後円墳の相対的な規模からみて，霞ヶ浦北岸勢力の優位性は継続していたと考えられる。ただし，古霞ヶ浦南岸にあたる利根川下流右岸域や霞ヶ浦西岸から桜川を遡上した筑波山周辺など，現在の霞ヶ浦沿岸の外側の地域では，中期から後期の間も首長墳系列は持続されていた。つまり，霞ヶ浦北岸勢力による，より密接で狭義の政治圏を厳密に捉えると，現在の霞ヶ浦を臨む沿岸地域に限定された版図であったとも考えられる。

　常陸の古墳時代後期・終末期の古墳と古墳群を『常陸国風土記』の立評記事とともに分析した白石太一郎は，後期(6世紀)の有力古墳群のあり方は古代の評(後の郡)域に対応し，評制以前の国造制の領域は終末期(7世紀前半)の大型方墳・円墳との対応が認められるとした[26]。これに対し本章の検討から，古墳時代中・後期における霞ヶ浦北岸勢力の政治圏に関しては，本拠地である古代茨城郡の領域をはるかに超えており，上記の狭義の政治圏で考えてみても，評域から復原される茨城国造の広範な領域の方に近似している状況が認められた。

　一方，北岸勢力の広義の領域と考えた古霞ヶ浦沿岸には，那賀国の鹿島や下海上国，印旛国の下総北部，筑波国の筑波山麓など，他の国造領域が含まれている。とくに，古墳時代後期には，鹿島の地には夫婦塚古墳(103 m)，下総北部には北条塚古墳(70 m)や城山１号墳(68 m)，浅間山古墳(78 m)，筑波山麓には八幡塚古墳(94 m)など，霞ヶ浦北岸の前方後円墳にも拮抗する大規模前方後円墳が築造されている。霞ヶ浦北岸勢力が古霞ヶ浦沿岸を広範に領有していた中期の様相とは異なり，後期になると，国造の領域ごとに複数の政治圏が並立する状況が生まれていたと理解できる。

　古霞ヶ浦沿岸に認められたこのような首長間の政治的関係は，拠点ごとの個々の政治圏とそれを包含する広域かつ隔絶した政治圏(霞ヶ浦北岸勢力)とが入

れ子状に，時期によっては強弱の関係をもって併存しながら，特色ある関係を形成し展開している．本章で提起した中央型，地方型の前方後円墳による首長墳系列の異同は，この政治的関係が顕現したものであり，古霞ヶ浦の内海に結ばれた地理的環境にこそ，これらが生成される特質と歴史的意味が内包されていたと考えられる．

補注1）　本書の古霞ヶ浦という視点に立つと，現在の霞ヶ浦沿岸地域に加えて内海の南岸にあたる下総北部地域の前方後円墳の動向が注意される．本章附節として，その概要と特色を補訂し，まとめることにした．さらに，第7章において，下総北部地域の埴輪生産についても検討した．

注
1)　第6章参照
2)　上田宏範『前方後円墳』学生社　1969年　増補新版　1999年．
3)　石部正志，田中英夫，宮川徏，堀田啓一「畿内大型前方後円墳の築造企画について」『古代学研究』89　1979年．
4)　北條芳隆「墳丘に表示された前方後円墳の定式とその評価」『考古学研究』32-4　1986年．
5)　岸本直文「前方後円墳築造規格の系列」『考古学研究』39-2　1992年，岸本直文「「陵墓」古墳研究の現状」『「陵墓」からみた日本史』青木書店　1995年．
6)　上田宏範「前方後円墳における築造企画の展開　その五－型式分類からみた常陸の前方後円墳」『末永先生米寿祈念献呈論文集　乾』1985年，阿久津久・片平雅俊「常陸の後期古墳の様相」『国立歴史民俗博物館研究報告』第44集　1992年，日高慎「茨城県つくば市松塚1号墳の測量調査」『筑波大学先史学・考古学研究』第9号　1998年．
7)　とくに断りのないかぎり，前方部先端幅を指す．
8)　編年の基礎は，川西宏幸「円筒埴輪総論」『考古学雑誌』64-2　1978年に準拠している．
9)　注5文献．
10)　遊佐和俊『帆立貝式古墳』同成社　1988年，石部正志「帆立貝形古墳の築造企画」『考古学研究』27-2　1980年．
11)　本章の旧稿，塩谷修「第3章　考察　霞ヶ浦沿岸の前方後円墳と築造規格」『常陸の前方後円墳(1)』茨城大学人文学部考古学研究報告第3冊　2000年　129頁表4より．

第9表　那珂川・久慈川流域の前方後円墳一覧

No.	古墳名	墳丘長	埋葬施設	埴輪	前方部幅	前方部長	前方部(区)	文献
37	梵天山古墳	160		壺I	60	60	5	37
38	水戸愛宕山古墳	136		○II	85.5	59	6	38
39	権現山古墳	90		○III	34	44	8	39
40	川子塚古墳	86.5		○III	41	43.5	8	40
41	舟塚2号墳	80		○IV	47.5	29	5	41
42	舟塚1号墳	38.5	横穴式石室	○V	24.5	15	5	42
43	牛伏4号墳	52	横穴式石室	○V	35.5	22	6	43
44	虎塚古墳	52	横穴式石室	×	34	23.5	6	44

旧稿では，とくに那珂川流域の首長墳系列に，中央型の特徴が認められることを指摘している。

12) 東北・関東前方後円墳研究会『シンポジウム　前方後円墳の築造企画』1999年。
13) 白石太一郎「古市・百舌鳥古墳群の成立」『古墳からみた倭国の形成と展開』敬文社　2013年。
14) 田中裕・日高慎「茨城県出島村田宿天神塚古墳の測量調査」『筑波大学先史学・考古学研究』第7号　1996年。
15) 墳丘からは，わずかに埴輪片が採集され，外面横ハケ調整の円筒埴輪片も認められる。塩谷修『明野町宮山観音古墳』『常陸の円筒埴輪』茨城大学人文学部考古学研究報告第5冊　2002年。また，後円部墳頂にある小祠には，板石二枚が安置されており，箱式石棺の蓋石の可能性も考えられる。
16) 北内三喜男「土塔山古墳」『筑波古代地域史の研究』1981年。これに対し，滝沢誠は，4世紀末葉の年代を想定している(滝沢誠「筑波周辺の古墳時代首長系譜」『歴史人類』22　1994年)。本章の墳丘復原値は，この滝沢の数値に近い。
17) 宮川徙「墳丘・石室にみる規格性」『古墳時代の研究』第7巻　雄山閣　1992年。
18) 注5文献　岸本1995年の注23参照。
19) 霞ヶ浦北岸に位置する滝台古墳も，前方部長10区型で，長大な前方部をもつ全長約83mの大型前方後円墳である。ただし，夫婦塚古墳や宮山観音古墳とは異なり，前方部幅の比率は1.32と増大している。滝台古墳は，近畿地方や他地域にも同様な規格の例をみない，極めて特異な墳丘形態と考えられている。小林三郎・佐々木憲一『茨城県霞ヶ浦北岸地域における古墳時代在地首長層の政治的諸関係のための基礎研究』明治大学考古学研究室　2005年　第3章第5節・第4章第1節。
20) 石部正志・田中英夫・宮川徙・堀田啓一「帆立貝形古墳の築造企画」『考古学研究』27-2　1980年。
21) 小林三郎・佐々木憲一『茨城県霞ヶ浦北岸地域における古墳時代在地首長層の政治的諸関係のための基礎研究』明治大学考古学研究室　2005年，本田信之「地方王権の時代－古墳時代－」『玉里村の歴史－豊かな霞ヶ浦と大地に生きる』玉里村史編纂委員会　2006年，本田信之・佐々木憲一「第2章　地域研究　小美玉市」『常陸の古墳群』六一書房　2010年。
22) 下総北部における前方後円墳の動向については，以下の成果を参照した。白井久美子「千葉県における中期古墳の再検討」『第18回東北・関東前方後円墳研究会大会シンポジウム　中期古墳の再検討　発表要旨資料』東北・関東前方後円墳研究会　2012年，小沢洋・田中裕「関東沿岸」『古墳出現と展開の地域相　古墳時代の考古学2』同成社　2012年，小林孝秀「房総の古墳編年－下総を中心として－」『第20回東北・関東前方後円墳研究会大会　シンポジウム　地域編年から考える－部分から全体へ－発表要旨資料』東北・関東前方後円墳研究会　2015年。
23) 古霞ヶ浦の西奥に現鬼怒川流域(中流域)の地域があるが，墳丘規格の全貌を提示できる前方後円墳が少なく，本章ではあえて取り上げなかった。ちなみに，鬼怒川中流域における首長クラスの前方後円墳の動向は，中期の長い空白を経て後期に隆盛する動態が予測され，印旛・手賀沼沿岸や霞ヶ浦西岸などの地方型の地域に近い様相が読みとれる。塩谷修「古墳時代後期の前方後円墳と儀礼　常総地域における後期・終末期古墳をとおして－」『前方後円墳の築造と儀礼』同成社　2014年参照。

(24) 次山淳「纒向から佐紀へ―外来系土器組成の時系列的な比較―」『一所懸命』佐藤広史君を偲ぶ会　2000年。
(25) 大和北部の佐紀勢力を古市・百舌鳥古墳群などの畿内「大王」中枢勢力と並立する要衝と捉え、「北国」・「東国」への連環に中心的役割をはたした「大王」直近の存在とする考えが提示されている。今尾文昭『ヤマト政権の一大勢力・佐紀古墳群』シリーズ「遺跡を学ぶ」093　新泉社　2014年。
(26) 白石太一郎「常陸の後期・終末期古墳と風土記建評記事」『古墳と古墳群の研究』塙書房　2000年。

引用文献（第5・8・9表など）
(1) 田中裕「茨城県千代田町熊野古墳の測量調査」『筑波大学先史学・考古学研究』8　1997年。
(2) 瓦吹堅他『舟塚山古墳周壕調査報告書』石岡市教育委員会　1972年, 諸星政得他『府中愛宕山古墳周壕発掘調査報告書』石岡市教育委員会　1980年。
(3) 諸星政得他『府中愛宕山古墳周壕発掘調査報告書』石岡市教育委員会　1980年。
(4) 後藤守一他『三昧塚古墳』茨城県教育委員会　1960年。
(5) 国士舘大学考古学研究室編『茨城県かすみがうら市　富士見塚古墳群』かすみがうら市教育委員会　2006年。
(6) 小林三郎他『玉里村権現山古墳発掘調査報告書』玉里村教育委員会　2000年。
(7) 大塚初重・川上博義・小林三郎『茨城県玉里村舟塚古墳』1971年, 大塚初重・小林三郎「茨城県舟塚古墳Ⅰ・Ⅱ」『考古学集刊』4-1・4　1968・71年。
(8) 小林三郎・佐々木憲一『茨城県霞ヶ浦北岸地域における古墳時代在地首長層の政治的諸関係のための基礎研究』明治大学考古学研究室　2005年。
(9) 小林三郎・佐々木憲一『茨城県霞ヶ浦北岸地域における古墳時代在地首長層の政治的諸関係のための基礎研究』明治大学考古学研究室　2005年。
(10) 本田信之「地方王権の時代―古墳時代―」『玉里村の歴史―豊かな霞ヶ浦と大地に生きる』玉里村史編纂委員会　2006年。
(11) 小林三郎・佐々木憲一『茨城県霞ヶ浦北岸地域における古墳時代在地首長層の政治的諸関係のための基礎研究』明治大学考古学研究室　2005年。
(12) 千葉隆司他『風返稲荷山古墳』霞ヶ浦町教育委員会　2000年。
(13) 宮内良隆他『茨城県東茨城郡小川町地蔵古墳』小川町教育委員会　1981年。
(14) 大塚初重・川上博義・小林三郎『茨城県玉里村舟塚古墳』1971年, 大塚初重・小林三郎「茨城県舟塚古墳Ⅰ・Ⅱ」『考古学集刊』4-1・4　1968・71年, 小林三郎・佐々木憲一『茨城県霞ヶ浦北岸地域における古墳時代在地首長層の政治的諸関係のための基礎研究』明治大学考古学研究室　2005年。
(15) 茂木雅博「茨城県玉里村愛宕山古墳の測量」『博古研究』2　1991年, 小林三郎・佐々木憲一『茨城県霞ヶ浦北岸地域における古墳時代在地首長層の政治的諸関係のための基礎研究』明治大学考古学研究室　2005年。
(16) 大塚初重「大日塚古墳」『茨城県資料　考古資料編　古墳時代』1974年, 佐々木憲一・倉林眞砂斗・曾根俊雄・中村新之介「茨城県行方市大日塚古墳再測量調査報告」『考古学集刊』第4号　2008年。
　※№14, 15, 16の帆立貝形古墳については、とくに前方部の崩壊変形が著しいが、前方

第3章　前方後円墳と築造規格

部の長さが前方部幅にほぼ等しいと想定して，その規模や形式を復原推定している．
(17)片山洋・茂木雅博「常陸伊勢山古墳の墳形について」『古代学研究』76　1975年，大塚初重他『宮中野古墳群発掘調査概報－昭和56年度－』鹿島町教育委員会　1982年．
(18)市毛勲「宮中野古墳群」『茨城県資料　考古資料編　古墳時代』1974年．
(19)茂木雅博・木沢直子「麻生町瓢箪塚古墳出土の円筒埴輪」『博古研究』7　1994年，茂木雅博・信立祥・姜捷「茨城県麻生町瓢箪塚古墳の測量」『博古研究』8　1994年．
(20)茂木雅博・小林真紀「麻生町赤坂山古墳群の測量」『博古研究』10　1995年，茂木雅博・郡司真由美「茨城県赤坂山1号墳第二次調査の概要」『博古研究』11　1996年，茂木雅博・田中裕貴「常陸赤坂山古墳」茨城大学人文学部考古学研究報告第7冊　2004年．
(21)大場磐雄編『常陸大生古墳群』雄山閣　1971年．
(22)大場磐雄編『常陸大生古墳群』雄山閣　1971年．
(23)茂木雅博他「第5節　潮来町大生古墳群の測量」『常陸の前方後円墳(1)』茨城大学人文学部考古学研究報告第3冊　2000年．
(24)茂木雅博他「第5節　潮来町大生古墳群の測量」『常陸の前方後円墳(1)』茨城大学人文学部考古学研究報告第3冊　2000年．
(25)茂木雅博他『常陸日天月天塚古墳』茨城大学考古学研究報告第2冊　1999年．
(26)土浦市史編纂委員会編『土浦市史』土浦市史刊行会　1975年．
(27)茂木雅博・水野佳代子・長洲順子「土浦市における古墳の測量」『博古研究』創刊号　1991年．
(28)大塚初重「木原台古墳群」『茨城県資料　考古資料編　古墳時代』1974年(木原台4号墳)，美浦村教育委員会『陸平通信』第Ⅱ期18号　1998年．
(29)日高慎「茨城県つくば市松塚1号墳の測量調査」『筑波大学先史学・考古学研究』第9号　1998年．
(30)蒲原宏行・松尾昌彦「桜塚古墳」『筑波古代地域史の研究』筑波大学　1981年，滝沢誠他「つくば市水守桜塚古墳2013年度発掘調査概要」『筑波大学先史学・考古学研究』第26号　2015年．
(31)明野町教育委員会『灯火山古墳確認調査報告書』1990年．
(32)斎藤忠「佐自塚古墳」『茨城県資料　考古資料編　古墳時代』1974年，斎藤忠他『佐自塚古墳調査概要』茨城県教育委員会　1963年，田中裕・日高慎「茨城県出島村田宿天神塚古墳の測量調査」『筑波大学先史学・考古学研究』7　1996年．
(33)北内三喜男「土塔山古墳」『筑波古代地域史の研究』1981年，滝沢誠「筑波周辺の古墳時代首長系譜」『歴史人類』22　1994年．
(34)滝沢誠「宮山観音古墳」『古墳測量調査報告書Ⅰ－茨城南部古代地域史研究－』筑波大学歴史・人類学系　1991年．
(35)茂木雅博他『常陸八幡塚古墳整備報告書』八幡塚古墳調査団　1979年．
(36)後藤守一・大塚初重『常陸丸山古墳』1957年．
(37)茂木雅博・田中裕貴・髙橋和成「常陸梵天山古墳の測量調査」『博古研究』第27号　2004年．
(38)大森信英「愛宕山古墳」『茨城県資料　考古資料編　古墳時代』1974年，井博幸・小宮山建雄「水戸市愛宕山古墳」『牛伏4号墳の調査』内原町教育委員会　1999年．
(39)大森信英『常陸国村松村の古代遺跡』1955年，茂木雅博「東海村権現山古墳の測量」『常

陸の前方後円墳(1)』茨城大学人文学部考古学研究報告第3冊　2000年
(40)入道古墳調査団『那珂湊市磯崎古墳群入道古墳調査報告』1974年，田中裕貴・高橋和成「ひたちなか市川子塚古墳」『常陸の円筒埴輪』茨城大学人文学部考古学研究報告第5冊　2002年。
(41)大森信英『常陸国村松村の古代遺跡』1955年。
(42)大森信英『常陸国村松村の古代遺跡』1955年。
(43)井博幸編『牛伏4号墳の調査』国士舘大学牛伏4号墳調査団　1999年。
(44)大塚初重他『勝田市史　別編　虎塚壁画古墳』勝田市史編さん委員会　1978年。
(45)萩原恭一・白井久美子「佐原市大戸天神台古墳測量調査報告」『千葉県史研究』第7号　1999年。
(46)多古町教育委員会編『柏熊遺跡－急傾斜地崩壊対策に伴う埋蔵文化財調査－』千葉県成田土木事務所　2014年。
(47)多古町教育委員会編『柏熊遺跡－急傾斜地崩壊対策に伴う埋蔵文化財調査－』千葉県成田土木事務所　2014年。
(48)平野功・萩原恭一・陣内康光『三之分目大塚山古墳発掘調査報告書』小見川町教育委員会　1987年。平野功「豊浦古墳群」『千葉県の歴史　資料編　考古2（弥生・古墳時代）』2003年。
(49)永沼律朗「舟塚原古墳群」『千葉県の歴史　資料編　考古2（弥生・古墳時代）』2003年。
(50)千葉県教育庁文化課『千葉県記念物実態調査報告書』1990年，荻悦久「北条塚古墳」『千葉県の歴史　資料編　考古2（弥生・古墳時代）』2003年。
(51)丸子亘他『城山第一号前方後円墳』小見川町教育委員会　1978年。
(52)平野功「城山古墳群」『千葉県の歴史　資料編　考古2（弥生・古墳時代）』2003年。
(53)千葉県立風土記の丘『千葉県重要古墳群測量調査報告－成田市上福田古墳群・成田市北須賀勝福寺古墳群－』千葉県教育委員会　1998年，永沼律朗「大竹・上福田古墳群」『千葉県の歴史　資料編　考古2（弥生・古墳時代）』2003年。
(54)㈶千葉県史料研究財団『千葉県史編さん資料　印旛郡栄町浅間山古墳発掘調査報告書』千葉県　2002年。
(55)東京大学文学部考古学研究室編『我孫子古墳群』我孫子町教育委員会　1969年。
(56)古谷毅他『柏市史調査研究報告Ⅰ－弁天古墳墳丘範囲確認調査報告書－』弁天古墳墳丘範囲確認調査団　1992年，古谷毅他『柏市史調査研究報告Ⅲ－弁天古墳発掘調査報告書－』弁天古墳発掘調査団　1992年
(57)東京大学文学部考古学研究室編『我孫子古墳群』我孫子町教育委員会　1969年。
(58)東京大学文学部考古学研究室編『我孫子古墳群』我孫子町教育委員会　1969年。
(59)近藤義郎編『前方後円墳集成　近畿編』山川出版社　1992年。
(60)宮内庁書陵部陵墓課編『宮内庁書陵部　陵墓地形図集成』学生社　1999年。
(61)宮川徙「墳丘・石室にみる規格性」『古墳時代の研究』第7巻　雄山閣　1992年。

※挿図出典：第17図の地図は渥美賢吾原図。第18図~第22図，第25図の古墳測量図は各文献より，第21図のウワナベ古墳測量図は文献(60)より引用した。なお，引用に際し一部改変したものもある。

第4章　終末期古墳の地域相
　──桜川河口域にみられる小型古墳の事例から──

はじめに

　常陸南部から下総北部の古霞ヶ浦沿岸の後期・終末期古墳については，過去の研究の多くが箱式石棺やそれをもつ，いわゆる変則的古墳を中心に行われてきた[1]。研究の対象とされた古墳には，後期首長墳と考えられる大型古墳もあるが，そのほとんどが小型古墳と考えてよい。そして，このような小型古墳を主体とし，とくに墳丘裾部に主体埋葬施設をもつ古墳の性格については，小野山節のいうところの古墳時代後期の規制の表れとする考えや[2]，あるいは追葬を目的とした横穴式石室に代わる埋葬施設との考え方[3]が提起されている。
　また，小室勉は，常陸・下総に多い後円部に比して前方部の短小な小型前方後円墳の推移を検討し，これを7世紀後半における前方後円墳の消滅にいたる諸段階と規定し，その背後に大化の薄葬令の規制を想定した[4]。しかし，7世紀初頭における大型前方後円墳の消滅とそれに続く大型方・円墳の出現を重視する白石太一郎の終末期古墳の認識[5]からすれば，当地域の7世紀代に降る小型前方後円墳のあり方についてはまた異なる視点での評価が必要となろう。
　つまり，終末期古墳の大半を占める小型古墳についても，その階層的系譜を念頭におき，国造クラスと考えられている少数の終末期大型古墳[6]の存在を前提に考える必要がある。
　本章では，常陸南部から下総北部に特徴的な古墳時代終末期の小型前方後円墳や小型方墳・長方墳の性格の一端について，桜川河口域の事例を俎上にあげ，後期首長墳の動態もふまえながら若干の考察を試みたい。

第1節　終末期小型古墳の実例(第26・27図参照)

　ここでは，桜川河口域における終末期小型古墳の事例について，おもに墳形と埋葬施設の構造を中心に紹介することにしたい。

石倉山古墳群[7]

　土浦市烏山町に所在し，花室川右岸の舌状台地端部に立地していた。前方後円墳1基，方墳4基，円墳4基の計9基の古墳が調査されている。円墳以外の古墳からは埋葬施設が検出され，出土須恵器の年代や埴輪がないことから終末期の古墳と考えられる。

　1, 2号墳は，ほぼ同規模・同構造の方墳である。2号墳を紹介すると，一辺約13.5mの方形で埋葬施設は箱式石棺といわれている。しかし，床構造が通常の箱式石棺と異なり片岩の割り石敷きであること，埋葬施設南側に通じる墓道が存在すること，框石の存在，袖石の痕跡から，南に開口する羨道をもつ石棺系の横穴式石室(石棺系石室)と考えられる。なお，石室は，墳丘の中央よりやや南側に位置する。

　5号墳(第26図4)は，全長15.6mの極めて小型の前方後円墳で，後円部に比して前方部が小さく，くびれ部が不明瞭な特徴をもっている。埋葬施設はくびれ部中央にあり，長方形の掘り方内に主軸を墳丘と平行して設置した箱式石棺で，全長1.9m，幅0.95mを測る。石材は片岩の板石で，蓋石4枚，長側壁石各3枚，短側壁石各1枚，床石は片岩の割り石で構成され(第27図1)，内部からは人骨以外に副葬品等は検出されなかった。

　9号墳(第26図3)は，南北16.2m，東西11.5mを測る長方墳である。埋葬施設は，墳丘の南側寄りに位置し，長方形の掘り方内に南向きの前室を有する石棺系石室を構築したものである(第27図2)。石室の規模は，全長2.8mとやや大きく，幅0.8mを測り，前室の床面は玄室に比して約25cm高い。蓋石はなく盗掘にあっているが，玄室内部から水晶製切子玉3，メノウ製勾玉1，メノウ製丸玉1，ガラス丸玉1，ガラス小玉3が出土している。8号墳も長方墳で，墳丘の南寄りに床面が片岩割り石敷きの埋葬施設をもっており，おそらく9号墳と同規模・同構造の古墳と考えられる。

第4章　終末期古墳の地域相

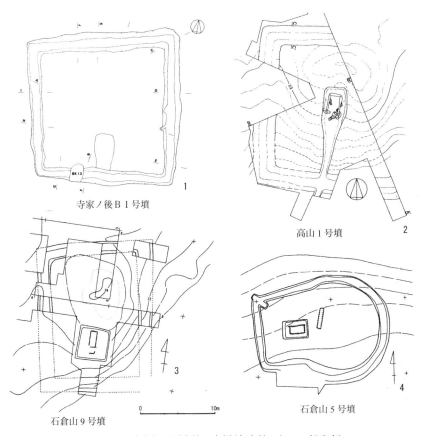

第26図　終末期小型古墳の実例（各文献より，一部改変）

8，9号墳でわずかな盛り土が確認されているが，その他は全く墳丘が残されていなかった。

永国古墳群[8]

　土浦市永国町に所在し，花室川左岸丘陵上の複数の遺跡に点在している。寺家ノ後B遺跡で方墳3基，十三塚B遺跡で方墳1基が調査されている。すべて，一辺12〜17ｍ程のほぼ正方形の方墳で，すべての古墳に低い墳丘が確認されている。埋葬施設は，墳丘のやや南側に偏った位置にある掘り方内に設けられており，南方に開口し，周溝に通じる短い墓道が附設されている（第26図1）。

　埋葬施設はすべて盗掘され，その構造は判然としないが，その多くは，片岩の板石を用いた石棺系石室と考えられる。板石据え方の最もよく確認し得た寺

97

家ノ後B1号墳(第27図4)は,奥壁を1枚,側壁を各3枚の板石で構築し,玄室入り口には框石を立てている。羨道部は,側壁に各1枚の板石をハの字状に立て南側に開口している。玄室床面には,片岩の割り石が敷かれており,羨道部床面は玄室床面よりわずかに高くつくられ,周溝に通じている。

おそらく,その他の古墳もほぼ同様の構造をもつものと考えられる。ただ,寺家ノ後B1号墳は無袖式となっているが,3号墳では,幅の狭い板石を立てたと思われる擬似袖石の痕跡が確認されている。

東台古墳群[9]

土浦市木田余に所在し,霞ヶ浦を臨む台地の縁辺に立地している。墳丘はほとんど残されていなかったが,前方後円墳11基,円墳1基,方墳2基が調査されており,さらに多くの古墳が存在したと思われる。

11基の前方後円墳は,すべてが後円部に比して前方部が小さく,くびれの明瞭でないものである。それぞれが隣接して構築されており,大きいもので全長約30m,小さいものは20mほどの小規模墳である。埋葬施設は,くびれ部中央に位置し,墳丘の主軸と平行して構築された箱式石棺である。埴輪をもつものはない。

方墳は,一辺15mほどの正方形をしており,埋葬施設は,墳丘中央からやや南に偏して位置している。この埋葬施設は,南側に延びる墓道をもつもので,墓道側に開口する石棺系石室を構築したと思われる。やはり,埴輪をもつものはない。

武者塚古墳[10]

土浦市上坂田に所在し,桜川左岸の台地縁辺に立地している。直径23mを測る円墳とされるが,墳丘はすでに残されていなかった。埋葬施設は,石倉山9号墳と同じ前室をもつ石棺系石室で,全長3.09m,玄室幅1.54m,前室幅1mを測り,石棺系石室としては大型である(第27図3)。本古墳の石室は,石倉山9号墳が擬似袖石を立てた無袖型式であるのに対し,両袖型式をとる違いがある。

副葬品は,前室に鉄柄付青銅製釶,銀製帯状金具(帯冠),圭頭大刀,三累環頭大刀,直刀,鉄鏃が,玄室内からメノウ製勾玉,硬玉製勾玉,碧玉製勾玉,水晶製勾玉,水晶製切子玉,ガラス玉等が発掘されている。また,玄室内には6

体の遺骸があり，その内成人男子1体にはみずら，顎髭，口髭が遺存していた。

高山古墳群[11]

　つくば市下河原崎に所在し，南流して牛久沼に注ぐ西谷田川左岸の台地端部に立地している。方墳1基と前方後円墳と思われる古墳1基が調査されている。

　方墳の1号墳(第26図2)は，一辺約16.5mの正方形で，幅3mの周溝がめぐり，若干の墳丘が残されていた。埋葬施設は，墳丘のほぼ中央に掘り方が設けられ，南側に向けて周溝に通じる墓道が附設されている。埋葬施設の構造は盗掘のため判然としないが，片岩の板石を用いたもので，掘り方底面にはその据え方が残されていた。板石据え方の痕跡から擬似袖石の存在が確認され，片岩の割り石を用いた床面の構造からも，羨道が南方に開口する石棺系石室と考えられる。また，羨道の床面は，玄室床面より若干高くつくられていたようである。

　なお，前方後円墳と思われる1基は，前方部先端の形状などからみて，石倉山5号墳と同じ形態の小型前方後円墳と思われる。

第2節　墳形および埋葬施設の特色(第10表，第27図参照)

　まず，墳形の特色から述べることにしよう。小型前方後円墳は，後円部径に比して前方部が小さく，くびれが明瞭でないことを特徴としている。また，前方部側辺は，ほぼ平行に延びている。

　墳丘規模は，15~30mと小型で，当地域の後期大型前方後円墳の約1/2~1/4の大きさである。埋葬施設は，くびれ部中央に箱式石棺を構築し，主軸を墳丘と同じくするものが多い。しかも，後述するように，後期の小型前方後円墳との対比からこれが主体埋葬施設と考えられ，いわゆる変則的古墳の範疇に属するものと思われる。埴輪をもつものはなく，これが時期的特徴のひとつと考えられる。また，土浦市東台古墳群が示すように，10基以上の多数が接するように群集する事例がある。このことは，ここにあげた小型前方後円墳が，後期までのいわゆる首長墳としての大型前方後円墳とは区別され，性格的に異なる古墳であることを示唆している。

　方墳には，正方形に近い方墳と，一辺が長い長方墳とがある。方墳は，一辺

第10表　桜川河口域の終末期小型古墳一覧

古墳名	墳形	規模（m）	埋葬施設	埋葬位置	副葬品・その他
石倉山1	方	13.7×11	Ⅲ－B	墳丘南	須恵器長頸壺
石倉山2	方	13.4×13.5	Ⅲ－B	墳丘南	須恵器長頸壺
石倉山5	前方後円	15.6	Ⅰ	くびれ部	
石倉山8	長方	10.5×16.5	Ⅱ	墳丘南	
石倉山9	長方	11.5×16.2	Ⅱ		切子玉，勾玉，小玉
寺家ノ後B1	方	16.1×17.2	Ⅲ－B	墳丘南	須恵器長頸壺
寺家ノ後B2	方	12.6×11	Ⅲ－B	墳丘南	須恵器長頸壺
寺家ノ後B3	方	11.7×12	Ⅲ－B	墳丘南	須恵器長頸壺
十三塚B1	方	12.6×12	Ⅲ－B	墳丘南	
東台	前方後円	20～30	Ⅰ	くびれ部	
	方	約14×14	Ⅲ－B	墳丘南	
武者塚	円	径約23	Ⅱ	墳丘南	大刀，帯冠，鉄鏃，玉類等
高山1	方	17.4×16.8	Ⅲ－A	墳丘中央	

が10～15m前後，長方墳は長辺が短辺の約1.5倍で，方墳とほぼ同規模である。古墳群のあり方は，土浦市永国古墳群のあり方が示すように丘陵上に点在し群集するものと思われる。埋葬施設は，両者ともに石棺系石室で，墓道をもつものともたないものとがある。方墳は墓道をもち，羨道が開口し，墓道から周溝へと通じている。長方墳は墓道をもたず，掘り方内に複室構造の石棺系石室を構築する傾向にある。前者は墓道が南方を向き，後者も前室の先端が南方に向いている。つまり，両者ともに通常の横穴式石室墳同様，南側への開口をつよく意識しているのがわかる。

以上それぞれの特徴を簡単にまとめてみた。両者ともに，大きさ，墳形において一定の規格性をもっていることが看取され，これらの被葬者集団はほぼ等質，あるいは同格の集団であることが予測される。

ここにとりあげた終末期古墳は，片岩の板石を用いた箱式石棺および石棺系石室という特徴的な埋葬施設をもっている。この石室は，その構造から次の3類に分類されるが，この分類は今回とりあげた桜川河口域にとどまらず，常陸南部から下総北部の古霞ヶ浦沿岸全体に認められる類型と考えられる。

Ⅰ類（箱式石棺タイプ）

長方形の掘り方内に箱式石棺を構築する。石棺は，蓋石，長側壁，短側壁のすべてが片岩の板石で構成されている。床は，通常の箱式石棺と同じ板石使用のもの以外に，石倉山5号墳（第27図1）のように片岩の割り石を使用する場合が

第4章 終末期古墳の地域相

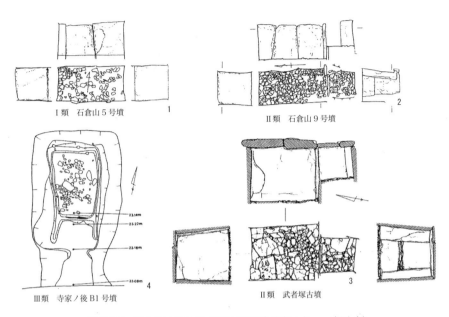

第27図 終末期小型古墳の埋葬施設(各文献より,一部改変)

ある。石棺の主軸方位に一貫性はない。

Ⅱ類(武者塚タイプ)

　長方形の掘り方内に石棺系石室を構築する。石室は,天井,長側壁,短側壁が片岩の板石で構成されるが,床は片岩の割り石を敷きつめる例が多い。また,複室構造で,片岩を立てた框石を境に前室と後室にわかれる。前室は南側に位置し,後室に比べ小さく床が一段高くつくられており,南辺の短側壁は開口することなく,閉じられている。武者塚古墳の例から,前室は石室の入口機能とともに,副葬品の埋納施設としての機能も考えられる。

Ⅲ類(永国タイプ)

　南側に開口し,墓道をもつ石棺系石室である。石室は,天井及び側壁と奥壁が片岩の板石で構成され,床は片岩の割り石を敷きつめている。入口部に片岩の框石をおき,側壁からハの字状に開く羨道が片岩板石で構築されている。框石の両側には,細身の片岩板石を用いた擬似袖石が立てられる場合もある。

　Ⅱ類には,やや大形で両袖型式の武者塚古墳(第27図3)と,通常の箱式石棺程

101

度の大きさで，板石による擬似袖石をもつが基本的には無袖型式となる石倉山8・9号墳(第27図2)のふたつのタイプがある。両者ともに，横穴式石室を意識しているとぁと思われるが，前者がよりそれに近い構造と考えられる。

Ⅲ類は，土浦市永国町の寺家ノ後Ｂ１号墳(第27図4)をモデルに，後世に除去された板石の痕跡から復元しており確実とは言えない。ただし，千葉県成田市の瓢塚41号墳[12]や千葉県印旛郡栄町の竜角寺108号墳[13]などで典型的な事例が確認されており，今回提示した資料のなかで墓道をもつものの多くは，これに近い構造をもつと思われる。なおⅢ類には，高山１号墳(第26図2)のように墓道の比較的長いもの(Ⅲ－Ａ類)と，寺家ノ後Ｂ１号墳(第26図1)のように墓道の短いもの(Ⅲ－Ｂ類)とがあり，現在の知見からみると後者が主流のようである。とくに後者は，玄室の床面に比べ，羨道，墓道の床面が高くなる特徴をもっている。

これらの石棺・石室は，型式的にはⅠ類－Ⅱ類－Ⅲ類の段階的な変遷が考えられる[14]。Ⅲ類の寺家ノ後Ｂ２・３号墳，石倉山１・２号墳から出土する須恵器(第28図)は７世紀後半から８世紀前半のものと考えられ[15]，Ⅱ類の武者塚古墳も，その副葬品の年代観から７世紀後半頃の築造が想定されている[16]。

このように考えると，Ⅱ・Ⅲ類は，７世紀後半から８世紀前半にかけて併存していた可能性が高いことになる。Ⅱ・Ⅲ類の石室をもつ古墳は，円墳と想定

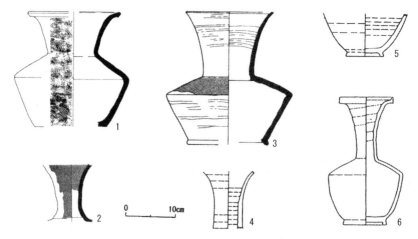

第28図　寺家ノ後Ｂ２・３号墳(1・3・4)，石倉山１・２(2・5・6)号墳出土須恵器

されている武者塚古墳を除くと方墳と長方墳で占められている。一方，Ⅰ類の箱式石棺をもつ古墳は，東台古墳群，石倉山古墳群に見られる前方部の短小な小型前方後円墳である。ここにあげた小型前方後円墳は，すべて埴輪をもたず，また東台古墳群のように群集する事例もあり，積極的に6世紀代とする根拠はなく，7世紀代に降る可能性が高い。しかしながら，次章「まとめ」で述べる理由から，この小型前方後円墳が後期のやはり小型の前方後円墳の一群と一連の系譜上にあることが想定され，7世紀でも前半代に位置付けることが妥当と考えられる。

　このように，Ⅰ類は，7世紀前半に小型前方後円墳のくびれ部に主体埋葬施設として用いられることがあった。これに対し，Ⅱ・Ⅲ類は，7世紀後半から8世紀前半にかけて，小型の方墳，長方墳を中心にその主体埋葬施設として用いられたといえよう[補注1]。

まとめ──小型古墳の性格と地域性

　ここで，前節までに紹介した桜川河口域における終末期小型古墳について私見を述べ，本章のまとめとしたい。まずは，後期までの当地域における首長墳，すなわち大型前方後円墳の動態についてみておきたい(第29図参照)。

　桜川河口域では，古墳時代前期に，全長約65mの前方後方墳と想定される后塚古墳[17]，全長約84mの前方後円墳・王塚古墳[補注2]が霞ヶ浦を臨む河口に出現する。全長約90mの前方後円墳・常名天神山古墳[18]が前期後半あるいは中期初頭，径約35mの宍塚小学校内古墳[19]が中期末葉の可能性はあるが，桜川河口域で確実な中期の大型古墳は認められない。

　6世紀になると，桜川右岸を中心に，台地縁や微高地上に60mクラスの大型前方後円墳が点在する地域が出現する。土浦市宍塚古墳群[20]，つくば市松塚古墳群[21]などであり，このほか左岸内陸にある土浦市愛宕山古墳群[22]は，大型前方後円墳を核に20数基の円墳を主体とする古墳群を形成している。しかし，これらの地域も，おそらく6世紀末葉から7世紀初頭を最後に60mクラスの大型前方後円墳は姿を消し，首長墳としての大型古墳は築造されなくなるようである。その後桜川流域では，上流に位置する筑波山南麓の平沢1号墳[23]，中台

古墳群[24]などに終末期大型方墳・円墳が築造される。

(1) 終末期小型前方後円墳の性格

　首長墳としての大型前方後円墳が終焉した後，それとは異なる地域，すなわち東台古墳群や石倉山古墳群のように小型古墳が点在する古墳群に，後円部に比べ前方部が極端に短く，前方部側辺が平行に延びる小型前方後円墳が築造される。さらにここでは，後述する小型方墳や小型長方墳が共存する事例が多い。そして，このような地域は他にも認められそうである。

　桜川西南の小野川，谷田川，西谷田川流域に点在する下横場古墳群，羽成古墳群，面野井古墳群，関ノ台古墳群，高山古墳群などは，群内に 6 世紀以前と目される大型の前方後円墳は認められず，小円墳だけで構成される古墳群と記されている[25]。先の東台，石倉山古墳群のように，小型前方後円墳を含む終末

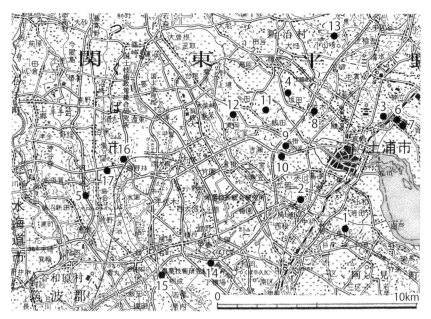

1：石倉山古墳群，2：永国古墳群，3：東台古墳群，4：武者塚古墳，5：高山古墳群，6：后塚古墳，7：王塚古墳，8：常名天神山古墳，9：宍塚小学校内古墳，10：宍塚古墳群，11：松塚古墳群，12：金田古墳，13：愛宕山古墳群，14：下横場古墳群，15：羽成古墳群，16：面野井古墳群，17：関ノ台古墳群

第 29 図　桜川河口域の古墳分布図(国土地理院 20 万分 1 地勢図より)

期の古墳群を形成する可能性は高く，事実，高山古墳群や羽成古墳群[26]からは，終末期の小型前方後円墳や方墳，Ⅲ類の石棺系石室などが発見されている。このように，終末期の小型前方後円墳は，大型前方後円墳を核とする6世紀代の首長墳系列とは別に存在する事例が多いようである。

かすみがうら市の松延3・4号墳[27]は，埴輪を伴う6世紀代の小型前方後円墳である。この古墳は，前方部がやや開く特徴を除けば，墳丘の規模，後円部に対する前方部の大きさ，石棺の位置や主軸方向において終末期小型前方後円墳に類似し，同一の系譜上にあることがうかがわれる。終末期の小型前方後円墳は，系譜的に見るとこの6世紀代に出現する小型前方後円墳のような中・小共同体有力層の古墳に連なるものと考えられ，全長60mクラスの大型前方後円墳，つまり地域の有力豪族層の古墳の下位に位置付けられるものと言えよう[補注3]。さらに，変則的古墳として捉えられてきた埋葬施設の位置も，単なる追葬の便によるというより，なんらかの階層表示の性格が強かったのではないだろうか。これを裏付けるものに，水戸市杉崎コロニー82・87号墳がある[28]。これらは，短小で低平な前方部をもつ小型前方後円墳で，くびれ部上，すなわち後円部裾に木棺直葬の主体埋葬施設を構築している。追葬を前提とした埋葬施設とは考えられず，後円部墳丘裾に位置する埋葬施設が小規模な墳形とともに階層表示の一種であったと考えられる。両古墳ともに埴輪を配置し，87号墳は6世紀前半に遡る可能性が高い。やはり，終末期小型前方後円墳と同一の系譜上にあると考えられ，その出現が6世紀前半まで遡ることを示唆している。

桜川河口域でも，首長墳としての大型前方後円墳は，6世紀末から7世紀初頭（7世紀第1四半期）に終焉を迎える。これは全国的な造墓活動の動きと軌を一にするものだが，桜川河口域では7世紀前半から中葉（7世紀第2四半期）に至るまで小型前方後円墳が継続して営まれている。すなわち，前方後円墳の造墓活動の終焉は，上位の首長層いわゆる有力豪族層のみにとどまり，下位の中・小共同体の有力層を包括するものではなかったことを意味するのだろう。ただし，前方後円墳それ自体は，古墳時代終末期の全国的な動きの中でその役割を終えている。東台古墳群にみられる群集する小型前方後円墳のあり方も，後期までの首長墳としての前方後円墳とは明らかに性格が異なることを示している。

以上のように，くびれ部に箱式石棺を埋納する終末期小型前方後円墳は，桜川

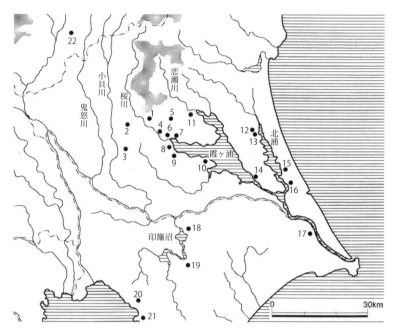

1：中台古墳群，2：千草B古墳群，3：高山古墳群，4：山川古墳群，5：愛宕山古墳群，6：東台古墳群，7：戸崎中山2号墳，8：石倉山5号墳，9：庚申古墳，10：楯の台古墳群，11：大塚古墳群，12：成田古墳群，13：札場4号墳，14：観音寺山古墳群，15：日光山13号墳，16：宮中野古墳群，17：婆里古墳，18：竜角寺24号墳，19：栗野I49号墳，20：戸張作古墳群，21：大厩4号墳，22：飯塚古墳群

第30図　終末期小型前方後円墳の分布

河口域以南の小河川流域など，6世紀代の首長墳系列とは異なる地域に分布しており，広域にみると，第30図のように古霞ヶ浦沿岸全域に点在している状況が確認された。また，この特徴的な小型前方後円墳は，北関東東部において古墳時代後期から造営されていた小型前方後円墳の階層的系譜を引いている。つまり，終末期に至り常陸南部から下総北部の伝統と階層構造の下で継承された造墓活動であり，古霞ヶ浦沿岸の地域的特質のひとつとして捉えられる[補注4]。

(2) 長方墳の位置付け

　常陸南部から下総北部の古墳時代終末期は，片岩利用の石棺系石室をもつ方墳と長方墳が併存していた時代で，とくに長方墳は当地域周辺に特徴的な墳丘形態である。

　長方墳の中には，つくば市の平沢1号墳(35×25m，7世紀中葉)，鹿嶋市の宮中

野99-1号墳(34×22m, 7世紀後半)[29], 周辺では常陸中央部のひたちなか市飯塚前1号墳(30×20m, 7世紀後半)[30]など, 長辺が30mを超える大型古墳と, 鹿嶋市宮中野112号墳[31]や土浦市石倉山8・9号墳のようなその約2分の1の規模の小型古墳があったようである。後者の小型古墳の築造は, 7世紀後半に降る可能性が高い。白石太一郎は, 前者のような大型長方墳を国造(7世紀前半)あるいは評司クラス(7世紀後半)の古墳と考えている[32]。

一方, 7世紀後半代に顕著な小型の方墳や長方墳の被葬者は, 7世紀前半代に群集する先の小型前方後円墳に埋葬された被葬者層の系譜上にあると考えられる。7世紀後半代の終末期古墳では, 全国的に墳丘・石室の両面で一律に小規模化, 均一化が進んだことが知られる。しかし, 常陸南部から下総北部に特徴的な大型長方墳とその2分の1の規模をもつ小型長方墳の存在は, 墳形と規模の規格性や格差において一定の社会的意味を内包しているのであり, 地域の独自性として古墳による階層性が温存されていた結果と言えよう。

補注1) 土浦市上坂田武者塚古墳の再検討から, 現在は, Ⅱ・Ⅲ類の石棺系石室を大型の1類, 小型の2類に分類し, Ⅱ-1類の武者塚古墳やⅢ-1類の行方市成田3号墳は7世紀中葉以前の第2四半期まで遡ると考え, 7世紀後半に降る2類への変遷を想定している。なお, Ⅱ・Ⅲ類-2類の多くは小規模な方墳や長方墳を特徴としているが, それより以前の成田3号墳は径18mの小型円墳であり, 武者塚古墳も部分的な確認調査ではあるが径23mの小型円墳が想定されている。塩谷修「武者塚古墳の位置付け-年代と系譜-」『土浦市立博物館紀要』第28号 2018年参照。
補注2) 滝沢誠「霞ヶ浦沿岸の前期前方後円墳-土浦市王塚古墳の測量調査-」『筑波大学先史学・考古学研究』第28号 2017年。
補注3) 藤沢敦が提示した「下位首長層」の把握と共通する。藤沢敦「地域の展開⑩東北」『古墳時代の考古学2』同成社 2012年 228・229頁。
補注4) 後期・終末期の小型前方後円墳に対する同様な視点は, 岩崎卓也によっても問題提起されており, 岩崎はこれらを「前方後円形小墳」と呼称し, 首長墳としての前方後円墳と区別している。岩崎卓也「関東地方東部の前方後円形小墳」『国立歴史民俗博物館研究報告』第44集 1992年。

注
1) 箱式石棺, 変則的古墳の研究には次のようなものがある。茂木雅博「箱式石棺に関する一試論」『上代文化』36 1966年。同「箱式石棺について」『常陸大生古墳群』雄山閣 1971年。市毛勲「東国における墳丘裾部に内部施設を有する古墳について」『古代』41 1963年。杉山晋作「所謂変則的古墳の分類について」『茨城考古学』2 1969年。同「変則的古墳の一解釈(その一)」『古代』57 1974年。

2) 注1 茂木1971 文献。
3) 注1 市毛1963 文献。
4) 小室勉「前方後円墳の終焉と方墳」『常陸国風土記と考古学』雄山閣　1985年。
5) 白石太一郎「畿内における古墳の終末」『国立歴史民俗博物館研究報告』第1集　1982年。
6) 白石太一郎「常陸の後期・終末期古墳と風土記建評記事」『国立歴史民俗博物館研究報告』第35集　1991年。
7) 茨城県住宅供給公社『土浦市烏山遺跡群』1975年。
8) ㈶茨城県教育財団『永国地区住宅団地建設予定地内埋蔵文化財調査報告書』茨城県教育財団文化財調査報告第60集　1989年。
9) 『木田余台』土浦市教育委員会　1989年，小川和博・大淵淳志『木田余Ⅰ』土浦市教育委員会　1991年。
10) 増田精一・岩崎卓也他『武者塚古墳』新治村教育委員会　1986年。
11) ㈶茨城県教育財団『科学博関連道路谷田部明野線道路改良工事地内埋蔵文化財調査報告書　ツバタ遺跡・高山古墳群』茨城県教育財団文化財調査報告第22集　1983年。
12) 成田ニュータウン文化財調査班『公津原』千葉県企業庁　1975年。
13) ㈶千葉県文化財センター『主要地方道成田安食線道路改良工事地内埋蔵文化財発掘調査報告書』1985年。
14) 注4文献。
15) 鈴木敏則「湖西産古墳時代須恵器編年の再構築」『須恵器生産の出現から消滅－猿投窯・湖西窯編年の再構築－補遺・論考編』東海土器研究会　2001年，髙橋透「7世紀の東日本における湖西産須恵器瓶類の流通」『駿台史学』第143号　2011年，土生朗治「大塚戸篠山古墳群出土の湖西産須恵器について」『大塚戸篠山古墳群　第5号古墳発掘調査報告書』水海道市教育委員会　1994年。
16) 注10文献。
17) 茂木雅博・水野佳代子・長洲順子「土浦市における古墳の測量」『博古研究』創刊号　1991年。
18) 注17文献。
19) 塩谷修・石川功・斉田克史『般若寺遺跡(西屋敷地内)・竜王山古墳・般若寺遺跡(宍塚小学校地内)発掘調査概報』土浦市教育委員会　1987年。
20) 國學院大學宍塚調査団『常陸宍塚』1971年。
21) 日高慎「茨城県つくば市松塚1号墳の測量調査」『筑波大学先史学・考古学研究』第9号　1998年。
22) 注17文献，石川功「愛宕山古墳・愛宕山古墳群1号墳」『上高津貝塚ふるさと歴史の広場年報』第10号　2004年，黒澤春彦「愛宕山古墳群・原田北遺跡」『上高津貝塚ふるさと歴史の広場年報』第13号　2007年。
23) 寺内のり子「平沢・山口古墳群」『筑波古代地域史の研究』筑波大学　1981年，筑波大学考古学研究会『茨城県筑波郡筑波町　平沢・山口古墳群調査報告』1982年。
24) ㈶茨城県教育財団『(仮称)北条住宅団地建設事業地内埋蔵文化財調査報告書　中台遺跡』茨城県教育財団文化財調査報告第102集　1995年。
25) 茨城県教育庁社会教育課『茨城県古墳総覧』1974年，近年面野井古墳群からは，古墳時代前期前半新段階頃の方形周溝墓が発見されている。茨城県教育財団『都市計画道路新都

市中央通り線バイパス建設事業地内埋蔵文化財調査報告書　面野井古墳群』茨城県教育財団文化財調査報告第391集　2014年。

26)　注11文献，つくば市教育委員会『羽成7号墳』1990年。
27)　㈶茨城県教育財団『常磐自動車道関係埋蔵文化財発掘調査報告Ⅰ』1980年，黒澤彰哉『松延3・4号墳発掘調査報告』千代田町教育委員会　1983年。
28)　井博幸『茨城県内原町杉崎コロニー古墳群』日本窯業史研究所　1980年。
29)　市毛勲編『宮中野古墳群調査報告』茨城県教育委員会　1970年。
30)　『勝田市史　原始・古代編』勝田市　1981年。
31)　注1市毛1963年文献。
32)　注6文献。

※挿図出典：第28図は各文献より，第30図の地図は渥美賢吾原図。

第 5 章　土浦入の古墳時代玉作り

はじめに

2004 年に刊行された寺村光晴編『日本玉作大観』[1]では，古墳時代の玉作り遺跡として東北南部から関東・中部・北陸・東海・畿内・山陽・山陰・四国・北部九州と，全国の主要地域からおよそ 150 ヵ所余りの関係遺跡が集成提示されている。ただ，これらの中にメノウ製の玉作り遺跡は意外に少なく，古墳時代前期に遡る確かな事例は出雲と常陸のみである。

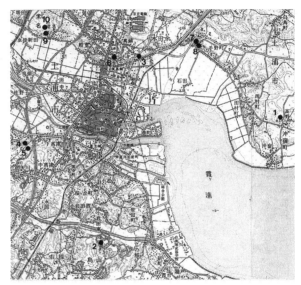

1. 八幡脇遺跡　2. 烏山遺跡　3. 浅間塚西遺跡　4. 寄居遺跡
5. うぐいす平遺跡　6. 大宮前遺跡　7. 后塚古墳　8. 王塚古墳
9. 常名天神山古墳　10. 山川古墳群

第 31 図　土浦入の前期玉作り関係遺跡及び前期古墳
（地図縮尺：約 10 万分の 1，国土地理院 5 万分の 1 地形図より）

常陸南部から下総北部にかけては，内海の古霞ヶ浦南西岸に沿って古墳時代前期から中期にかけての玉作り遺跡が集中している。とくに，古霞ヶ浦西岸奥の土浦入に点在する前期玉作り遺跡群(第 31 図)では，各種玉類を製作するなかで，メノウ製勾玉生産の占める比率が高く特筆に値する。本章では，土浦市沖宿町(現おおつ野)八幡脇遺跡の調査成果[2]を参考に，上記の歴史的意義について考察を試みたい。

111

第1節　八幡脇遺跡の調査成果——玉作りの内容と時期——

　八幡脇遺跡は，土浦市沖宿町字八幡脇に所在し，霞ヶ浦土浦入に臨む北岸台地上に位置していた[3]。八幡脇遺跡では，古墳時代の玉作り関連遺物が出土する工房跡として，第4号・6号・8号住居跡と呼称した3棟の竪穴建物跡が発見されている（以下，便宜的に4・6・8号住と表記する）。

　玉作りの内容については（第32~36図），まず玉素材と製作された玉の種類がある。4号住からはメノウ製勾玉未成品が出土し，覆土の水洗い選別でもメノウ剝片以外は見つかっていない。6号住からはメノウ製勾玉及び滑石製勾玉・管玉の未成品と滑石製管玉の完成品，ほかメノウ剝片が出土している。また，覆土の水洗い選別では，メノウ，滑石以外に緑色凝灰岩と琥珀の微細剝片も採集されており，緑色凝灰岩製管玉や琥珀製勾玉の製作も行われていた可能性が考えられる。8号住からはメノウ製勾玉と緑色凝灰岩製管玉の未成品，およびそ

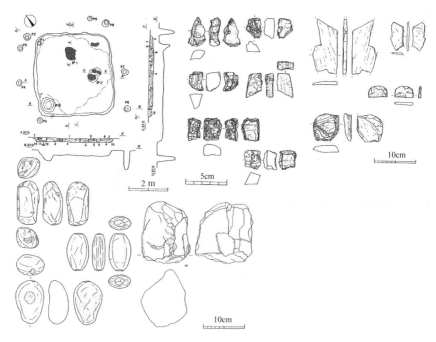

第32図　4号住と玉作り関連遺物（注2文献より作成）

第5章 土浦入の古墳時代玉作り

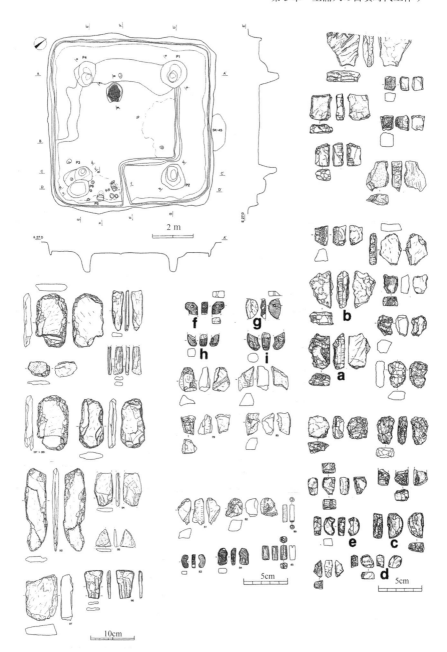

第33図　6号住と玉作り関連遺物（注2文献より作成）

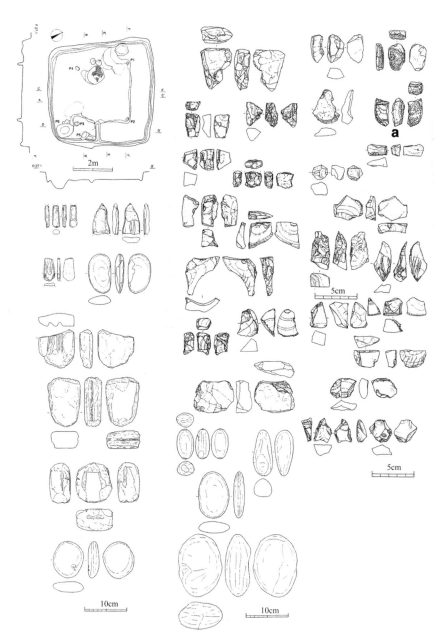

第34図　8号住と玉作り関連遺物（注2文献より作成）

第 5 章 土浦入の古墳時代玉作り

れらの剥片が出土している。微細な剥片にはメノウが多く、6号住と同様に琥珀片も見つかっているが、反面、緑色凝灰岩の微細剥片が認められない状況も注意される。

　次に、出土未成品の特徴とそこから想定される玉作り技法の問題がある。上記のように、本遺跡ではメノウ製勾玉、緑色凝灰岩製管玉、滑石製勾玉・管玉の製作が確認される。このほか琥珀製玉類(勾玉)の製作も想定されるが、微細剥片のみで未成品がなくその実態は明らかでない。また、緑色凝灰岩製管玉はわずかな未成品と剥片、滑石製勾玉・管玉は研磨工程品のみと出土数が少なく、製作技法の特徴や工程については判然としない。わずかに、前者が角柱状の形割品の作出を基本としていること、後者が長さ15mm以下の小型の勾玉と太さ5mm程の細身の管玉であることなどが確認できるのみである。各工房跡から未成品が出土したメノウ製勾玉の製作は、厚さ7,8mmから15mm程度の扁平板状の礫、おそらく河川の転石と思われる自然石を素材として加工したと思われる。製作の基本は、荒割、形割により表裏に自然面を残した板状D字形品を作出することにあり(第33図a・b、第34図a)、次いで表裏の自然面と外周部(勾玉の背部)を研磨している(第33図c・d)。この後に、勾玉腹部の成形と仕上げを行っている。まずは、打撃や押圧剥離によって腹部の窪みを作出し(第33図e)、そこを研磨して腹部の抉りを成形し、全体に仕上げ研磨を施している。穿孔は片面穿孔で、腹部研磨後に穿孔し、その後仕上げ研磨をしたか、穿孔後に腹部研磨と全体の仕上げ研磨をしたかのいずれかであるが、破損品の状態(第33図f〜i)などを見ると後者の事例が多いと思われる。

　玉類製作に用いる工具の内容は多彩である。4号住からは内磨き砥石、平砥石、内磨き兼平砥石と敲き石の類や台石が、6号住からは内磨き砥石、平砥石、内磨き兼平砥石など片岩製の砥石のみが、8号住からは内磨き砥石、平砥石、筋砥石などの各種砥石と敲き石が出土し、平砥石兼筋砥石兼敲き石のように複数機能を併用する工具が目立った。以上のように、工房跡内に残された工具はすべて石製工具で、鉄製工具は出土していない。ただ、玉作り工房とほぼ同時期と思われる鍛冶工房跡(1号住居跡)の調査所見を考慮すれば、剥離や穿孔における鉄製工具の使用は十分に予測し得ることであり、北陸地方の玉作りとの関係もまた一考の価値がある[4]。

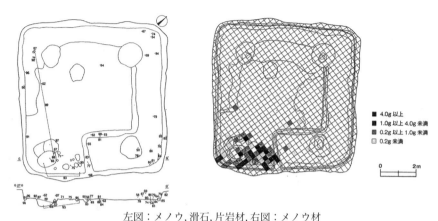

左図：メノウ,滑石,片岩材,右図：メノウ材

第35図　6号住玉作り遺物出土分布（注2文献より作成）

　ところで，工具の石材には主に片岩，砂岩，凝灰岩などが使用された。とくに扁平薄手な短冊形を典型とし，その両側縁で専ら勾玉腹部の研磨に用いられたと思われる片岩製の内磨き砥石（兼平砥石）が特徴的である（第32図右側，第33図の左側など）。使用された片岩には，灰白色や赤褐色の厚手のものと褐色や黄褐色の薄手のものとがあり，前者は大型，後者は小型の内磨き砥石に使用される傾向がある。地質学的には，いずれも石英片岩ないしは紅簾片岩などの結晶片岩類に属するようで，関東近隣に目を向けると，埼玉県秩父郡長瀞町周辺から群馬県南部にかけて広く露出する奥秩父三波川変成帯産の原石を使用した可能性が高いと想定される[5]。

　玉作り遺物の出土状況の最大の特徴は，入口脇の貯蔵穴内及びその周辺から，玉素材や片岩製砥石の微細剝片などの玉作り関連遺物がとくに集中して出土することにあり（第35図），この空間が玉作り工程の中心的な作業場であったと考えられる。この状況はいずれの工房跡にも共通しており，形態は普通の竪穴住居ながら，玉作り工房として完成された姿であったと想定される。また，6号住の25cmメッシュサンプリングではメノウ材の頻度がとくに高く，その他の玉素材はごく僅かであった。この大勢は他の2棟の工房跡でも同様であり，本遺跡の玉作りの主体がメノウ製勾玉生産にあったことは疑いない。

　玉作りの時期は，各工房跡から出土している土師器が参考になる（第36図）。3棟の工房跡のうち，6，8号住からは甕形土器を中心に比較的まとまった量の土

第5章 土浦入の古墳時代玉作り

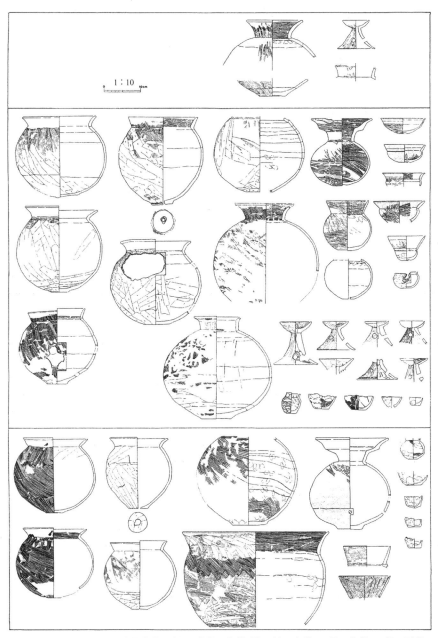

第36図 4・6・8号住出土土器(注2文献より作成) 4号・上段, 6号・中段, 8号・下段

師器が出土している。両工房の土師器の様相は，平底甕，二重口縁壺，直口縁壺などの共通した形態から，両者ほぼ併行する時期が想定される。なかでも，年代の指標は「くの字」状口縁を持つ平底甕にあり，上総を中心に千葉県側に多出する甕形土器の影響下にある。本例は，「くの字」状に屈曲する典型的な口縁部形態と共に，真球形を呈する胴部形態が特徴的である（第36図の6・8号住の左端列）。他の小型坩や小型器台，直口縁壺の特徴なども合わせ鑑みて，古墳時代前期中葉から後半の時期が想定される6)。4号住出土の土師器はわずかで平底甕の出土をみないが，全形のわかる小型器台は6号住の出土例と類似しており，時期の隔たりはないと思われる。このように，3棟の工房跡はほぼ同時期に共存していたと考えられ，古墳時代前期中葉に遡る年代が想定される。

第2節　八幡脇遺跡玉作りの特徴

　上記玉作りの内容から，八幡脇遺跡の特徴を考えると，以下の点が指摘できる。第一の点は，メノウ製勾玉及び滑石製管玉・勾玉の生産と，その時期である。どちらも，関東地方のみならず，全国の古墳時代玉作り状況に照らしてみて，初期の生産例として注目される。メノウ製勾玉及び滑石製管玉・勾玉ともに，その製作が古墳時代前期後半以前に遡るとされる事例は数少なく，当地域以外には前者では出雲，後者では上野（高崎市下佐野遺跡）や畿内大和（橿原市曽我遺跡，桜井市上之庄遺跡）などわずかに認められるにすぎない7)。それぞれの玉類が製作された時期とくにその開始時期は，玉作り技術の系譜や伝来とも深く関わっている。片面穿孔のメノウ製勾玉は，碧玉・水晶製勾玉などと共に出雲系玉の典型と考えられており，八幡脇遺跡など当地域でのその製作には出雲系の技術導入があったと推測されている8)。ただ，出雲におけるメノウ製勾玉生産も古墳時代前期に遡る実例は数少なく，出雲玉作跡遺跡宮垣地区71CⅡ号工房跡9)がその初例とされるが10)，古墳時代前期中葉以前に遡る確かな事例は未検出である。つまり，メノウ製勾玉製作の始まりに関しては，八幡脇遺跡と出雲に大きな時期差は認められない。後述するように，メノウ製勾玉生産における両地の製作技法が同一ではなかったことも予測される。また，八幡脇遺跡では微細剥片の出土から琥珀製勾玉の生産も想定されるが，出雲ではヒスイ・琥珀と

第5章　土浦入の古墳時代玉作り

もに玉素材として全く用いられていない。このように出雲との比較では，時期が近接する一方，両地の異相と八幡脇遺跡の独自性が浮上してくる。

　古墳時代前期の滑石製玉類に関しては，その出現や系譜関係は判然としない。畿内と関東でほぼ同時に成立したとも考えられており[11]，八幡脇遺跡ほか後述する烏山遺跡など，当地の事例がこの滑石製玉類成立事情の一端を担っていた可能性も考えられる[12]。

　二点目は，3棟の工房跡から出土した多様な石製工具のあり方と，内磨き砥石の顕在化の特色である（第32～34図）。まず，石製工具のあり方に各工房間での偏在が認められ，4号住では敲き石の類が，6号住では大型・小型の内磨き砥石が，8号住では筋砥石が目立っている。とくに，6号住出土の工具は内磨き砥石のみで，その偏りは際立っていると言えよう。内磨き砥石は量の多寡はあるが，3棟の工房跡すべてから出土している。石材は1点（角礫凝灰岩）を除き片岩製で，石英片岩や紅簾片岩などすべて前述の三波川変成帯産の結晶片岩であったことが想定される。平砥石としても兼用され，大型と小型とがあり，機能分化や工程による使い分けなども考えられる。メノウ製勾玉の製作を主体とする本遺跡の玉作りにおいては，これら内磨き砥石は必要不可欠な工具として定形化し，最も有用な砥石のひとつとして利用されていた様子が窺われる。

　三点目は，玉作り遺物の出土状況にみられた工房間相互の関係である。各工房跡から出土した玉作り遺物の比較から，4号住と6号住との間で大型・小型の内磨き砥石各1点が接合し，また4号住と8号住の間でメノウ製勾玉形割未成品1点が接合するのが判明している（第37図）。工房間に大きな時期差はなく，同時併存していたと考えられること

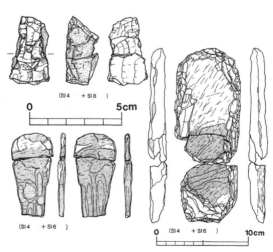

第37図　工房間で接合する玉作り関連遺物
（注2文献より作成）

から，この接合関係は，操業中に工人が工具や玉の未成品を持って工房間を移動していたことを示している。本遺跡では，工房間で工具の偏在が認められたが，これは特定の工程への専従を想定させ，工房間で作業工程を分担していた可能性をも示唆すると考えられる。工具のみでなく，出土未成品の内容にも各工房間で偏りが認められる。すべての工房跡から出土したメノウ製勾玉未成品を見ると，4号住は形割段階までが多く，6号住では側面打裂工程や研磨工程の未成品が目立つ，8号住では全体量は少数ながら荒割段階から研磨工程までの未成品が揃っているなど，その内容は一様ではない。やはり先の接合関係は偶発的な移動によるものではなく，工房間の分業と工程の進展に伴い，工人及び未成品が工房間を移動したと考えたほうが状況を理解しやすいと思われる[13]。

また，緑色凝灰岩及び滑石は，メノウに比べ出土量が少ない。6号住の滑石は最終研磨段階のわずかな勾玉・管玉未成品のみが出土し，8号住の緑色凝灰岩は一定程度割られた荒割・形割品のみで，しかも微細剝片が認められないなど，いずれの製作段階も特化した状況を呈している。土浦入沿岸では，八幡脇遺跡以外にも前述した烏山遺跡や浅間塚西遺跡から古墳時代前期の玉作り工房跡が発見され，また大宮前遺跡，寄居遺跡，うぐいす平遺跡など前期の集落跡からも未成品や砥石など玉作り関連遺物が出土している（第31図参照）[14]。上記の特化した状況と併せ考えると，八幡脇遺跡だけですべての玉の製作が完結していたのか，想定される工房間分業とともに玉作りに関係する近隣諸遺跡間の分業の可能性も考慮する必要があろう。

第3節　土浦入古墳時代前期玉作りの特質

(1) 八幡脇遺跡と烏山遺跡

八幡脇遺跡玉作りの特徴を踏まえて，霞ヶ浦土浦入南岸に近接し，古墳時代前期に遡る烏山遺跡玉作りと比較し，土浦入における古墳時代前期玉作りの特質について考えてみたい。

烏山遺跡では，およそ4棟の工房跡からメノウ製勾玉，緑色凝灰岩製管玉，滑石製管玉・勾玉のそれぞれの未成品や玉素材が出土し，その生産が明らかにされている[15]。烏山遺跡の玉作りは，古墳時代前期後半を中心とし，一部中期

初頭に下る時期が想定される。八幡脇遺跡とは操業時期が重なっているが、土器の様相は、八幡脇遺跡の方が前期中葉に近い時期でやや古相を示している。玉作りの内容は、琥珀製(勾玉)以外は八幡脇遺跡と同じ品目の玉類が製作されていた[16]。古墳時代前期後半に遡るA-57号住は、烏山遺跡では最も多量の玉類未成品を出土した工房跡で、メノウ製勾玉、緑色凝灰岩製管玉、滑石製管玉・勾玉、いずれも荒割段階から研磨・穿孔段階まで各工程の未成品が揃っている(第38図)。また、工具も、短冊形を呈する大型の内磨き砥石や小型の内磨き砥石(兼平砥石)、敲き石などが各工房から出土しており、中でもA-57号住では内磨き砥石が7点とその顕在と盛行ぶりが窺われる。烏山遺跡出土の内磨き砥石もすべて片岩製で、石英片岩、紅簾片岩の他に緑泥片岩を利用したものも認められるなど、その産地は、八幡脇遺跡と同様に奥秩父周辺の三波川変成帯に求められる可能性が高い[17]。

　八幡脇遺跡で第一の特徴としたメノウ製勾玉と滑石製管玉・勾玉の製作に関しては、烏山遺跡も古墳時代前期に遡る初期の生産例として特筆される。滑石製管玉は、八幡脇遺跡同様の太さ5mm以下の細身の管玉で、滑石製勾玉は長さ2cm弱の断面に丸味のあるものや、扁平で大型化し、八幡脇遺跡より後出する特徴も認められた。また、八幡脇遺跡で指摘した、メノウ製勾玉における板状D字形の形割未成品の特徴や、腹部の抉りを打撃や剥離とともに主に研磨によって成形する技法は、烏山遺跡でも同様に確認される(第38図-左側上段9)。烏山遺跡では、八幡脇遺跡の玉作り技術を継承しつつ、安定した玉生産を盛行させたものと考えられる。

(2) メノウ製勾玉製作について-出雲との比較

　ここでは、八幡脇遺跡と烏山遺跡が位置する土浦入の古墳時代前期玉作りの特質について、出雲の玉作り以外では唯一土浦入でのみ確認されるメノウ製勾玉の製作を通して考えてみたい。まずは、出土したメノウ製勾玉未成品から、古墳時代前期から中期前半における土浦入と出雲の製作技法と、それを支えた工具の特徴を比較してみる。

① 製作技法の特徴
ⅰ 土浦入(第39図)

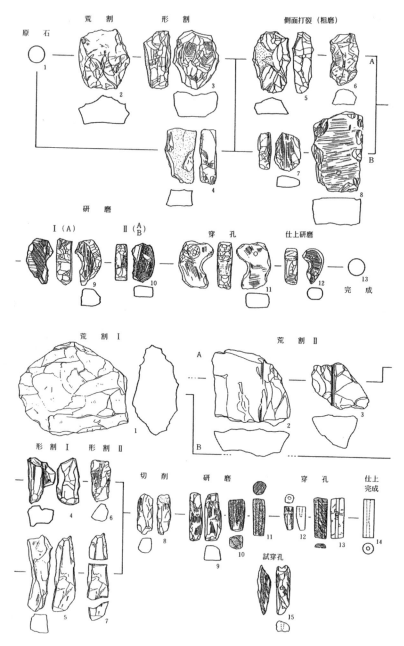

第38図 烏山遺跡A-57号住玉作り工程模式図(注15文献より作成)

第5章 土浦入の古墳時代玉作り

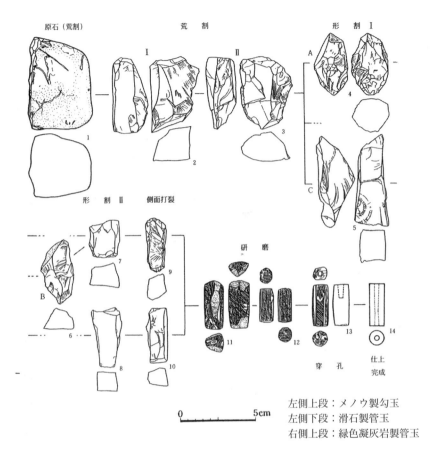

左側上段：メノウ製勾玉
左側下段：滑石製管玉
右側上段：緑色凝灰岩製管玉

　土浦入では，前期中葉から後半の八幡脇遺跡と前期後半から中期初頭の烏山遺跡の両遺跡からメノウ製勾玉のほぼ全工程を復元しうる豊富な未成品が出土しており，以下のように両遺跡とも大筋同様な製作が考えられる。
　・1段階：原石の採集
　・2段階：荒割・形割（D字形・長方形の素材成形）
　・3段階：剥離・研磨（勾玉の整形）
　・4段階：穿孔・研磨（勾玉の仕上げ）
　1段階の原石は，遺跡から未加工のものは出土していない。荒割り初期段階の素材（第39図1）をみると，メノウ原石は表裏及び側面に自然面や自然の破砕面を残し，厚さ10~15mm程度の扁平板状で不定形，掌に収まる程度の河川の転石

123

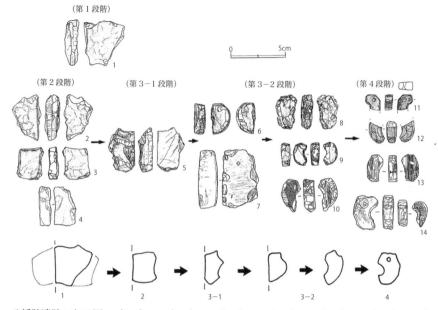

八幡脇遺跡：1(111図~52)，2(112~59)，3(111~53)，5(112~60)，6(113~70)，8(113~66)，9(113~69)
11（114~73)，12（114~76）
烏山遺跡：4（255図－88)，7（255~98)，10（255~99)，13（255~100)，14（248~22）

第39図　土浦入のメノウ製勾玉製作工程図・模式図（下段）（注2・15文献より作成）

を採集したものと思われる。

2段階は，打ち割りにより直線で平坦な一側面を作り，表裏の自然面を残し，その他の側面を主に打ち割り，一部剥離も行いながらD字形や長方形の勾玉素材を成形する段階である（第39図2・3・4，その他：注2文献の第86図9，90図1，111図52・56，112図61，126図23，127図30，注15文献の第242図8，244図90，255図91・92，図版60~25，61~34，66~15・16・19・22)。

3段階は，主に剥離と一部研磨を行い，D字形の素材を勾玉形に整形する段階である。研磨工程を境に，3~1段階と3~2段階に分けて考えたい。

3~1段階は，勾玉背部の丸み，及び表裏の自然面を剥離調整する段階である（第39図5，その他：注2文献の第86図10，112図64，127図31，注15文献の第244図89，247図5，255図87・89・94，図版66~18・19・20)。

3~2段階は，八幡脇遺跡では表裏及び背部の研磨を行い，前後してD字形の

第 5 章　土浦入の古墳時代玉作り

直線的な一側面を剥離により窪ませ腹部とする段階である（第 39 図 6・8・9，その他：注 2 文献の第 113 図 72）。

　烏山遺跡では表裏を研磨し，前後して上記と同様に腹部の窪みを作出する段階である（第 39 図 7・10，その他：注 15 文献の第 244 図 88，255 図 96・97）。このように 3~2 段階は，八幡脇遺跡では腹部窪みの剥離調整以前に背部の研磨を実施している事例があり（第 39 図 6，その他：注 2 文献－第 113 図 72），烏山遺跡の製作工程（第 39 図 10，その他：注 15 文献－第 255 図 99）とはその特徴を若干異にしている。

　4 段階は，八幡脇遺跡では腹部の研磨と片面穿孔を相前後して行い，その後全体に仕上げ研磨を施す段階である（第 39 図 11・12，その他：注 2 文献の第 114 図 74・75）。烏山遺跡では背部・腹部の研磨と片面穿孔とを相前後して行い，その後全体に仕上げ研磨を施している（第 39 図 13・14，その他：注 15 文献－第 242 図 12，244 図 91，246 図 9，図版 66~21）。

　八幡脇遺跡と烏山遺跡におけるメノウ製勾玉製作の主要な特徴には，扁平板状の原石から直線で平坦な一側面を持つ D 字形・長方形の素材を作成すること，直線的な一側面に剥離とその後の内磨き砥石を用いた研磨によって腹部の窪みを作出し，勾玉形に整形することの 2 点がある。最終的には，穿孔と研磨を行い仕上げられる。烏山遺跡では背部の研磨が遅れ，一部穿孔後に行われる事例（第 39 図 14）もあるなど，わずかな工程の差異も見られるが，両遺跡とも 1 段階から 4 段階へと大筋同様な，かつ特徴的な工程によって製作されている。

ⅱ 出雲（第 40 図）

　島根県東部，宍道湖南東岸に位置する花仙山周辺には，古墳時代前期以降のメノウ製勾玉を製作する玉作り遺跡が発見されている。

　松江市樅の木古墳群 I 区包含層は古墳時代前期[18]に想定されており，管玉，勾玉の碧玉製玉類未成品を主体に，メノウ製勾玉未成品がわずかに出土している。出土したメノウ製の剥片・未成品の出土量は，碧玉製のおよそ 5 分の 1 程度と少ない。数少ないメノウ製勾玉未成品には，上記の 2 段階（第 40 図 3）から 3~1 段階（第 40 図 6）に相当する資料が認められる。ただ，土浦入の 2 段階のように，荒割・形割により側面に直線的な平坦面を作出し，D 字形の勾玉素材を成形した明確な資料は出土していない。

　松江市出雲玉作跡遺跡の宮垣地区・71C Ⅱ号跡は，古墳時代前期後半に位置

125

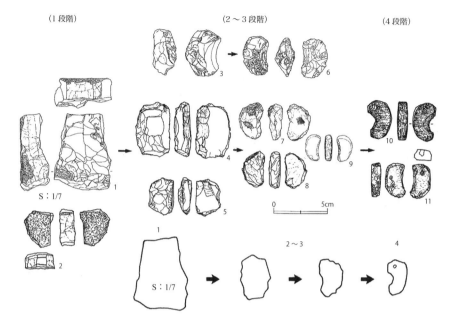

樅ノ木古墳群包含層：3（103 図− 4），6（103 − 1）
大角山遺跡：1（注 21 の第 7 図），2（注 21 の 11~3b），4（注 20 の 32 − 8），5（注 20 の 23 −
12），7（注 20 の 11 − 8），8（注 20 の 32 − 9），9（注 20 の 14 − 29），10（注 21 の 12 − 10），11（注
20 の 45 − 30）

第 40 図　出雲のメノウ製勾玉製作工程図・模式図（下段）（注 18・20・21 文献より作成）

付けられる玉作り工房跡で，本遺跡では最も古い工房とされている[19]。出土資料の詳細は判然としないが，碧玉製玉類未成品（管玉）が多く，メノウ製玉類未成品はわずかと思われる。メノウ製勾玉未成品の実態は不確かで，実見した資料には上記の 2 段階から 3~1 段階と思しき資料が認められる。

　出雲において，古墳時代前期と想定されるメノウ製勾玉未成品の出土例は上記の 2 例のみである。花仙山周辺では，これに後続するメノウ製勾玉生産の確実な資料として，古墳時代中期前半に位置付けられる松江市大角山遺跡がある[20・21]。

　大角山遺跡では 3 棟の玉作工房跡が発掘され，比較的多くのメノウ製勾玉未成品が出土しており，製作のほぼ全工程を窺うことができる。その製作は，原石・原材→荒割・形割→剝離・研磨→穿孔・研磨の 4 段階が想定され，大筋では土浦入とほぼ同様な工程だが，細部の工程，技法には違いが認められる。

第 5 章　土浦入の古墳時代玉作り

　1 段階は岩脈から原石を取り出し，打ち割りと剝離によって石核を作出し，勾玉の原材としている。中には土浦入に顕著な厚さ 15mm 程度の板状の原材もあるが（第 40 図 2），多くはより厚手，大ぶりの石核を作出して原材としており，本遺跡の第一の特徴と言える。

　大角山遺跡には，土浦入の 2 段階から 3 段階が一連の工程として確認されるものが多い。上記の樅の木古墳群 I 区包含層でもそうであったように，2 段階の荒割・形割段階，つまり勾玉素材の成形時に，打ち割りによって直線的で平坦な一側面を作出する工程が明瞭ではない。第 40 図 5 のように原材を打ち割り，直線で平坦な一側面をつくり，剝離も併用して板状 D 字形の勾玉素材を作出する事例もわずかに認められる。しかし多くは大ぶりな原材の全面にわたって形割から剝離へと施工し，その後側面全体を連続して剝離し，概略勾玉形に整形する特徴が看取される（第 40 図 4・7・8・9，その他：注 20 文献の第 14 図 23・33，28 図 16，32 図 7・8・11，45 図 23）。第 40 図 4 や注 20 文献の第 14 図 23 などからは，側面の剝離調整がまずは D 字形の素材作成を意図していたことは想定され，注 20 文献の第 45 図 22 のように直線的な自然面を平坦な一側面として利用している事例も認められる。ただ，総体的にみると土浦入のように打ち割りによって平坦面を作出する技法は明確ではない。出雲では，厚手で大振りな原材を用い，側面を中心に全体を連続して剝離し，勾玉形に整形する意図とその技法が大きな特徴と言える。

　4 段階としては，表裏及び背部の研磨と腹部窪みの剝離調整を行い，片面穿孔している事例（第 40 図 10）や片面穿孔前に腹部窪みの研磨まで実施している事例（注 20 文献の第 35 図 5）などは，土浦入の技法とほぼ共通した特徴である。一方，研磨のみで腹部の窪みを作出し片面穿孔している事例（第 40 図 11）や腹部窪みの調整・整形前に片面穿孔している事例（注 20 文献の第 28 図 17）など，土浦入には見ない技法の特徴も認められる。

② 工具の特徴

　土浦入では，八幡脇遺跡と烏山遺跡から多数の石製工具が出土しているが，玉作工房内から石製以外の確かな工具は発見されていない[22]。上述したように，両遺跡からは玉作り専用と思われる内磨き砥石，筋砥石，平砥石，敲き石，磨石，くぼみ石，台石などの多様な石製工具が出土している。その特徴は，内磨

き砥石は主に石英片岩や紅簾片岩などの結晶片岩を用い，厚手大形と比較的薄手で小形の二種がある。小形のものには不定形もあるが，大形を中心に平面形は短冊形に定型化されており，いずれも勾玉腹部の研磨に多用するため長辺の小口側面が波打つように彎曲するのが特徴である。勾玉の背部を中心に研磨した筋砥石には，結晶片岩や砂岩を用いた兼用品の粗砥の出土が多いが，ほかに軟質凝灰岩製の仕上げ砥と思われる専用品（第34図左列上3段目）も出土している。また，内磨き砥石と平砥石・筋砥石，敲き石と磨石・筋砥石など2・3の目的に兼用する工具が多いのも特徴である。砥石とともに，砂岩製や凝灰岩製の敲き石の出土例が多い。兼用品が多く不定形もあるが，砲弾形の両端を敲きに利用し，磨石とも兼用する敲き石（第32図左列中段，第34図中列下3段目左）は特徴的かつ定型的である。そのほか，厚手扁平で隅丸方形を呈する敲き石（第34図左列下2・3段目）もあり，側面を中心に筋砥石への兼用が特徴的である。

　一方出雲では，古墳時代前期の工具の出土例はきわめて少ない。樅の木古墳群Ⅰ区包含層では砥石1点だけで，不定形なこともあり玉砥石との断定は難しい。同様に玉類未成品との関係は不確かだが，隣接する1号墳墳丘下から，多孔質石材を用いた敲き石と台石が出土している。敲き石は厚手円形の磨石兼用品，台石は大型で，実際は主にくぼみ砥石，平砥石として使用したものと思われる。また，出雲玉作跡遺跡宮垣地区・71CⅡ号跡からは，筋砥石と大型のくぼみ砥石の出土が報じられているが詳細は不明である。なお，土浦入の前期玉作り遺跡では，短冊形に定型化した片岩製内磨き砥石の出土が顕著であったが，出雲における前期の出土例は皆無である。

　出雲では，古墳時代中期になると石製を中心に玉作り工具の出土が目立ってくる。中期前半の大角山遺跡では工房跡とその遺構外から，敲き石3点と前期にみられなかった内磨き砥石5点が出土している。内磨き砥石は，石英片岩など結晶片岩製が主流で，中期後半へと継続し多出するようになる。大角山遺跡の出土例は，短冊形で厚手の大型品（注20文献の第30図18）とやや薄手の小型品（注20文献の46図33）がある。側面を用いた内磨き機能とともに平砥石や筋砥石も兼用するなど，土浦入の前期玉作りに顕著な内磨き砥石と共通するところが多い。また，1点だけ出土している砲弾形の安山岩製敲き石（注20文献の第24図14）は両端に敲き面を有する磨石兼用品で，形態や機能は先に紹介した土浦入の

前期の事例と酷似している。
③ 前期古墳出土のメノウ製勾玉と玉作り
　第 11 表は，前述の玉作り遺跡出土資料との比較を念頭に，全国の前期古墳から出土するメノウ製勾玉を集成したものである。主に前期後半から中期初頭の資料を抽出しており，前期前半に遡る資料の出土はなく，中期中葉以降の資料は対象外としている。メノウ製勾玉出土の古墳は，全国的に見て 50 m 以下の小中規模古墳が多く，西日本ではとくに 20~30 m の円・方墳が目立っている。前方後円(方)墳などの 50 m を超える大規模古墳は，神奈川・千葉・茨城・群馬の関東各県に集中しており，これに対し西日本には畿内(奈良県)と山陰(鳥取県)の各 1 例のみと少ない。

　表作成の視点は，勾玉の大きさ(長さ)を第一に，そのほか穿孔方法や共伴する玉の材質と種類などに注目するものである。表の中ほどの太線を境に上下に東日本(12 古墳 25 例)と西日本(17 古墳 38 例)に分けて明示しており，これによって東西日本の地域的な相違が垣間見える。

　まず，大きさについては，全体の特徴を踏まえて小型：2.5cm 未満，中型：2.5cm 以上 4cm 未満，大型：4cm 以上，に分類してみた。小型の勾玉は，西日本(2 例)に比べ東日本(8 例)に多く，東日本の出土率が高い。これに対し大型の勾玉は，東日本(5 例)に比べ西日本(10 例)に多く出土し，西日本の出土率が高い傾向が看取される。

　第 12 表は，土浦入と出雲の玉作り遺跡における，メノウ製勾玉未成品の大きさ(長さ)を明示したものである。ほぼ大きさの定まった剝離，研磨，穿孔の各段階を抽出し，上記の小型・中型・大型の古墳出土品との対応を意識して比較してみたい。前期の資料が豊富な土浦入に比べ，出雲は該期の資料が乏しく判然としないため，中期前半の大角山遺跡も加えている。土浦入では，1 例のみの大型未成品に対し，全体の中で小型未成品の比率が高い。これに比べ出雲(大角山遺跡)では小型未成品はわずかで，大型未成品の比率が高いことが指摘できる。両地域ともその生産は中型品が主体と考えられるが，この状況は古墳時代前期から中期前半のメノウ製勾玉生産の特徴を示唆するもので，前述の古墳出土品の大きさにみる東西日本の傾向とも整合的に対応すると考えられる。なお，出雲については，大原遺跡[23]，四ツ廻 II 遺跡[24]，原ノ前遺跡[25] など中期

第11表 前期古墳(遺跡)出土のメノウ製勾玉一覧

No.	時期	型式	古墳名	所在地	メノウ勾玉(長さcm)	穿孔方法	ヒスイ 勾玉	ヒスイ 他	碧玉(質) 管玉	碧玉(質) 勾玉	碧玉(質) 他	水晶 勾玉	水晶 他	琥珀 勾玉	琥珀 他	滑石 管玉	滑石 勾玉	滑石 他	臼玉	その他
				※ 小型:2.5cm未満(■)、中型:2.5以上4cm未満(□)、大型:4cm以上(■)																
1		a	矢場薬師塚古墳	群馬県太田市(後円:80)	1.5	—	○										○			滑石勾玉
2		a	丸山1号墳	茨城県石岡市(後方:55)	1.95	片面	○										○			蛇紋岩勾玉
					2.05	片面														
		b			3.1	片面														
3		a	桜塚古墳	茨城県つくば市(後円:60)	3.35	片面			○		○									碧玉質石釧
4	中初	b	海保3号墳	千葉県市原市(円:29)	2.8	片面			○											
					2.9	片面														
		a			3	片面														
5		a	大厩浅間様古墳	千葉県市原市(円:50)	2.8	片面			○					○			○			碧玉質石釧
					3.8	片面														
6		a	鳥戸境1号墳	千葉県山武市(円:20)	1.7	片面	○		○			○	○	○	○					
					2.6	片面														
					2.8	片面														
					3.3	片面														
7		b	熊野神社古墳	埼玉県桶川市(円:34)	4.7	片面	○		○					○						碧玉質石釧他
		b			3.8	片面														滑石製紡錘車
8		a	加瀬白山古墳	神奈川県川崎市(後円:87)	4.9	片面	○		○											
9		a	若王子1号墳	静岡県藤枝市(円:18)	2.85	片面			○			○								
10	中初	b	馬場平3号墳	静岡県引佐町(円:約20)	2.4	—	○		○					○						碧玉質石釧
					5.22	片面														
11		a	船来山24号墳	岐阜県本巣市(円:20)	4.61	—			○					○			○			碧玉質石釧
					5.97	—														
12		a	上椎ノ木1号墳	三重県亀山市(楕円:22×18)	2.2	片面	○		○											
					2.3	両面														
		a			2.32	両面														
13	中初	b	新開1号墳	滋賀県栗東市(円?)	4	片面	○		○	○		○							○	
14		a	新沢500号墳	奈良県橿原市(後円:64)	3.2	片面			○												碧玉製石釧他
		b			3.5	片面														
		b			3.5	片面														
		b			3.6	片面														
		b			3.7	片面														

第 5 章　土浦入の古墳時代玉作り

		No.	中初	a/b	古墳名	所在地(形状:規模)	孔径	穿孔								備考
				b			3.7	片面								
				b			3.7	片面								
		15	中初	b	池の内5号墳2号棺	奈良県桜井市(円:16)	4.8	両面					○			
		16		b	愛宕山古墳	京都府北桑田郡京北町(方:20)	2.9	両面			○					
				b			2.95	片面								
				a			2.26	片面		○	○					
							4	片面			○	○				
				b			4.5	片面				○				
				b			4.9	片面								
		17		a	谷垣18号墳	京都府久美浜町(方:40×30)	4.3	ー			○					滑石琴柱形
		18	中初	b	ハケ谷古墳第2主体	京都府福知山市(方:39×35)	3	片面			○					
							2.9	片面								
		19		b	北浦古墳群26地点3号墳	兵庫県豊岡市(円?)	2.73	片面			○					
		20		b	久米三成4号墳	岡山県久米町(後方:35)	3.05	片面								
		21		a	横路小谷1号墳	広島県山県郡筒賀村(円:19)	3.9	片面			○					滑石石釧
		22	中初	b	妙徳寺山古墳	山口県山陽町(後円:30)	4.3	両面		○	○					
				b			3.7	片面		○	○					
		23		a	上野1号墳	島根県宍道町(楕円:39×35)	4.2	両面			○					
		24		b	出雲大社境内遺跡	島根県大社町	2.6	両面			○					
		25		b	細曽1号墳	島根県松江市(方:17.5×15.5)	2.6	片面			○					
				b			2.2	片面								
		26		b	三刀屋熊谷2号墳第1主体	島根県雲南市(方?:9)	2.7	片面			○					
		27		b	石田古墳	島根県松江市(方:12×12)	2.7	両面			○					
				b			3.6	片面			○					
		28	中初	b	上ノ山古墳	鳥取県淀江町(帆立貝:35)	2.9	片面			○			○		
				b			2.8	片面								
		29		b	北山1号墳	鳥取県東郷町(後円:110)	3.5	片面			○					蛇紋岩棗玉
				b			3.9	片面								
							4	片面								
							4.8	片面			○					
		30		a	千田21号墳	福岡県粕屋郡古賀町(円:19)	2.5	片面			○					
				b			2.65	片面								

※穿孔方法は、その多くが調査報告書等の記述と実測図によって判定している。不明は「ー」とする

第12表 メノウ製勾玉未成品規模一覧

No.	遺跡名	規模(縦長mm)		
		剥離段階 ③-1	研磨段階 ③-2	穿孔段階 ④
	(土浦入り)			
	八幡脇遺跡	25.9(小)		
		37.2		
		29.7		
		38.8		
			31.9	
			21.1(小)	
			28.9	
				22.4(小)
	鳥山遺跡	39.4		
		41.7		
		33.5		
		3.69		
		3.71		
			24.2(小)	
			34.8	
			25.2(小)	
			54.5(大)	
			33.3	
				31.8
				25.1(小)
				36.9
	(出雲)			
	樅の木古墳群	36.4		
	大角山遺跡	35.3		
		54.9(大)		
		50.5(大)		
		34		
		27.3(小)		
		46.3(大)		
			36.2	
			24.3(小)	
				32.2
				18.7(小)
				36.4
	四ツ廻Ⅱ遺跡	42.2		
			25.1(小)	
			28.6	
				[24.5(小)]
	原ノ前遺跡		24.2(小)	
				[23.1(小)]
	大原遺跡		35.4	
			25(小)	

■ 小型:2.5cm未満
□ 中型:2.5以上4cm未満
▨ 大型:4cm以上
※全て未成品を完成品の1.1倍に換算して

中葉以降後半にかけての資料も取り上げたが,一転して大型未成品はなくなり,小型未成品の比率が高くなることが窺えた。出雲のメノウ製勾玉生産は,中期以降に拡大し盛行するが,大型品生産の必要性は後退し,中型品及び小型品の生産に集約されていったことが推測されるのである[26]。

メノウ製勾玉に共伴する玉類については,東西日本いずれにおいても大半の古墳で碧玉製(緑色凝灰岩製を含む)管玉が出土しており,次いでおよそ半数の古墳からヒスイ製勾玉が共伴している。これに対して東日本の事例では,琥珀製勾玉と滑石製玉類(とくに管玉)が多出する特徴がある。西日本でのこれらの共伴事例は皆無に近く,玉作り遺跡との関連からみて,これも東西日本の大きな相違であり,特徴として注目される。

穿孔方法の特徴については,古墳出土例の大半が片面穿孔によっている。両面穿孔のメノウ製勾玉はわずかで,報告に従うと東日本に2例,西日本に3例のみとほぼ同数が確認できる。

次いで勾玉の形態比較のため,第42図に第11表の古墳出土品の実測図を集成してみた。中央から左右に東日本と西日本に分け,小型・中型・大型の大きさで三段に分けて比較してみる。なお,中期の特徴が窺える古墳出土品は,下段に分けて掲示した。

平面形態の特徴をみると,以下の2点が指摘できる。
a. 勾玉の尾部先端が尖り,跳ね上がる形態は,東日本に多い。

第5章　土浦入の古墳時代玉作り

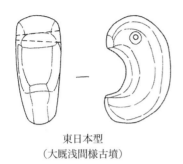
東日本型
（大厩浅間様古墳）

西日本型
（出雲大社境内遺跡）

第41図　東日本型と西本型のメノウ製勾玉実測図（各文献より一部改変）S：1/1

b．勾玉の尾部先端が丸みのある形態は、西日本に多い。
aの形態的特徴は小型・中型品を中心に認められる。これに対し、bの形態的特徴はとくに大型品に顕著で、東日本の大型品にも当てはまり、大型勾玉の特徴と言っても過言ではない。また、中期に下る資料の多くが、bの形態であることもまた特徴的である。

　これらの特徴から、ここでは、a、bの形態的特徴を持つそれぞれの勾玉を東日本型（a型式）と西日本型（b型式）と呼んでおくことにしたい（第41図）。東日本型は、西日本では畿内の新沢500号墳や愛宕山古墳のように複数出土するメノウ製勾玉の一部や、数少ない九州の事例である千鳥21号墳などに散見される。西日本型も東日本で認められ、丸山1号墳、熊野神社古墳、船来山24号墳など、とくに大型品の一部に散見されるようである。

　以上、前期古墳出土のメノウ製勾玉の特徴についてまとめてみた。ここで改めて、この結果を先に検討した土浦入と出雲のメノウ製勾玉製作の特徴と比較し、土浦入における古墳時代前期玉作りの特質について考えてみたい。

　メノウ製勾玉製作における出雲の特徴は、打ち割りによって直線で平坦な一側面を作出する土浦入の特徴とは異なり、側面全体に剥離を行い丸みのある勾玉形の整形を意図していることにある。主な要因は、岩脈から取り出した大ぶりで厚手の石核を用いる出雲と、扁平で小ぶりな河原の転石を用いる土浦入との原材料の違いにある。土浦入では、原石を打ち割ることで直線的で平坦な側面をもつ板状D字形素材の作出が容易である。一方、出雲では古墳時代前期に遡る内磨き砥石の出土は認められず、メノウ製勾玉生産の初期にはまだ定型化

133

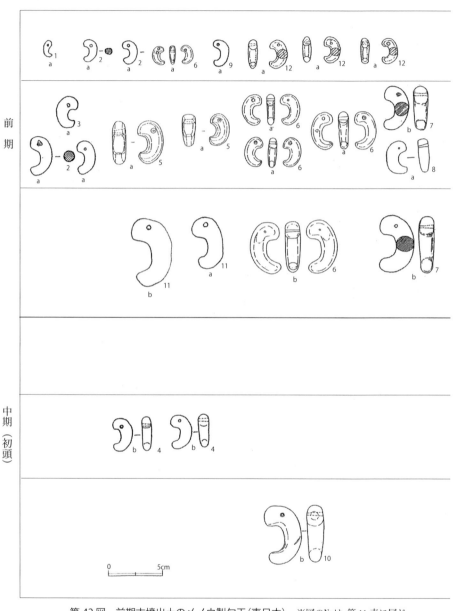

第42図 前期古墳出土のメノウ製勾玉(東日本) ※図のNo.は,第11表に同じ

第5章　土浦入の古墳時代玉作り

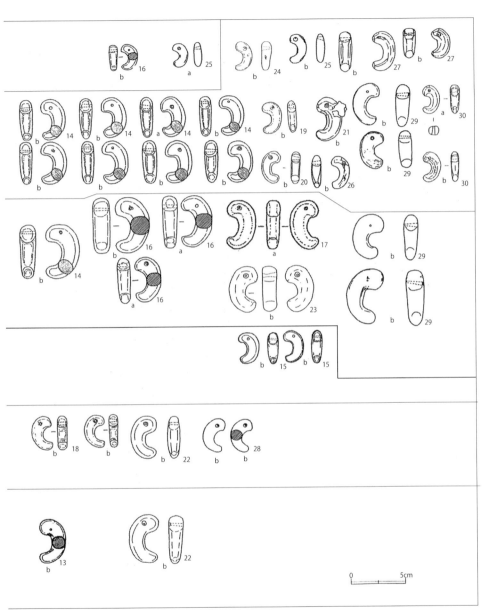

第42図　前期古墳出土のメノウ製勾玉(西日本) (各文献より転載, あるいは作図)

した内磨き砥石の利用がなかったことが想定される。このため，出雲では側面を中心に連続して剝離を施し勾玉形に整形する事例が多いと考えられ，土浦入では，D字形素材の平坦な側面に剝離と共に内磨き砥石で研磨し勾玉腹部の加工が行われている。

　両地の技法を古墳出土のメノウ製勾玉の特徴と照合すると，東日本型にみられる尾部先端が尖る平面形は，内磨き砥石を多用する土浦入に対応し，西日本型の尾部先端が丸みのある平面形は，側面全体を剝離して勾玉形に整形する出雲の技法に対応すると考えられる。つまり，東日本型は土浦入産，西日本型は出雲産の可能性が高く，しかもそれぞれがおもに東日本の古墳，西日本の古墳への供給を意図していたと考えられる。

　前述のように少数ながら，東日本型が西日本，西日本型が東日本の遠方の古墳から出土している事例がある。このような事例からみても，従来考えられてきたように，いったん畿内のどこかに集積され，再配布されたケースも想定されるが，土浦入と出雲でのメノウ製勾玉生産の主なねらいは，まずはそれぞれに東日本と西日本への直接的な供給にあったと考えられる[27]。この時期，東日本でのみ生産が確認される琥珀製勾玉や滑石製管玉が東日本の古墳から多出し，西日本の古墳からはほとんど出土していないこともその証左と言えるだろう（第11表参照）[28]。両地とも，東西日本に位置するメノウの原産地にほど近いことから，初期のメノウ製勾玉生産地として選ばれたのであろう。土浦入の玉作りは，中期初頭には終焉する。メノウ製勾玉の生産は，中期前半になるとその主力が出雲に移っていくと考えられ，第11表の中期に下る古墳出土品の多くが西日本型であることもこれと符合する現象である[29]。また，長さ4cm以上の大型品の未成品は，土浦入でもわずかに認められるが出雲の玉作り遺跡からの出土が多い。大型品の大半が西日本型であることなどから考えると，前期から中期前半に多い大型のメノウ製勾玉は主に出雲で生産されていた可能性が指摘できる。

まとめ——古霞ヶ浦沿岸における古墳時代玉作り出現の歴史的意義——

　最後に，前述の八幡脇遺跡や烏山遺跡など土浦入の玉作り遺跡の検討から，

第 5 章　土浦入の古墳時代玉作り

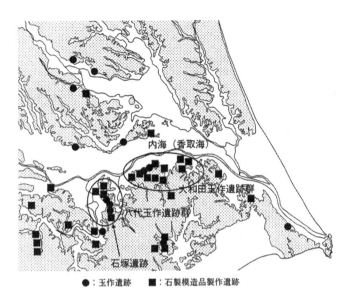

第 43 図　古霞ケ浦沿岸の玉作り，滑石製模造品製作遺跡（注 13 文献より）
●：玉作遺跡　■：石製模造品製作遺跡

　古霞ヶ浦沿岸における古墳時代玉作りの出現とその歴史的意義について私見を述べ本章のまとめとしたい。

　土浦入の古墳時代玉作りは，中間に稲敷市周辺の玉作り遺跡を挟んで，成田市大和田玉作り遺跡群や八代玉作り遺跡群など，下総北部の古墳時代玉作り遺跡と古霞ヶ浦の内海を介して密接な関係にあった[30]。両地域の玉作り遺跡の操業時期は，土浦入が古墳時代前期中葉から後半を，下総北部が前期後半から中期前半を主体としている。玉作りの内容は，土浦入がメノウ，碧玉，滑石，琥珀，下総北部が碧玉，滑石の玉類[31]と，土浦入の先行性とメノウ製勾玉，琥珀製(勾玉)など下総には欠落する玉類製作に，土浦入の特質が認められる（第 43 図）。ちなみに，前期中葉から後半のこの時期は，大和政権中枢の古墳がメノウ製勾玉の副葬を開始するなど，勾玉素材が多様化する時期とも重なっている。

　土浦入の玉作りに顕在化した結晶片岩製の内磨き砥石は，下総の玉作り遺跡でも確認されており，道具の伝播を伴い碧玉，滑石製玉類などの製作技術が土浦入から下総へと波及したと思われる。片岩製の内磨き砥石は，前期後半における関東地方の玉作り遺跡で顕著に使用され，工具として確立したと推測されており[32]，その後畿内や出雲地方へも波及したと考えられる。土浦入の玉作りは，全国的に見てもメノウ製勾玉や琥珀製(勾玉)の製作に先行性と独自性があり，片岩製内磨き砥石の顕在化も認められることから，当地域がこの工具の確立と定型化の大きな原動力となったことは想像に難くない。石英片岩や紅簾片

岩の産地である埼玉県長瀞町周辺から群馬県南部にかけての三波川変成帯は，他にもメノウや緑色凝灰岩，滑石など，関東地方における玉素材の主たる産地とも考えられている[33]。土浦入では，勾玉素材のメノウに関しては，出土する扁平な礫の特徴と比較して，玉川など茨城県北部久慈川流域の河川の転石を入手し利用していた可能性が高い[34]。久慈川流域は，当地から直線距離にして約60kmと遠方ではあるが，玉素材の利用に適したメノウ産地としては最も至近な距離にあった。片岩製内磨き砥石の産地に比定する三波川変成帯は，直線距離にしておよそ100~120kmとさらに遠方に位置している。片岩の中でも，石英片岩や紅簾片岩は含有物など石材の特徴が研磨に有効であったことから，内磨き砥石に最適な石材として選ばれたのではないだろうか。また，片岩だけでなく，同時に緑色凝灰岩や滑石玉類の素材をも入手するねらいがあった可能性も考慮する必要があろう。古墳時代中期の下総北部で盛行する石枕の滑石材も，古鬼怒川を遡って下野・上野との水運ルートの交流によって入手されたと言わ

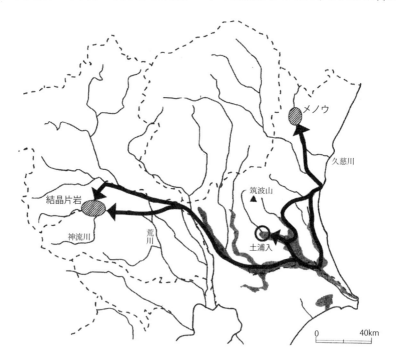

第44図　メノウ材(勾玉)・結晶片岩材(内磨き砥石)の想定される入手ルート

れる[35])。また遡って，古墳出現期の北陸北東部系土器が東方へ拡散する動きとして，群馬・埼玉県域を経て古霞ヶ浦沿岸へ波及するルートも想定されている[36])。古墳時代において，三波川変成帯の位置する群馬県南部や埼玉県北部と土浦入を繋ぐ流通ルートは，予想以上に恒常化していたことが想定されるのである。

前節では，古墳時代前期のメノウ製勾玉製作地として，土浦入と出雲との比較を試み，両地の玉作りの異質性や技術的特質に注目してみた。両地の玉作りは，出雲では花仙山，土浦入では久慈川流域の玉川など，まずはメノウ原産地にほど近いことが優先される一方，結晶片岩の砥石材などは，出雲では紀伊の三波川変成帯[37)]，土浦入では奥秩父の三波川変成帯など，より遠方からの用材入手も可能な地域として選定されていた可能性が考えられる(第44図)。このことからすると，土浦入と出雲，どちらの玉作り遺跡も内海に臨む水上交通に利便の地にあり，内外に開かれた共通した立地環境の意義は大きい。

土浦入の古墳時代前期玉作りの特徴は，古霞ヶ浦の内海に面する交通の要衝に位置していたことにある。具体的には，遠方かつ多方面からの玉材・石材の入手とともに，前節で明らかにしたように関東地方を中心とする東日本への製品流通の最適の地として選ばれたと考えられる。土浦入沿岸には，后塚古墳(全長約65m，前方後方墳か)，王塚古墳(全長約84mの前方後円墳)，常名天神山古墳(全長約90mの前方後円墳)など古墳時代前期と目される大型首長墳や，前期後半の小規模方墳群の山川古墳群などが集中している(第31図参照)。土浦入から下総北部に至る古霞ヶ浦南西岸沿いに目立った前期首長墳の集中域は他になく，この時期の土浦入は交通の要衝とあいまって傑出した政治拠点を形成していた。さらに，本章第2節で遺跡間の分業の可能性も想定したように，土浦入沿岸は古墳時代前期の玉作り遺跡が点在する玉生産の拠点的様相を呈している。当然，その生産の背後には先の政治権力の関与も考えられ，大和政権の強い政治的意向が働いていたことも見逃してはならないだろう。

本章では，北陸の玉作り技術を背景に関東で始まった古墳時代玉作りの中で，土浦入の玉作りの特色であるメノウ製勾玉生産が出雲系技術の導入によるものではなく，それに先行するか遅くとも同時期に始まる独自色の強い出現期の生産であることを確認した。また，不可欠な工具である内磨き砥石の確立と定型

化に当地が大きな役割を果たしたこともあらためて提起し，上記の選地や出現の政治的な背景と共にその歴史的意義を強調しておきたい。古墳時代中期前半の松江市大角山遺跡で述べたように，古墳時代中期の出雲におけるメノウ製勾玉生産には，短冊形の内磨き砥石や砲弾形の敲き石の利用などに土浦入の玉作り遺跡の強い影響が認められる。中期以降に興隆する出雲のメノウ製勾玉生産には，土浦入に始まる前期玉作りの技術的影響が及んでいたと考えられる。

出雲の玉作り関係資料の調査については，松尾充晶，松本岩雄，三宅博士，柳浦俊一の各氏にご教示頂き，調査にあったて関係機関に多大なる便宜を図って頂いた。末筆ながら記して，感謝申し上げます。

注
1) 寺村光晴編『日本玉作大観』吉川弘文館 2004 年。
2) 関口満他『八幡脇遺跡』土浦市教育委員会 2009 年。
3) 遺跡は発掘調査後，住宅団地として土地全体が造成され，現在は湮滅している。
4) 関口満「第 4 章　A 鍛冶工房跡と出土遺物」，注 2 文献。
5) 片岩製内磨き砥石の石材産地については，矢野徳也氏にご教示いただいた。
6) 平底甕の年代観を中心に，比田井克仁「下総地域の主体性－東京湾岸との相対的関係から見た弥生～古墳時代の様相－」『法政考古学』第 21 集　1995 年，田中裕「五領式から和泉式への転換と中期古墳の成立」『帝京大学山梨文化財研究所研究報告』第 11 集　2003 年，の成果を参照した。
7) 河村好光「倭国の展開と玉つくり集団」『玉文化』第 3 号　2006 年，米田克彦「古墳時代玉生産の変革と終焉」『月刊考古学ジャーナル』第 567 号　ニューサイエンス社　2008 年。
8) 注 7 河村文献，河村好光「初期倭政権と玉つくり集団」『考古学研究』50~4　2006 年。
9) 玉湯町教育委員会編　『出雲玉作跡保存管理計画策定報告書Ⅰ－宮垣地区・宮ノ上地区』1986 年。
10) 米田克彦「出雲における古墳時代玉生産の展開と独自性」『玉文化』第 2 号　2005 年。
11) 注 7 河村文献。
12) 土浦入沿岸では，他に烏山遺跡，浅間塚西遺跡(注 1 文献参照)から滑石製玉類の製作遺跡が発見されている。八幡脇遺跡同様に，いずれも細身で小型の滑石製管玉製作を特徴とする古墳時代前期の玉作り遺跡である。
13) 木﨑悠「関東における古墳時代前期の玉作－「香取海」沿岸地域を中心に－」『日中交流の考古学』同成社　2007 年。
14) 浅間塚西遺跡の工房跡では，滑石製管玉の研磨・穿孔工程の未成品のみがわずかな剝片とともに出土している。なお，大宮前，寄居，うぐいす平の 3 遺跡の資料については，関口満氏にご教示いただいた。
15) 寺村光晴「烏山遺跡の玉作－その様相と意義－」『茨城県土浦市　烏山遺跡』土浦市教育委員会　1988 年。
16) 八幡脇遺跡では，工房跡の覆土を篩にかけて細かな琥珀片を抽出した経緯がある。烏山

第 5 章　土浦入の古墳時代玉作り

　　　遺跡の調査時には，同様な調査方法を行っていないため，微細剥片となった琥珀未成品を抽出できていない可能性はある。
17)　矢野徳也氏にご教示いただいた。
18)　島根県教育委員会『茂芳目遺跡・布志名遺跡・大堤Ⅱ遺跡・大堤Ⅰ遺跡・樅ノ木古墳群・真野谷遺跡・杉谷遺跡・室山遺跡』2001年。調査報告書では，古墳時代前期初頭とするが，包含層のため確証に乏しい。
19)　注10文献。
20)　原田昭一・角田徳幸編『島根県消防学校建設に伴う大角山遺跡発掘調査報告書』島根県教育委員会　1988年。
21)　角田徳幸・米田克彦「島根県松江市大角山遺跡の再検討－古墳時代中期の玉作遺跡の一例－」『島根県考古学会誌』第16集　1999年。
22)　八幡脇遺跡では，玉作り工房とほぼ同時期の3号住居跡から，棒状の鉄製品が出土している。住居跡内に玉作りの痕跡はないが，玉素材の剥離用工具の可能性が示唆されている。注2文献。
23)　島根県教育委員会『臼コクリ遺跡・大原遺跡』1994年。
24)　島根県教育委員会『四ツ廻りⅡ遺跡・林廻り遺跡・受馬遺跡』1996年。
25)　島根県教育委員会『渋山池遺跡・原ノ前遺跡』1997年。
26)　大賀克彦「第2章　山陰系玉類の基礎的研究」『出雲玉作の特質に関する研究－古代出雲における玉作の研究Ⅲ－』2009年　21~22頁。
27)　第11表のメノウ製勾玉出土古墳の中に，関東地方以北，東北地方の出土例はない。ただ，後述する注28の玉類の階層性とも関連して，大賀克彦の指摘にもあるように供給先の範囲に東北地方も含まれていた可能性は高いと考える。大賀克彦「玉類流通から見た古墳時代前期の東北地方」『季刊考古学・別冊24』雄山閣　2017年　52~58頁。
28)　主題からは離れるが，本章で明らかとなったメノウ製勾玉の規格や出土古墳の墳形・規模に表れた東西日本の相違，琥珀製勾玉・滑石製管玉の東日本への偏在には，勾玉を核とする装身玉類の階層性が反映している可能性がある。古墳時代前期中葉以降に認められる勾玉素材の多様化のねらいは，西日本に多出するヒスイ製，碧玉製勾玉を上位とする階層表示の創出にあったとも考えられる。
29)　茨城県北部の常陸太田市大字玉造にある金砂郷玉造遺跡では，古墳時代中期初頭から前半の土師器とともに，メノウ剥片や滑石製有孔円板未成品などが採集される。本遺跡は，背後の丘陵地帯にメノウ原産地を控えており，中期に下るメノウ製勾玉生産遺跡の可能性が窺われることから，発掘調査による性格解明が望まれる。寺村光晴・塩谷修「常陸国金砂郷玉造の遺跡」『国府台』4号　1993年。
30)　塩谷修「霞ヶ浦と古代玉作り遺跡」『関東の博物館』第21号　1996年。
31)　土浦入沿岸では，烏山遺跡に後続する玉作り関係遺跡は未発見である。これに対し，下総北部を中心とする古霞ヶ浦南岸域では，中期前半以降広域に玉作りから滑石製模造品の製作に移行継続する様相が顕著である(第43図参照)。
32)　大岡由記子「結晶片岩製砥石からみた古墳時代の玉作り」『月刊考古学ジャーナル』第567号　ニューサイエンス社　2008年。
33)　高橋直樹「千葉県内から出土する玉類の原材の原産地についての予察」『千葉県文化財センター研究紀要』13　㈶千葉県文化財センター　1992年，注13文献。

34) 注15文献。
35) 白井久美子「関東における古墳形成の特性」『考古学研究』54-3　2007年　44頁。
36) 西川修一「列島北縁の古墳時代前期ネットワーク」『城の山古墳発掘調査報告書(4~9次調査)』胎内市教育委員会　2016年　460頁。
37) 菊地照夫・山岡邦章「島根県内玉作遺跡より出土する紅簾片岩製内磨砥石の石材産地の検討」『古代文化研究』第15号　島根県古代文化センター　2007年。

遺跡文献(第11表の№と一致)
(1)東京国立博物館『東京国立博物館図版目録　古墳遺物篇(関東Ⅱ)』1983年。
(2)後藤守一他『常陸丸山古墳』丸山古墳顕彰会　1957年。
(3)蒲原宏行・松尾昌彦「桜塚古墳」『筑波古代地域史の研究』筑波大学　1981年。
(4)沼澤豊「海保古墳群」『千葉県の歴史　資料編　考古2(弥生・古墳時代)』千葉県　2003年。
(5)㈶市原市文化財センター『市原市大厩浅間様古墳調査報告書』財団法人市原市文化財センター調査報告書第42集　1999年。
(6)㈶山武郡市文化財センター『島戸境1号墳発掘調査報告書』1994年。
(7)村井嵓雄「武蔵国川田谷熊野神社境内内の古墳」『考古学雑誌』第41巻第3号　1956年。
(8)三田史学会『日吉加瀬古墳』1953年。
(9)藤枝市教育委員会『若王子・釣瓶落古墳群』1983年。
(10)引佐町教育委員会『引佐町の古墳文化Ⅲ』引佐町史編纂室報告第3冊　1983年。
(11)岐阜県本巣郡糸貫町『糸貫町通史編』1982年，北條芳隆・禰冝田佳男編『考古資料大観9　弥生・古墳時代　石器・石製品・骨角器』小学館　2002年。
(12)三重県文化財センター『上椎ノ木古墳群・谷山古墳・正知浦古墳群・正知浦遺跡』三重県埋蔵文化財調査報告100－1　1992年。
(13)滋賀県教育委員会『滋賀県史跡調査報告』第12冊　1961年。
(14)伊達宗泰『新沢千塚古墳群』奈良県史跡名勝天然記念物調査報告第39冊　奈良県教育委員会　1981年。
(15)泉森咬他『磐余池ノ内古墳群』奈良県史跡名勝天然記念物調査報告第28集　奈良県教育委員会　1973年。
(16)京北町教育委員会『愛宕山古墳発掘調査報告書』京北町埋蔵文化財調査報告書　1983年。
(17)久美浜町教育委員会『谷垣古墳群』1998年。
(18)山城考古学研究会『丹波の古墳Ⅰ』1983年。
(19)豊岡市教育委員会『北浦古墳群』1980年。
(20)河本清他「久米三成4号墳」『岡山県埋文発掘調査報告』30　1979年。
(21)広島県教育委員会『中国縦貫自動車道建設に伴う埋蔵文化財発掘調査報告書(3)』1982年。
(22)石井龍彦「妙徳寺山古墳」『山口県史　資料編　考古1』山口県　2000年。
(23)島根県教育委員会『上野遺跡・竹ノ崎遺跡』中国横断自動車道尾道松江線建設予定地内埋蔵文化財発掘調査報告書9　2001年。
(24)大社町教育委員会『出雲大社境内遺跡』2004年。
(25)松江市教育委員会『細曽1号墳』1987年。
(26)島根県教育委員会『熊谷遺跡・要害遺跡』中国横断自動車道尾道松江線建設予定地内埋

蔵文化財調査報告 13　2001 年。
(27) 松江市教育委員会『石田遺跡発掘調査報告書』松江市文化財調査報告書第 95 集　2004 年。
(28) 佐々木古代文化研究室『福岡古墳群－鳥取県西伯郡淀江町福岡古墳群調査概要』佐々木古代文化研究室記録第 3　1964 年。
(29) 山陰考古学研究所『山陰の前期古墳文化の研究Ⅰ』山陰考古学研究所記録第 2　1978 年。
(30) 古賀町教育委員会『浜山・千鳥遺跡』古賀町文化財調査報告書第 5 集　1985 年。

第6章　埴輪の生産と流通

はじめに

　古墳時代前期から数多くの古墳が点在している古霞ヶ浦沿岸では，埴輪の出土も多い。本章では，霞ヶ浦沿岸で出土する埴輪を通して，古墳時代の生産と流通，首長層の政治的関係を考察してみたい。

　霞ヶ浦沿岸出土の埴輪をめぐる研究には，大きな流れが二つある。その一つは，円筒埴輪の編年を基礎に大型有力墳の変遷をあとづけ，地域内における首長権の動向を明らかにしようとした稲村繁や田中広明の研究である[1]。両者とも，大型古墳が最も集中し，かつ継続して築造される霞ヶ浦北岸，現在の高浜入周辺を取り上げている。両者共通して，恋瀬川河口の大型前方後円墳舟塚山古墳の出現を画期とし，5・6世紀にかけて有力な大型古墳が一定期間継続して築造される恋瀬川河口，園部川・鎌田川河口，出島半島北岸の小地域圏を抽出している。その解釈には首長権の順次移動，一部並立など見解の異なる点もあるが，複雑に錯綜するかに見える高浜入周辺の大型古墳のあり方を首長権の移動・分立という視点で考察した成果には大きな意義があり，円筒埴輪の編年的研究が果たした役割も大きい。また筆者も以前，円筒埴輪を中心に茨城県内の埴輪の出現から消滅に至る変遷と地域性を古墳の推移と共に概観し，その中で霞ヶ浦沿岸の埴輪についても論究している[2]。

　もう一つは，埴輪の編年的研究を基礎とする首長論とは別に，埴輪そのものの地域性や系譜から製作者集団の動きや交流に迫ろうとする試みである。先の論考をはじめ茨城県内の円筒埴輪を通観した稲村は，さらに県内の形象埴輪について，おもに人物埴輪を中心にその技法的特徴から地域色や系譜について論究した[3]。その見解を要約すると，5世紀末の出現期と本格的生産の始まる6世紀前半の2時期に，群馬・埼玉県域からの技術導入を想定し，茨城県中央以

145

北に分布する三つの埴輪窯跡(元太田山,馬渡,小幡北山)を生産拠点として,おもに霞ヶ浦以北への供給があったとしている。これに対し,6世紀末頃人物埴輪の盛行をみる茨城県西部や霞ヶ浦南岸の地域では,千葉県北東部からの技術的

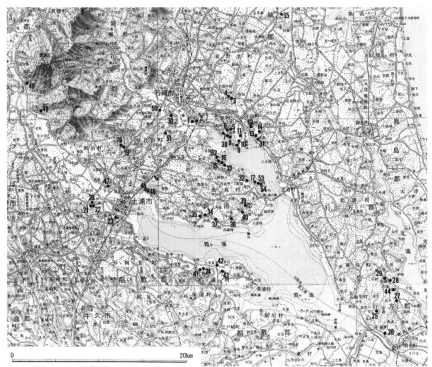

1: 舟塚山古墳(石岡市北根本), 2: 府中愛宕山古墳(石岡市北根本), 3: 要害山1号(石岡市小井戸), 4: 要害山3号(石岡市小井戸), 5: 舟塚(小美玉市上玉里), 6: 雷電山(小美玉市上玉里), 7: 閑居台(小美玉市高崎), 8: 神楽窪(小美玉市神楽窪), 9: 愛宕塚(小美玉市下玉里), 10: 小舟塚(小美玉市下玉里), 11: 妙見山(小美玉市川中子), 12: 地蔵塚(小美玉市馬場), 13: 三昧塚(行方市沖洲), 14: 権現塚(小美玉市幡谷), 15: 風返大日山(かすみがうら市安食), 16: 風返羽黒山(かすみがうら市安食), 17: 富士見塚(かすみがうら市柏崎), 18: 今泉愛宕山(土浦市今泉), 19: 原出口1号(土浦市今泉), 20: 宍塚小内(土浦市宍塚), 21: 宍塚大日山6号(土浦市宍塚), 22: 宍塚根本(土浦市宍塚), 23: 高津天神山(土浦市下高津), 24: 木原台白旗2号(美浦村木原), 25: 日天月天塚(潮来市堀の内), 26: 浅間塚(潮来市上戸), 27: 大生西1号(潮来市大生), 28: 瓢箪塚(行方市矢幡), 29: 赤坂山(行方市矢幡) (以上は埴輪一覧のNo.と一致)

30: 熊野古墳, 31: 勅使塚古墳, 32: 姫塚古墳, 33: 風返稲荷山古墳, 34: 赤塚1号墳, 35: 田宿天神塚古墳, 36: 銚子塚古墳, 37: 牛塚古墳, 38: 権現山古墳, 39: 坂稲荷山古墳, 40: 十日塚古墳, 41: 愛宕山古墳, 42: 弁天塚古墳, 43: 山王山古墳, 44: 棒山古墳, 45: 后塚古墳, 46: 王塚古墳, 47: 常名天神山古墳, 48: 中台古墳群, 49: 八幡塚古墳, 50: 大塚古墳群, 51: 鹿島様古墳, 52: スクモ塚古墳, 53: 富士見塚2号墳, 54: 富士見塚3号墳, 55: 小幡北山山埴輪窯跡群

第45図 霞ヶ浦沿岸の埴輪出土古墳および関連遺跡分布図(国土地理院20万分の1地勢図より)

第6章　埴輪の生産と流通

影響が強いと考えた。

　本章では，これらの成果をふまえ，霞ヶ浦沿岸の埴輪の出現から消滅に至る過程を観察したうえで，地域性について考えてみたい。とりわけ，霞ヶ浦沿岸ではその存在が不確かな製作者集団について，最も資料頻度の高い円筒埴輪の胎土からその抽出を試みた。また，埴輪の系譜や生産・供給の問題は，その本質である古墳への配置との関わりを抜きには語り得ないものであり，その点についても一考したいと思う。

第1節　円筒埴輪の特色──分類と編年

　ここでは霞ヶ浦沿岸の29基の古墳から出土した円筒埴輪を分析する。

　霞ヶ浦は，東南部の出入口から北西に広がる内海となっている。突出する出島半島を境に北の高浜入，南の土浦入と二つの大きな入江を形成し，それぞれに恋瀬川，桜川が流入している。埴輪出土古墳の分布域は，①恋瀬川河口，園部川・鎌田川を包括する高浜入北岸，②出島半島北岸，③出島半島南岸，④桜川河口周辺の土浦入，⑤霞ヶ浦南岸の木原周辺，⑥霞ヶ浦東南部に区分でき，①・②を高浜入，③・④・⑤を土浦入と大きく括ることも可能である。埴輪出土古墳は，①・②に最も集中し，ついで④・⑥が多く，③・⑤は稀薄な状況が指摘できる(第45図参照)。

　第13表は，古墳と円筒埴輪の概要である。詳細については必要に応じて解説するが，以下，円筒埴輪を構成する各要素と分類，編年観について簡潔に説明する。編年の基準となる古墳には，5世紀前半の舟塚山古墳，5世紀末葉の三昧塚古墳，富士見塚古墳[4]，6世紀前半の舟塚古墳などがある。舟塚山古墳以前の埴輪については，確実な円筒埴輪の事例はなく[補注1]，二，三の壺形埴輪の事例が認められるだけである。

(1) 円筒埴輪の分類と編年(第13表)
[形状]
　突帯と段数及び全体のプロポーションを明記したが，突帯数については確かな時期的傾向は見出せない。

第13表　霞ヶ浦沿岸古墳出土の円筒埴輪一覧

No.	古墳名	墳形（規模m）	埋葬施設	形状	突帯 I	突帯 II	突帯 III	透孔
(高浜入)								
1	舟塚山	後円 (182)	－	寸胴	M、台a			円、方
2	府中愛宕山	後円 (96)	粘土槨?			台a、b		円
3	要害山1号	後円 (100)	箱式石棺?			台c		
4	要害山3号	円 (27)	箱式石棺	2条3段、外傾		台a		円
5	舟塚	後円 (72)	箱式石棺	6条7段、寸胴		台a'	台a	円
6	雷電山	後円 (63.5)				台a'、b'		
7	閑居台	後円 (60)	－			台a'、b	台a	
8	神楽窪	円?	箱式石棺			鍔、台a		円
9	愛宕塚	後円 (63.8)	箱式石棺?			三角		円
10	小舟塚	後円 (100?)	箱式石棺				台b	
11	妙見山	円 (50)	箱式石棺?			鍔、台a		
12	地蔵塚	後円 (59)	－	4条5段、外反		台a'、b'	台a、b	
13	三昧塚	後円 (86)	箱式石棺	3条4段、寸胴		台a、b		円、方
14	権現塚	後円 (55)	箱式石棺		M、台a			円
(出島半島北岸)								
15	風返大日山	円 (55)	箱式石棺	3条4段?寸胴		台a、b		
16	風返羽黒山	円 (35)				台a、b		
17	富士見塚	後円 (88)	粘土槨?箱式石棺(前方部)	3条4段、4条5段寸胴、鼓形、外反		M、台b		円、方
(土浦入～霞ヶ浦南岸)								
18	今泉愛宕山	後円 (55)				山		
19	原出口1号	後円 (30)	－	3条4段、外傾		台a'		円
20	宍塚小内	円 (?)	－	3条4段、寸胴		台a、b		円、方
21	宍塚大日山6号	後円 (23)	箱式石棺(後円部裾)	3条4段、外反		台b'、山、三角		円
22	宍塚根本	後円 (20)	－	3条4段、外反		山		円
23	高津天神山	円 (20)				台a'、山		
24	木原台白旗2号	後円 (53)	－			台b'、台c		
(東南部)								
25	日天月天塚	後円 (42)	箱式石棺	3条4段、外傾		台c、三角		円
26	浅間塚	後円 (85)						三角
27	大生西1号	後円 (72)	箱式石棺(くびれ部)	3条4段、外反		台a		
28	瓢箪塚	後円 (66.5)	－	4条5段、外反		台a'		
29	赤坂山	後円 (52)	箱式石棺	3条4段、外傾		三角		円
						台a'		円

　寸胴な形態は，5世紀代の円筒埴輪の特徴で，舟塚古墳の6世紀前半段階まで残る。これに対し，外傾・外反する形態は，6世紀中葉以降盛行するが，すでに6世紀前半には顕在化する。

[突帯]　(第46図)

　I類は細身タイプで幅1cm以内，突出度の高いものが多い。II類は太身タイプで幅1cm以上，突出度の高いものと低いものがある。III類は，幅広タイプ

第6章　埴輪の生産と流通

調整 外面	調整 内面	胎土 精粗	胎土 白	胎土 雲	胎土 赤	焼成	文献
2次タテハケ	ナデ	精	○	△		軟質、黒斑有、野焼	1
1次タテハケ	板ナデ	粗	○		△	硬質、須恵質有、窖窯	2
1次タテナデ	板ナデ	粗	△		△		
1次タテハケ	指ナデ・後ハケ	精			△	軟質、窖窯	3
1次タテハケ	ハケ、指ナデ	粗	◎		○	軟質、窖窯	4
1次タテハケ	ナデ	精	△	△	△	やや硬質、窖窯	5
1次タテハケ	指ナデ	普	○			やや硬質、須恵質有、窖窯	6
1次タテハケ	ナデ	精	○	△	△	硬質、窖窯	7
1次タテハケ	ナデ	粗	○		△	やや硬質	8
1次タテハケ	ナデ	精	△		△	軟質、窖窯	9
		粗	△		△	硬質、窖窯	
1次タテハケ	ナデ	精	△		△	軟質、窖窯	10
1次タテハケ 1次タテナデ	ナデ	精	△	△		硬質、窖窯	11
1次タテハケ	ナデ	粗	◎		△	軟質、須恵質有、窖窯	12
1次タテハケ 1次タテナデ	ナデ	粗	○		△	硬質、窖窯	13
1次タテナデ 1次タテハケ	指ナデ	精	○	△	△	硬質、窖窯	14
1次タテハケ	指ナデ	粗	○		△	やや硬質、窖窯	15
1次タテハケ	ハケ、ナデ	粗	○		△	硬質、窖窯	16
1次タテナデ 2次ヨコナデ	ナデ	精	△		△	硬質、窖窯	17
1次タテハケ 2次ヨコハケ	指ナデ	精			△		
1次タテハケ	ナデ	粗	○	◎	△	やや硬質、須恵質有、窖窯	18
1次タテハケ	指ナデ	粗	◎	△		硬質、窖窯	19
1次タテハケ	ハケ	粗	◎	◎		硬質、軟質、窖窯	20
1次タテハケ	指ナデ、ハケ	粗	◎	◎		軟質、窖窯	21
1次タテハケ	指ナデ	粗	◎			軟質、窖窯	22
1次タテハケ	指ナデ	粗	◎			軟質、窖窯	23
1次タテハケ	指ナデ	粗	◎	◎		硬質、窖窯	24
1次タテハケ	指ナデ、ハケ	粗	◎		○	軟質、須恵質有、窖窯	25
タテハケ・ナデ	ナデ	粗	◎			軟質、野焼	26
1次タテハケ	指ナデ	粗	◎			やや硬質、窖窯	27
1次タテハケ	指ナデ	精	○		△	やや硬質、窖窯	28
1次タテナデ	指ナデ	粗	○	◎		やや硬質、窖窯	29
1次タテハケ	指ナデ	精	○			やや軟質、窖窯	

で幅2cmを越えるものもある。概して突出度が低く，扁平化を特色とする。これらは，さらにそれぞれが突帯の断面形態から第46図のように細分される。

　おそらく，細身で突出度の高い形態から幅が広がり低い形態のものへ推移すると思われる。すなわち，Ⅰ→Ⅱ→Ⅲ類という大きな流れである。また，突帯の断面形態は，貼付け調整の手法に大きく影響されるものであり，より新しいものに調整の簡略化やとくに下端の調整の粗雑化が目立ってくる。この点から，

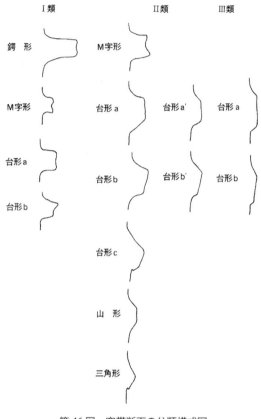

第46図　突帯断面の分類模式図

粗雑化・簡略化の所産である台形cや三角形、山形などはⅡ類でも時期的により新しい要素として抽出できよう。

三昧塚古墳の突帯は、Ⅱ類の台形a、bで構成され、舟塚山古墳にはⅠ類のみが確認されている。太身でしっかりした断面台形を主流とする突帯Ⅱ類は5世紀後半頃出現すると考えられ、府中愛宕山古墳ではⅠ類の台形aと共にⅡ類の台形a、bがあり、この出現期に相当する。舟塚古墳は、Ⅱ類の台形a´、Ⅲ類の台形aで構成されており、より突出度が低いⅡ類の台形a´、台形b´やⅢ類は6世紀中葉近くに出現すると考えられる。調整手法に簡略化、粗雑化が目立つⅡ類の台形c、山形、三角形などは6世紀後半の特徴で、Ⅱ類の台形a´、台形b´やⅢ類と共存する事例も多い。

[透孔]

　全ての古墳において主流は円形で、他はわずかに方形と三角形が確認されている。方形の透孔は、5世紀代に多く、富士見塚古墳の5世紀末葉まで残存する。

[調整]

　円筒埴輪の器壁の調整を表し、外面と内面とに分けて明記した。外面の1次、2次調整は川西編年[5)]の分類に準拠し、突帯貼付け以前と以後の調整を指す。内

面調整のナデは板ナデ，指ナデの判別が難しいものである。

2次調整は，5世紀前半の舟塚山古墳にタテハケが認められるだけで，他は基本的に2次調整を欠いている。これは，すでに指摘があるように当地の地域性であり[6]，とくに5世紀代における2次ヨコハケの欠落は，川西編年Ⅲ～Ⅴ期の区別を困難にしている。その中にあって，富士見塚古墳に2次調整と思われる横方向の板ナデ調整が認められることは，製作技術の系譜の点からも注意すべき事象と思われる。

[胎土]

胎土については，理化学的分析を経たわけではないので，肉眼の観察でわりと容易に判別できる要素を分類基準としている。まずは，砂粒・砂礫の多寡で精，粗を分類し，他に判別しやすい成分を指標とした。「白」は白色粒子・礫（多くは長石と思われる），「雲」は雲母粒子，「赤」は赤褐色粒子で，◎は多量に含有，○は比較的多量に含有，△は僅かに含有，無印はほとんど含有しないものである。

なお，胎土の特徴に時期的傾向は見出しがたい。ただ，後述するように小地域単位に認められる胎土の特色は，製作者集団との関わりにおいて重要である。

[焼成]

軟質，硬質の違いを明記した。また，年代の指標となる黒斑の有無や須恵質埴輪の存在も重要であり，これらを参考に野焼きか窖窯焼成かの判断も明記した。これによると，当地域への窖窯焼成の導入時期は，舟塚山古墳以降，三昧塚古墳以前の5世紀後半頃と考えられ，府中愛宕山古墳，妙見山古墳などがその初現と考えられる。

(2) 首長墳の動向

上記の円筒埴輪の分類と編年をもとに①～⑥の小地域単位に大型有力墳の動向を確認しておきたい。第14表は，その編年案である。

5世紀前半までは，首長級有力墳が分散して分布する傾向が認められる[7]。この時点では高浜入に優位性は認められず，どちらかというと霞ヶ浦東南部から南西岸，土浦入により有力な古墳が点在している。東南部にある浅間塚古墳は，その墳形や埴輪の特徴から4世紀代に遡ると考えられ，現時点で沿岸地域にお

第14表　霞ヶ浦沿岸における首長墳の変遷

※は埴輪未検出の古墳，★は壺形埴輪出土古墳，（　）内は墳形と規模m

高浜入			土浦入				霞ヶ浦東南部	西暦
恋瀬川河口	園部川・鎌田川河口	出島北岸	出島南岸	桜川河口	木原周辺			
	※勅使塚 (後方60)		※赤塚1号 (後方)	※后塚 (後方50) ※王塚 (後円84)				
			★天神塚 (後円63)				浅間塚 (後円85)	400
★熊野 (後円68)			★牛塚 (円40)	※常名天神山 (後円70)	※愛宕山 (後円100)			
舟塚山 (後円182)								
					※弁天塚 (円50)			450
		妙見山 (円50)						
府中愛宕山 (後円96)		神楽窪 (円?)			※山王山 (円70)			
	三昧塚 (後円85)		富士見塚 (後円88)					
	権現塚 (円55)		※銚子塚 (後円64)	宍塚小内 (円?)				500
	権現山（後円89.5） 要害山3号 (円27)	羽黒山 (円35)						
	舟塚(後円72) 雷電山(後円63.5)		大日山 (円55)				瓢箪塚 (後円66.5)	
	地蔵塚(後円59) 愛宕塚(後円63.8)			原出口1号 (後円30)			赤坂山 (52)	
				高津天神山 (円20)	木原台白旗2号 (後円53)		大生西1号 (後円72)	550
	閑居台 (後円60)							
			※ 坂稲荷山 (後円60)	今泉愛宕山 (後円55)				
				宍塚根本 (円20)				
	要害山1(後円100)							
	小舟塚(後円100?)		姫塚 (後円50)	宍塚大日山6号 (後円23)			日天月天塚 (後円42)	
			※稲荷山 (後円70)					
								600
			※十日塚 (後円60)					

ける円筒埴輪の初現となる可能性が高い。かすみがうら市市川熊野古墳[8]，同田宿天神塚古墳[9]，同牛渡牛塚古墳[10]のように，沿岸地域の初現の埴輪に壺形埴輪が多いことから考えると，東南部の先進性や優位性を示唆する資料と言える。

　5世紀前半以降，埴輪が終焉を迎える7世紀まで，高浜入に最も有力な首長墳が展開する。これらの有力墳は，恋瀬川河口，園部川・鎌田川河口，出島半島北岸の3地域にまとまりがある。古墳から見るかぎり，高浜入に展開した有力首長層の中核は，5世紀代には恋瀬川河口付近にあり，5世紀末葉の三昧塚古墳の築造を境に園部川・鎌田川河口付近に移動し，6世紀代を通じて広域な優位性を保持していたようである。出島半島北岸には，5世紀末葉の富士見塚古墳の出現を契機に6世紀代を通じて円墳を含む有力大型墳が継続して築造されるが，この地域が他より優勢となったとする情勢は認めがたい。

　土浦入や霞ヶ浦東南部では，5世紀中葉以降あまり目立った有力墳は認められなくなる。田中も指摘するように，5世紀前半に舟塚山古墳を築造する勢力が台頭すると，霞ヶ浦沿岸では高浜入に有力古墳が集中し，政治的な主導権を握る動きが出現していたものと思われる[11]。

　ただし，6世紀中葉頃になると，霞ヶ浦東南部や出島半島南岸では，出島半島北岸などとほぼ同規模な有力墳を築造する新たな首長墳系列の出現をみる。一方，桜川河口域から霞ヶ浦南西岸にかけては，有力大型墳を継続して築造する安定した勢力が台頭しないままに前方後円墳の終焉を迎えるようである[12]。

第2節　円筒埴輪の地域色と製作者集団

　霞ヶ浦沿岸の円筒埴輪を観察して，地域色が認められる要素に胎土の特徴がある。①・②の高浜入沿岸，④の桜川河口域，⑥の霞ヶ浦東南部の三地域で，胎土の精粗や成分の構成に一定の特徴とまとまりを認めることができる。第13表に示した胎土の観察一覧をもとに，それぞれの特徴をまとめてみる。

○高浜入沿岸

　相対的に，他の沿岸地域と比べると精選された胎土を特徴としている。中には，砂粒を多く含むものもあるが細かな微砂粒が多い。成分には，白色粒子，

雲母粒子，赤褐色粒子がそれぞれ含まれ，とくに白色粒子はほとんどの古墳の埴輪に認められる。ただ，これと言って目立って多く含まれる成分がないことが特色として指摘できる。

○桜川河口域

砂粒や砂礫を多量に含み，粗い胎土の埴輪が多い。白色粒子と雲母粒子を多量に含むことが特色として指摘できる。その中には，とくに雲母粒子が目立つ一群（宍塚小学校内古墳，宍塚大日山6号墳，宍塚根本古墳，今泉愛宕山古墳）と雲母粒子は僅かで大粒の白色砂礫が目立つ一群（原出口1号墳，高津天神山古墳）とがある。

○霞ヶ浦東南部

砂粒や砂礫を多量に含み，粗い胎土の埴輪が多い。三種類の成分の内，とくに白色の砂粒を多量に含み，砂質感のある胎土が特色として指摘できる。

円筒埴輪の胎土に見られる以上の特色は，管見の限りでは共伴する形象埴輪にも共通して認められる場合が多い。おそらく，これらの特色は，各々が異なる製作者集団の存在を反映している可能性が高いと考えられる。

高浜入の埴輪は，比較的精選された胎土と白色粒子の含有を特徴とするが，これと類似する胎土の埴輪に茨城町小幡北山埴輪窯跡群の資料がある[13]。一例として，舟塚古墳出土の埴輪の一部が小幡北山埴輪窯から供給された可能性が指摘されている。ただ，高浜入の古墳から出土する埴輪のすべてが小幡北山産とは考えられず，後述する円筒埴輪の形態や調整技法に見られる異なる特徴から考えても，複数の製作者集団の存在を想定する必要がある。この問題については，小幡北山が6世紀代の埴輪生産であることから，野焼き焼成の舟塚山古墳に始まる5世紀代の生産の推移も考慮して検討する必要があろう。ともかく，胎土の共通性から見て，高浜入に展開する5世紀後半以降の古墳は，その埴輪の受給にあたって，小幡北山を含む安定した生産体制を確保していたと考えるべきであり，それは複数の製作者集団を抱えた大規模な生産体制であったと思われる。

なお，高浜入の埴輪には，胎土の特色以外に突帯の形態にIII類が多いという特徴が指摘できる。これは，6世紀中葉以降の傾向で，他の沿岸地域がこの時期断面三角形や山形を含む太身のII類に終始するのに対し，突帯の幅広化を指向する当埴輪製作者集団の特色と言えよう。

第6章　埴輪の生産と流通

　桜川河口域の埴輪は, 多量な雲母粒子を含む一群と粗い大粒の白色砂礫が目立つ一群とに分けられる。前者は, つくば市中台古墳群[14]など6世紀代の筑波山南麓の埴輪に顕著に認められる。また, 後者の特徴をもつ埴輪も, つくば市沼田八幡塚古墳[15]や石岡市柿岡西町古墳[16]などから出土しており, 両者の分布は桜川河口域から筑波山系一帯に広がりをもつと推測される。窯をつくる地理的条件などを考えると, 生産の拠点は桜川河口域とするより筑波山系付近と考えるのが妥当であり, 上記の胎土の特徴から少なくとも二つの製作者集団の存在が想定される。

　桜川河口域では, 6世紀初頭の宍塚小学校内古墳に前者の埴輪があり, 6世紀前葉の原出口1号墳に後者の埴輪がある。また, 八幡塚古墳は6世紀前葉に位置付けられ, この他は全て6世紀中葉以降であることから, 筑波山系の埴輪生産は6世紀代を中心としていたと考えられる。

　霞ヶ浦東南部の埴輪は, 古式の様相を持つ浅間塚古墳を除き, 全て6世紀前半以降の埴輪である。これらの埴輪は, 胎土が粗く白色の細かな砂粒を多量に含み, 砂質感のある共通した特徴を持っている。この胎土は, 時期的に断絶する浅間塚古墳にも同様に認められることから, この地域の「地の土」の可能性が高いと考えられる。つまり霞ヶ浦東南部にも, 少なくとも6世紀前半以降を中心に活動していた埴輪製作者集団の存在が想定されるのである。ちなみに, 潮来市大生西1号墳や同棒山古墳[17]の女子人物埴輪に認められる内側に反り返った髷の表現などは, この製作者集団独特の表現方法と思われる。

　ところで, 筑波山系の埴輪製作者集団は, 6世紀中葉以降になると, 桜川河口域ばかりでなく沿岸のより遠隔の地へも埴輪を供給するようになる。筑波山系の埴輪には, 前述したように胎土に「雲母粒子」を多量に含む埴輪と, 長石など「白色砂礫」を多量に含む埴輪の二者があることが指摘されている[補注2]。いずれも桜川下流域を中心に分布するが, 出島半島を含む霞ヶ浦南半を経由して下総北部へ, また主に小貝川流域を遡上して下野東南部へと広域に流通している。このうち霞ヶ浦南半への流通は,「雲母粒子」の埴輪が美浦村木原台白旗2号墳, かすみがうら市富士見塚3号墳[18], 潮来市赤坂山古墳, 成田市竜角寺101号墳[19], 香取市城山5号墳など,「白色砂礫」の埴輪が龍ケ崎市長峰3号墳, 成田市竜角寺101号墳, 香取市堀ノ内4号墳[20]など, どちらも霞ヶ浦沿岸

から下総北部にまで及んでいる。とくに「雲母粒子」の埴輪は下総北部に広くその分布が確認されており，同時期の下総型埴輪の分布域とも重なり，さらには山武郡横芝光町姫塚古墳など上総北部への拡散も指摘されている[補注3]。

このように筑波山系の埴輪は，古霞ヶ浦南端の水域を超え，常陸の境界域にとどまることなく，下総から上総へとかなり広域に拡散している状況が確認できる。

こうした埴輪の供給関係から見る限り，高浜入北岸を除く古霞ヶ浦沿岸諸地域は，6世紀中葉以降，筑波山麓の集団と交流を密にしていたことが窺われる。この交流が，それぞれの密接な政治的関係を反映するかどうかは即断できない。しかしその反面，古墳の儀礼に重要な役割を果たした埴輪の供給を単なる物流のみで理解できるとも考え難く，そこには首長間の何らかの関係を想定することも必要であろう。

第3節　形象埴輪の配置と儀礼の系譜

(1) 形象埴輪の配置状況と特徴

　ここでは，霞ヶ浦沿岸の形象埴輪について，その配列を中心に分類し，時期的，地域的傾向を把握したい。本章で提示した古墳の中で，形象埴輪の種類や配置状況が推測できる資料は僅かだが，その出土位置と種類をまとめると次のようである。

　　(1)三昧塚古墳(後円部裾)　　　　　　人物(男・女)，鹿，犬，馬，家？
　　(2)富士見塚古墳(造り出し)　　　　　人物(女，盾持ち)，鹿，犬，家，盾形？
　　(3)権現山古墳[21]（造り出し）　　　　人物，馬
　　(4)舟塚古墳(造り出し)　　　　　　　人物(武人，盾持ち，女)
　　(5)大生西1号墳(後円部中・下段)　　人物(武人，貴人，女)，馬，靭
　　(6)日天月天塚古墳(くびれ部円筒列中)　人物，家
　　(7)宍塚大日山6号墳(くびれ部裾)　　人物，馬

　これらの形象埴輪は，その配置状況からみてⅠ類：列状配置，Ⅱ類：群配置の大きく2類に分類できる(第47図)。

　Ⅰ類は，複数の形象埴輪が円筒埴輪列の一部分に列をなして配置されるもの

第6章 埴輪の生産と流通

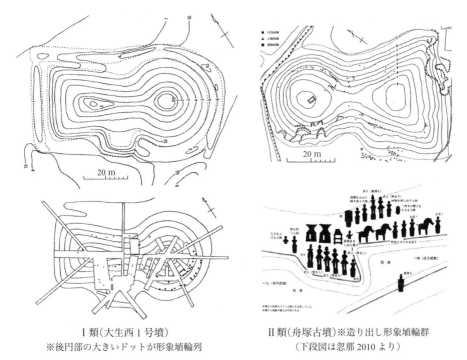

　　Ⅰ類(大生西1号墳)　　　　　　Ⅱ類(舟塚古墳)※造り出し形象埴輪群
※後円部の大きいドットが形象埴輪列　　　　　（下段図は忽那2010より）

第47図　形象埴輪の配置状況(大場1971,大塚・小林1968文献より)

で，三昧塚古墳，大生西1号墳，日天月天塚古墳例がこれに該当する。

　三昧塚古墳は，全長85m，後円部三段，前方部二段築成の前方後円墳である。墳丘には，墳頂部，墳丘中段及び墳丘裾と三重に円筒列が巡らされていた。形象埴輪は裾列の一画，墳丘南側に当たる後円部の前面から側面にかけて，人物及び動物埴輪10数個体分が約20mの長さで配列されていたらしい。三昧塚古墳は，5世紀末葉の築造と考えられ，小型で稚拙な作りの人物は当地では初期の人物埴輪の代表例と言える。

　大生西1号墳は，全長71.5mの前方後円墳で，片側くびれ部に造り出しがあり，箱式石棺の埋葬施設や礫床に伴う須恵器群が発見されている。墳丘には，下段，中段に二列の埴輪列が巡らされ，とくに墳丘南側半面に多く樹立されていた。この二列の埴輪列は，前方部からくびれ部にかけて円筒列，その先後円部を半周して形象埴輪列となっており，人物と馬が交互に配列され靭形埴輪も出土している。

157

日天月天塚古墳は，全長42mの前方後円墳で，墳丘の下段，中段，上段に三列の埴輪列が巡らされていた。埴輪列は円筒埴輪を中心としており，各段共に部分的な配列である。形象埴輪は，とくに密集していた北側側面の円筒列中にあり，くびれ部付近から人物埴輪数個体分が発見されている。なお，日天月天塚古墳の円筒埴輪は，いわゆる下総型埴輪で構成されている。
　II類は，形象埴輪が円筒埴輪列とは別に，一区画に集中して配置されるもので，富士見塚古墳，権現山古墳，舟塚古墳，宍塚大日山6号墳がこれに該当する。
　富士見塚古墳，権現山古墳，舟塚古墳は，それぞれ全長90mクラスの大型前方後円墳で，くびれ部や前方部の片側に造り出しの施設を持っている。これらの古墳では，墳丘上の埴輪列は基本的に朝顔形を含む円筒埴輪のみで構成され，形象埴輪は造り出しに集中的に配置されていた。富士見塚古墳，権現山古墳の造り出しでは，形象埴輪群と共に須恵器や土師器が供献されていた可能性があり，舟塚古墳では，前方部頂や外堤上に盾持人物の単独配置も認められる。
　宍塚大日山6号墳は，全長23mの小型の前方後円墳で，くびれ部寄りの後円部裾に箱式石棺と思われる埋葬施設がある。埴輪列は，墳丘裾部を巡る円筒列の存在が想定されている。形象埴輪は，この円筒列の外側に当たるくびれ部裾の一画に，造り出し等の施設を設けずに配置されていたと考えられる。
　I類は，人物・動物埴輪の出現期にあたる三昧塚古墳の5世紀末葉から，人物埴輪の盛行する6世紀中葉の大生西1号墳を経て，最終末の埴輪を出土する6世紀末葉の日天月天塚古墳まで各期に認められる。ただ，後円部側面にまとまった形象埴輪列を配置する三昧塚古墳，大生西1号墳の二古墳と，円筒列の一部にわずかな形象埴輪を配置する日天月天塚古墳とは，出土位置の相違と共に配置の様相も異なっている。
　II類では，造り出しに伴う形象埴輪群が注目される。造り出しにおける具体的な配置の復元は難しいが，6世紀初頭から中葉の三古墳に認められ，それぞれが大型の前方後円墳で，地域的にも高浜入沿岸（①・②の地域）にまとまっている。
　形象埴輪の組成は，5世紀末葉の三昧塚古墳から終末の日天月天塚古墳まで，人物と馬を中心とする動物を主体に，家形やわずかな器財埴輪が含まれる構成

が基本であったと思われる。三昧塚，富士見塚古墳の初期の事例には，馬以外の動物が認められるなど若干の時期的傾向はあるが，6世紀代を通じて全体の組成に大きな変化はない。

(2) 埴輪の地域色と配置状況の系譜

ここでは，円筒埴輪の地域色と形象埴輪の配置状況の特徴からそれぞれの系譜について考え，両者の関連性について試論を提示したい。

5世紀前半の舟塚山古墳の円筒埴輪は畿内的な埴輪で，小見川町三之分目大塚山古墳など下総北部との系譜的繋がりも認められる[22]。続く5世紀後半の府中愛宕山古墳，妙見山古墳などの円筒埴輪も，細身の突帯の特徴など舟塚山古墳からの系譜上に位置付けられるものであろう。ただし，5世紀後半から末葉の時期は，窖窯焼成の開始や人物・動物埴輪の出現など新たな技術が導入された時期でもある。出現期の人物埴輪を，上野地域からの技術伝播によるものとする見解もあるが[23]，すでに2次調整やヨコハケ技法が欠落する傾向にあるこの地域独自の円筒埴輪の製作技法から，同様な技術伝播は判別し難い。はたして，焼成技術や人物埴輪の製作などに限定された技術導入だったのだろうか。

ここで，高浜入沿岸の5世紀後半から6世紀前半に散見する，櫛描き・ヘラ描きの紋様をもつ円筒埴輪が注意される。府中愛宕山古墳，神楽窪古墳，権現山古墳では櫛描き波状紋が，富士見塚古墳では櫛描き波状紋のほか，ヘラ描きによる連続三角紋，綾杉紋，斜格子紋などがそれぞれ円筒埴輪の器面に施されている。このような円筒埴輪は，畿内の数例のほか東日本に散見され，信濃の土口将軍塚古墳[24]，上野の三島塚古墳[25]，武蔵の公卿塚古墳[26]などがある。5世紀中葉から後半の古墳に多く，舶載陶質土器や初期須恵器の紋様との類似が看取されることから，須恵器工人の関与も考慮すべきであろう[27]。

すなわち，東山道経路に点在するこれらの古墳の分布は，高浜入に多い紋様をもつ円筒埴輪の系譜や伝播経路を示唆するものであり，ほぼ同時期に始まる窖窯焼成の導入経路とも関わり深いものと考えられる。ただこれら紋様をもつ円筒埴輪も一様ではない。富士見塚古墳では，突帯に細身のⅠ類はなくなり全て太身のⅡ類に変化し，2次調整と思われる横方向の板ナデ調整が部分的に認められたりもする。また，神楽窪古墳や富士見塚古墳には，寸胴な円筒埴輪以

外に中段がくびれる鼓形の存在する可能性があるなど，技術の伝播も一時期一系列でなく，何度か断続的にあった可能性も考えられる。ともかく，5世紀後半の東山道経由の技術導入を契機に窖窯焼成による新たな埴輪生産が始まり，徐々にそこから派生する複数の製作者集団が生み出されたことをこれらの資料は示している。そして，6世紀前半頃には，高浜入の諸古墳に埴輪を供給するための安定した生産体制が確立されたものと思われる。稲村が指摘した組み合わせ式武人埴輪に見る新たな技術導入や，人物埴輪の本格的生産の始まり[28]は，この6世紀前半以降のことだったと思われる。

　6世紀初頭から中葉にかけて，筑波山系や霞ヶ浦東南部にも新たな埴輪製作者集団が出現する。筑波山系の製作者集団の供給範囲は，桜川を下って土浦入におよび，6世紀中葉以降は出島半島北岸や霞ヶ浦南岸，さらには下総北部へと独自の広域な供給圏を開拓していた。また，霞ヶ浦東南部については，6世紀中葉以降，筑波山系をはじめ下総地域など複数の製作者集団から埴輪の供給や技術的影響を受けていたことが明らかである。確証はないけれども，このような状況から判断すると，筑波山系と霞ヶ浦東南部の埴輪製作者集団の成立は高浜入の製作者集団とは別系譜だった可能性が高い。

　高浜入の埴輪を形象埴輪の配置を中心に見ると，5世紀末葉の三昧塚古墳にある後円部側面への列状配置から，6世紀初頭から中葉にかけて富士見塚古墳をはじめ複数の古墳で確認される造り出しへの群配置へと移行する。形象埴輪の後円部側面への列状配置は5世紀後半の大阪府蕃上山古墳[29]に，造り出しへの群配置は5世紀の大阪府野中宮山古墳[30]に始まり，6世紀前半の和歌山県井辺八幡山古墳[31]など，それぞれが畿内周辺の古墳にその源流が求められる。造り出しへの形象埴輪の群配置は，近畿地方の前方後円墳には散見されるが，関東地方では帆立貝形古墳の造り出しに多く認められるだけで，大型前方後円墳での確かな知見は少ない。また，5世紀末葉における形象埴輪の列状配置もこの時期の関東地方では類例がなく，福島県原山1号墳例[32]と共に東日本での最初期の事例と言える。

　6世紀前葉以降，上総・下総の前方後円墳で形象埴輪の列状配置が盛行するのは，この霞ヶ浦沿岸から派生したとも考えられる。実際のところ，先に高浜入の円筒埴輪の系譜をたどった東山道沿いの上野，北武蔵の主要な前方後円墳

第 6 章　埴輪の生産と流通

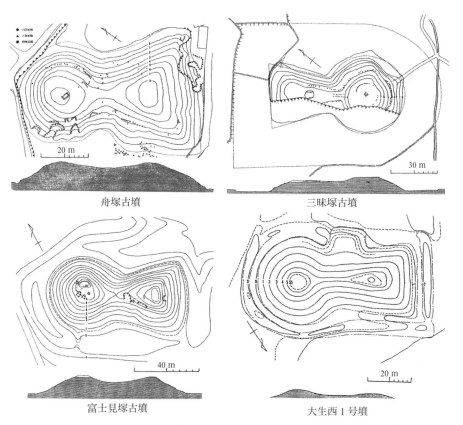

第 48 図　墳丘の平面・断面の比較（大塚・小林 1968, 後藤 1960, 大塚 1971, 大場 1971 文献より）

では，5 世紀後半から 6 世紀前半にかけて外堤や中堤，前方部墳頂などへの群配置が盛行し，当地とは様相が異なることが知られる。このように高浜入における形象埴輪の配列方法については，直接間接にしろ，その配置の系譜的繋がりは判然としないのだが，東山道経由の埴輪の技術的系譜，つまり製作者集団の系譜とは一致しない可能性が考えられる。ところで，後円部側面への形象埴輪の列状配置は，6 世紀中葉頃に霞ヶ浦東南部の大生西 1 号墳にも認められる（第 47 図）。大生西 1 号墳の埴輪が高浜入の埴輪製作者集団の技術的系譜に連なる可能性は少なく，人物埴輪などには下総や筑波山系地域の影響の方が強く認められる[33]。ここでも，埴輪の技術的系譜が，埴輪配置の系譜とは異なることが予想されるのである。

ところで，埴輪配置が共通する三昧塚古墳と大生西1号墳との間には，時期を隔てながらも墳丘や周溝の平面プラン，墳丘の断面プランなどに相似形に近い類似が確認できる。同様なことは富士見塚古墳と舟塚古墳との間にも認められ，後円部径と前方部長との比（前方部7・8区型）や傾斜角約30度の急傾斜で墳丘の高い独特な断面プランなどに，規格を共有する特徴が認められる（第48図）。このように，埴輪の配置方法は，墳丘の築造規格などと共に古墳祭式の主要な型式として重視され，首長間の政治的関係に強く規定されるものだったと思われる。逐一全国的な事例を検討したわけではないが，上記のような古墳の築造規格と埴輪配置については，首長階級の意志に基づき，それを差配する特定の専業集団の存在も想定されてよいと思われる。

　一方，本章で注目した埴輪生産（製作者集団）についても，これら専業集団（土師部）の掌握するところだったとする見解が提起されている[34]。しかし，前述したように当地域で窖窯焼成が導入された5世紀後半以降6世紀代の埴輪生産と埴輪配置の展開を見ると，埴輪製作の技術的系譜が埴輪配置に表れた祭式の系譜と基本的に結びつかない事例が多く，両集団の密接な関係については否定的にならざるを得ない状況である[35]。

まとめ——埴輪生産からみた沿岸社会の交流

　霞ヶ浦沿岸の埴輪について，その特色と変遷，製作者集団の問題を中心に検討を試みた。埴輪製作者集団については，胎土の特色を中心に抽出した地域色をもとに想定したものである。生産遺跡が不明な現状で，肉眼での胎土観察に基づく主観的な推論は，やや強引との意見もあるかと思われる。今回の考察は，製作者集団と消費地という枠組み，すなわち生産地と古墳との関係を前提とする埴輪研究の試論であり，今後これを契機に当地域においても理化学的分析などに基づく客観的なデータが蓄積・集成され，より確かな製作者集団についての議論が可能となることを期待したい[補注4]。

　それにしても，霞ヶ浦沿岸の要所に比較的まとまった埴輪製作者集団が存在したことは，あながち空論に過ぎるとは思えない。そして，霞ヶ浦沿岸をめぐる埴輪製作者集団の動態は，本書が取り上げる古霞ヶ浦沿岸の地域交流の特質

第 6 章　埴輪の生産と流通

を示唆するところでもある。

　高浜入沿岸及び霞ヶ浦東南部の埴輪は，地域首長の政治領域を大きく超えて供給されることはなかった。これに対し，筑波山系に想定した埴輪製作者集団は，6世紀中葉以降になると，おもに桜川水系を通じて霞ヶ浦沿岸，さらには下総北部や下野東南部にまで広域に埴輪を供給していたことが確認された。これは，古墳時代後期の埴輪が在地首長の政治領域を超えて流通し，石棺材などと一緒に古墳築造の資材としての性格を強めていった状況を想起させるが，本章のまとめにあたっては，古霞ヶ浦沿岸をめぐる地域間交流の特質として，内海の交流をより大きな要因と考え，この時期に広域流通が顕在化したことを強調しておきたい36)。

　一方，高浜入沿岸も大規模な埴輪生産の拠点あるいは消費の拠点を形成していたと思われるが，埴輪の流通の面では南方に広がる霞ヶ浦沿岸ではなく，北方の涸沼川流域(たとえば小幡北山埴輪窯跡)や那珂川河口域(たとえば馬渡埴輪窯跡)などとの交流が顕著である補注5)。そこには，古霞ヶ浦沿岸における政治拠点的位置やその背景とも深く関わって，高浜入を中心とする霞ヶ浦北岸の特質として，北方に向けての政治上かつ交通上の役割が窺われる。

補注1)　旧稿後，舟塚山古墳以前の可能性の高い円筒埴輪として，行方市兜塚古墳，潮来市浅間塚古墳などが確認されている。土筆舎「点景をつなぐ－古墳踏査学による常総古式古墳の理解－」『土筆』第10号　2008年，塩谷修「潮来市浅間塚古墳」『常陸の円筒埴輪』茨城大学人文学部考古学研究報告第5冊　2002年
補注2)　これについては，本章旧稿後，石橋充がより詳細に検討している。石橋充「筑波山系の埴輪の分布について」『埴輪研究会誌』第8号　2004年。
補注3)　日高慎「終章　東国古墳時代埴輪生産組織の考古学的研究」『東国古墳時代埴輪生産組織の研究』雄山閣　2013年。
補注4)　本章の旧稿後に，下記のような成果があり，理化学的な分析成果が提示されている。佐倉市史編さん委員会編『佐倉市史　考古編』佐倉市　2014年，石橋充「茨城県の埴輪の胎土分析」『埴輪研究会誌』第20号　2016年。
補注5)　補注4の佐倉市史編さん委員会編文献の456頁，石橋文献の108~112頁参照。

注
1)　稲村繁「茨城県霞ヶ浦北西部における前方後円墳の変遷－埴輪を中心として－」『史学研究集録』10　1985年，田中広明「霞ヶ浦の首長－茨城県出島半島をめぐる古墳時代の研究－」『婆良岐考古』10　1988年。
2)　塩谷修「茨城県における埴輪の出現と消滅」『第6回三県シンポジウム　埴輪の変遷－普

遍性と地域性－』1985 年。
3) 稲村繁「茨城県の形象埴輪－人物埴輪を中心に－」『土浦市立博物館第 3 回特別展　常陸のはにわ』1990 年。
4) 出土須恵器には，MT15 型式併行の蓋杯，甕，高杯などがある。また，後円部墳頂から発見され，副葬品と考えられる馬具には飾り鋲の間隔が密な剣菱形杏葉などがあり，これらを年代の指標とした。資料はかすみがうら市郷土資料館のご厚意により実見させていただいた。国士舘大学考古学研究室編『茨城県かすみがうら市　富士見塚古墳群』かすみがうら市教育委員会　2006 年。
5) 川西宏幸「円筒埴輪総論」『考古学雑誌』64~2　1978 年。
6) 注 1 稲村文献。
7) 注 1 稲村文献に，既に同様な指摘がある。
8) 田中裕「茨城県千代田町熊野古墳の測量調査」『筑波大学先史学・考古学研究』第 8 号　1997 年。
9) 田中裕・日高慎「茨城県出島村田宿天神塚古墳の測量調査」『筑波大学先史学・考古学研究』第 7 号　1996 年。
10) 大村冬樹「茨城県かすみがうら市所在牛塚古墳の測量調査報告」『筑波大学先史学・考古学研究』第 21 号　2010 年。
11) 注 1 田中文献。
12) 桜川中流域寄りにつくば市松塚 1 号墳(62 m)，松塚 2 号墳(57 m)などの 6 世紀後半頃と思われる前方後円墳があるが，筑波山南麓の勢力との繋がりを重視したい。
13) 大塚初重・井上義安他『小幡北山埴輪製作遺跡』茨城町教育委員会　1989 年。
14) 吉川明宏・新井聡・黒澤秀雄『(仮称)北条住宅団地建設工事地内埋蔵文化財調査報告書』㈶茨城県教育財団　1995 年。
15) 茂木雅博編『常陸八幡塚古墳整備報告書』八幡塚古墳調査団　1979 年。
16) 資料は石岡市(旧八郷町)教育委員会のご厚意により実見させていただいた。
17) 海老原幸『棒山古墳群発掘調査報告書』潮来町教育委員会　1981 年。
18) 注 4 文献。
19) 萩野谷悟他『千葉県成田市所在　龍角寺古墳群第 101 号古墳発掘調査報告書』千葉県文化財保護協会　1988 年。
20) 渋谷興平他『千葉県佐原市　堀之内遺跡』堀之内遺跡発掘調査団　1982 年。
21) 小林三郎他『玉里村権現山古墳発掘調査報告書』玉里村教育委員会　2000 年。発掘調査見学の際ご教示いただき，資料は小美玉市立史料館のご厚意により実見させていただいた。
22) 車崎正彦「円筒埴輪－関東－」『古墳時代の研究』9　雄山閣出版　1992 年。
23) 注 3 文献。
24) 青木和明・佐藤信之他『長野県史跡土口将軍塚古墳－重要遺跡確認緊急調査－』長野市教育委員会・更埴市教育委員会　1987 年。
25) 高崎市教育委員会『地中に刻まれた高崎の歴史』－平成 7 年度発掘調査速報展パンフレット－　1996 年。
26) 埼玉県県史編さん室編『埼玉県古式古墳調査報告書』1986 年。
27) 伝田郁夫「権現山古墳出土埴輪をめぐる諸問題」注 21 文献。権現山古墳について，円筒埴輪に須恵器の技法が認められないことから，櫛描き波状文は装飾性を重視したもので，

第6章　埴輪の生産と流通

須恵器工人の関与には否定的である。
28)　注3文献。
29)　西谷正『藤の森・蕃上山二古墳の調査』1965年，野上丈助「蕃上山古墳の調査」『外環状線内遺跡発掘調査概要』Ⅰ　1973年。
30)　上田睦「宮山古墳」『藤井寺市史』3　1986年。
31)　森浩一『井辺八幡山古墳』同志社大学文学部考古学調査報告5　1972年。
32)　鈴木啓・辻秀人・藤原妃敏「原山1号墳発掘調査概報」『福島県立博物館調査報告』1　1982年。
33)　顎髭を表現する正装男子など。日高慎「終章　東国古墳時代埴輪生産組織の考古学的研究」『東国古墳時代埴輪生産組織の研究』雄山閣　2013年。
34)　日高慎『東国古墳時代埴輪生産組織の研究』雄山閣　2013年の第6章から8章の諸論。下総型埴輪と出土古墳の築造規格の共通性などの検討を通して，古墳時代後期における古墳築造に関わる専業集団である土師部の成立を想定している。
35)　埴輪製作者集団の性格やその変化については，既に高橋克壽が畿内の事例から土師部の成立と絡めて具体的な所論を提示しているが，古墳築造を掌握する専業集団としての土師部の存在については否定的である。高橋克壽『埴輪の世紀』歴史発掘9　講談社　1996年，高橋克壽「古墳の造営主体」『別冊歴史読本　日本古代史　王権の最前線』1997年。
36)　指摘されて久しい埼玉県鴻巣市生出塚埴輪窯跡から千葉県市原市山倉1号墳への遠距離供給についても同様に，古東京湾の内海をめぐる広域な地域間交流の特質として理解できる。

遺跡文献（第13表の番号と一致）
(1)瓦吹堅他『舟塚山古墳周濠調査報告書』石岡市教育委員会　1972年，車崎正彦「常陸舟塚山古墳の埴輪」『古代』59・60合併号　1976年，井博幸「舟塚山古墳群をめぐる断想－埴輪，出土・採集遺物からの接近－」『茨城県考古学協会誌』第24号　2012年。
(2)諸星政得他『府中愛宕山古墳周濠発掘調査報告書』1980年。
(3)海老澤稔他『要害山古墳群発掘調査報告書（要害山古墳3号墳）』石岡市教育委員会1988年。
(4)海老澤稔他『要害山古墳群発掘調査報告書（要害山古墳3号墳）』石岡市教育委員会1988年。
(5)大塚初重・川上博義・小林三郎『茨城県玉里村舟塚古墳』1971年，大塚初重・小林三郎「茨城県舟塚古墳Ⅰ・Ⅱ」『考古学集刊』4~1・4　1968・71年，忽那敬三『王の埴輪－玉里舟塚古墳の埴輪群－』明治大学考古学博物館　2010年。
(6)小林三郎・佐々木憲一『茨城県霞ヶ浦北岸地域における古墳時代在地首長層の政治的諸関係のための基礎研究』明治大学考古学研究室　2005年。
(7)玉里村史編纂委員会編『玉里村の歴史－豊かな霞ヶ浦と大地に生きる－』2006年。
(8)　(7)と同じ。
(9)茂木雅博「茨城県玉里村愛宕山古墳の測量」『博古研究』第2号　1991年。
(10)塩谷修「玉里村大井戸古墳」『常陸の円筒埴輪』茨城大学人文学部考古学研究報告第5冊　2002年,玉里村史編纂委員会編『玉里村の歴史－豊かな霞ヶ浦と大地に生きる－』2006年。
(11)　(10)と同じ。

(12)宮内良隆他『茨城県東茨城郡小川町地蔵塚古墳』小川町教育委員会　1981年, 塩田真弓・岩田靖子「小川町地蔵塚古墳」『常陸の円筒埴輪』茨城大学人文学部考古学研究報告第5冊　2002年。
(13)後藤守一他『三昧塚古墳』茨城県教育委員会　1960年。
(14)川又清明・沢畑俊明『茨城県東茨城郡小川町埋蔵文化財分布調査報告書』小川町教育委員会　1985年, 佐藤隆・中村圭介「小川町権現塚古墳」『常陸の円筒埴輪』茨城大学人文学部考古学研究報告第5冊　2002年。
(15)出島村教育委員会『出島村史前編』1971年。
(16)注(15)文献。
(17)大塚初重「瓢塚古墳」『茨城県史料　考古資料編古墳時代』1971年, 国土舘大学考古学研究室編『茨城県かすみがうら市　富士見塚古墳群』かすみがうら市教育委員会　2006年。
(18)茂木雅博・水野佳代子・長洲順子「土浦における古墳の測量」『博古研究』創刊号　1991年, 木沢直子「土浦市愛宕山古墳出土の人物埴輪」『博古研究』第2号　1991年。
(19)江幡良夫『土浦北工業団地造成地内埋蔵文化財調査報告書Ⅲ』㈶茨城県教育財団　1995年。
(20)塩谷修他『般若寺遺跡(西屋敷地内)・竜王山古墳・般若寺遺跡(宍塚小学校地内)発掘調査概報』土浦市教育委員会　1987年。
(21)國學院大學宍塚調査団『常陸宍塚』1971年。
(22)増田精一他『筑波古代地域史の研究』筑波大学　1981年。
(23)中川佳三他「高津天神山1号墳・2号墳墳丘調査報告」『うつわ』第3号　1990年。
(24)大塚初重「木原台古墳群」『茨城県史料　考古資料編古墳時代』1971年, 美浦村教育委員会『陸平通信』第Ⅱ期18号　1998年, 塩谷修「美浦村木原台4号墳」『常陸の円筒埴輪』茨城大学人文学部考古学研究報告第5冊　2002年。1971・2002文献は, 木原台4号墳とする。
(25)茂木雅博『日本の古代遺跡36　茨城』保育社　1987年, 茂木雅博他『常陸日天月天塚古墳』茨城大学人文学部考古学研究報告第2冊　1998年。
(26)茂木雅博『常陸観音寺山古墳群の研究』1980年, 塩谷修「潮来市浅間塚古墳」『常陸の円筒埴輪』茨城大学人文学部考古学研究報告第5冊　2002年。
(27)大場磐雄編『常陸大生古墳群』1971年。
(28)茂木雅博・木沢直子「麻生町瓢箪塚古墳出土の円筒埴輪」『博古研究』第7号　1994年, 茂木雅博・信立祥・姜捷「茨城県麻生町瓢箪塚古墳の測量」『博古研究』第8号　1994年。
(29)茂木雅博他『常陸赤坂山古墳』茨城大学人文学部考古学研究報告第7冊　2004年。

※上記遺跡の資料については, 関係各機関のご厚意により実見させて頂いた。

第7章　下総型埴輪の展開
――日天月天塚古墳出土円筒埴輪の分析を通して――

はじめに

　前章では霞ヶ浦沿岸の埴輪を通して，埴輪製作者集団及び流通の問題に取り組んだ。本章では，利根川中・下流域右岸の下総北部に集中して分布する古墳時代後期後半の下総型埴輪に焦点を当てる。この地域で短期集中的に生産され，流通した特徴的な下総型埴輪が[1]分布の中心を外れ，常陸南部の日天月天塚古墳(古墳時代後期の前方後円墳)でも出土するからである。日天月天塚古墳をはじめ，古霞ヶ浦水系を通じて現利根川以北に分布する下総型埴輪の事例を検討すれば，埴輪生産にみる流通の地域的特質をより明らかにできるであろう。

第1節　日天月天塚古墳の概要

　日天月天塚古墳(茨城県潮来市堀之内)は，霞ヶ浦に注ぐ小河川・夜越川の左岸丘陵上に立地していた[2]。以下，調査報告書[3]に基づき，判明した古墳の概要や本章で取りあげる埴輪の出土状況について解説したい。

(1) **古墳の概要**(第49図)

　古墳は霞ヶ浦の東南岸に位置し，内海だった霞ヶ浦から1.8kmほど内陸の丘陵上に築かれていた。墳丘測量や部分的な発掘調査の成果によると，全長42m，後円部直径約22m，前方部先端幅約21m，括れ部幅約16m，後円部高6.3m，前方部高4.2mを計測する前方後円墳である。

　墳丘を囲む周隍は，括れ部北側で幅3m，深さ0.8m，前方部先端で幅5m，深さ0.7m，括れ部南側で幅4m，深さ1.7mを測り，地形に制約されて後円部側には存在しなかった可能性が高い。また，括れ部南側の墳丘裾部には，造り

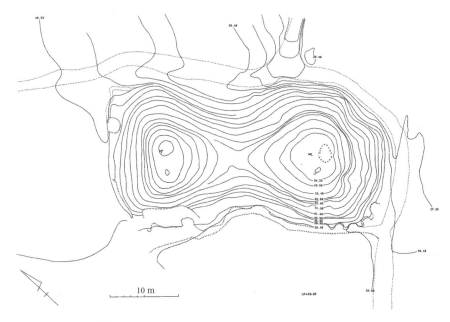

第49図　日天月天塚古墳の墳丘測量図（注3文献より）

出し状に2mほど突出する平坦部が確認されている。

　発掘調査によって，後円部墳頂から箱式石棺を埋納した埋葬施設1基が主軸に併行して発見されている。埋葬施設は盗掘によって完全に破壊されており，石棺の長辺側壁にあたる板石1枚が残されるのみであった。確認された遺構から，埋葬施設の掘り方は，全長最大約3m，幅約1.9m，深さ約1m，埋納された箱式石棺は，内法で全長約180cm，幅約50~60cm，深さ約40cm以上の規模が想定されている。埋葬施設内やその周辺からは，副葬品として滑石製臼玉14点，ガラス製小玉5点，およそ1領分の挂甲小札，直刀2以上，刀子3以上，鉄鏃（長頸鏃19本，無頸鏃10本）などが確認されている。挂甲や鉄鏃の型式，後述する埴輪の特徴などから，本古墳は古墳時代後期末葉に位置付けられる。

(2) 埴輪の出土状況

　埴輪の配置については，後円部上段，前方部上段，後円部下段，前方部先端裾部など，墳丘各所から円筒埴輪（朝顔形を含むと考えられる）の配列が確認されている。注2の事情から発掘調査は部分的に終わり埴輪配置の全容は把握されて

第 7 章　下総型埴輪の展開

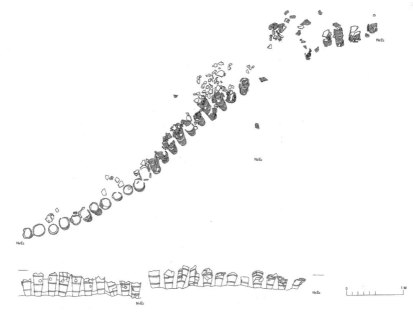

第 50 図　後円部下段の円筒埴輪列（図の左側が前方部）（注 3 文献より）

いないが，円筒埴輪列は墳丘を全周するのではなく，墳丘の北側を中心に上段，下段（裾部）の要所に密に配列された状況が想定されている（第50図）。

なお，形象埴輪は北側括れ部の墳丘裾部から上段にかけて，人物埴輪や家形埴輪の破片が出土している。北側括れ部に，男女の人物埴輪や寄棟造りと思しき家形埴輪などが配置されていたと想定されている（第51図20・22など）。

第 2 節　下総型埴輪の特徴と工人——円筒埴輪を中心に

日天月天塚古墳から出土した埴輪は，その大半が円筒埴輪で，他に朝顔形円筒埴輪と考えられる破片やわずかな形象埴輪片が確認された。ここでは，出土埴輪の大半を占める朝顔形を含む円筒埴輪を中心に検討する。

(1) **円筒埴輪**（第51図，第53~57図，第16表）

円筒埴輪は，墳丘主軸北側の後円部上段，前方部上段，後円部下段，前方部先端裾部の調査区を中心に出土している。主軸南側でも前方部上段及びくびれ

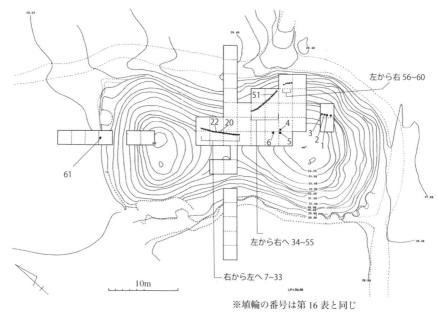

第51図 日天月天塚古墳の埴輪出土原位置図(注3文献より,一部改変)

部裾部から円筒埴輪の基部を含んだ破片が出土しているが,細片が多く原位置を留めるものはない。

　主軸北側では,後円部下段及び前方部上段の円筒埴輪列が比較的良好な状態で確認されている。このうち,後円部下段列の円筒埴輪は樹立状況を良く留めており,破片の散乱も少なく全形近く復元できたものが多い。これに対し,前方部上段列の円筒埴輪は,基部は原位置を留め出土しているものの第2段目以上の散乱は著しい。その範囲は調査区外まで及んでいるようで,接合資料はわずかで上半まで達する資料はごく一部にすぎない。また,後円部上段及び前方部先端裾部の状況も同様で,出土量はまばらで,ほとんどが一段目より上の復元はできなかった。これらは,原位置を留める基部は少ないものの,出土状況からみてその付近に樹立されていたものと考えられている。

　ここでは,主軸の北側から出土した円筒埴輪の内61点(観察表は64点:うち3点は人物台部の可能性大)を報告し,円筒埴輪の諸特徴について形状及び製作手法の両面から述べることにする。主軸の南側から出土した円筒埴輪の様相も,これと大きく異なるものではない。なお,観察表の番号は,第51図の埴輪列の記

載番号と一致している。後述するように，出土埴輪のほとんどが下総型の特徴をもつ円筒埴輪である。以下にまとめた円筒埴輪の記述は，犬木努が提示する下総型円筒埴輪の特徴及び属性[4]に倣って観察したものである。

[形状]

　形状は，1例を除き大半は突帯が3条めぐる4段構成の円筒埴輪と考えられる。全体に細身のプロポーションで，基部から緩やかに外傾して立ち上がり，口縁部付近でやや外反する。口縁端部には外向きの平坦面を形成している。断面を見ると，器壁の厚さは約1cm前後で，基部に至り厚みを増し，1.5cm前後となるものもある。透孔は，一部の例外を除き2段目と3段目に直交して開けられている。

　円筒埴輪各部の法量は，比較的一定している。底径は9cm後半から12cm前半内におさまり，10~11cm台が最も多い。口縁部は，接合資料が少なく全周するものはない。ただし破片資料から口径を復元すると，ほとんどが18~24cm内で20cm前後が最も多い。器高は全形を復元できたものはごくわずかだが，ほぼ43cm前後と考えて良い。ただ，後述するように，例外的に器高が50cmに近い大型品もわずかに存在する（後円部下段№46・53・58，第54図8・第55図5・第56図1）。また，本古墳の円筒埴輪は下から1条目の突帯が平均で高さ7cm前後と低めに貼付され，最下段の高さが他段の高さに比べ極端に低いことを特徴としている。以上のように，大半の円筒埴輪は，底径，口径，器高の比率が1：2：4とほぼ一定で，統一された規格のもとに製作されていた様相が認められる。

　次に，円筒埴輪の製作手法について，製作の手順に沿ってその特徴を述べることにする。

[成形]

　筒状をなす円筒埴輪本体の成形は，基部とそれより上の体部の成形とに分けられる。

　基部は，すべて粘土の板を折り曲げ，環状に接合している。この粘土板の幅は，ほとんどが4~5cm台と一定している。接合方法には，接合部を手前に置いて向かって右側の端部が外側にくるもの：Rと，左側の端部が外側にくるもの：Lとがある。この違いは，後述するいくつかの手法と共に製作者の利き手の相違を反映するものと考えられている。本古墳で接合部を確認できたものは，L

接合がわずかに1例(No.22, 第53図4)のみ, 他はすべてR接合である。接合部の痕跡は, 底面は未調整であるが, 内外面は指で押しつけ接合した後に, 指頭によりその痕跡をナデ消しているものが多い。ただ, 調整の程度には個体差があり, 外面を例にとると接合痕がすべてナデ消されているもの：〇, 上半のみがナデ消されているもの：△, ほとんと未調整のもの：×と大きく分けられる。前二者はほぼ同数, 未調整のものはその半数程度で, 何らかの形で接合痕に調整を施しているものが多数を占めている。この違いは, 製作手法の丁寧さに起因するもので, ある面で製作者の個性を識別する指標となり得ると考えられる。

基部内面には, 太い木目の圧痕が付くもの：1類, 細い木目の圧痕が付くもの：2類, 掌の圧痕が付くもの：3類, 圧痕が無いもの：4類がある。これはすでに指摘があるように, 粘土板を作る際の成形台の木目と成形台の上で粘土板を押しつけた掌の圧痕である。本古墳の場合, 木目圧痕が付く面を内側にして基部を成形するものが圧倒的に多い。基部内面の圧痕が, 完全に残っているものは皆無である。これは, 後述する内面調整の指ナデが基部まで達しているためで, その度合いにより丁寧な指ナデが基部全面に及ぶもの：〇, 指ナデが基部の下半にまで達するもの：△, 指ナデが基部の上半のみにとどまるもの：×, に分かれ, 圧痕の残り具合も異なってくる。なお, 基部内面に圧痕のない4類は, すべてこの全面に及ぶ丁寧な指ナデによる結果である。

体部の成形は, 幅2~2.5cmの粘土紐の接合面を内傾させて螺旋状に巻き上げている。これは, 断面の状況や, 内面に残る粘土紐の接合痕などから判断できる。本古墳の大半の円筒埴輪は, 内面の接合痕が向かって左上がりに傾斜しており, 円筒埴輪を真上から見れば左回りに粘土紐を巻き上げていることがわかる。右回りの巻き上げによるものは, 前方部上段No.22(第53図4)のわずか1例のみで, 同じく1例しかないL接合の基部に対応している。

[調整]

成形が済むと, 内外面の調整が行われる。本古墳では, 外面はハケ目, 内面はおもに指ナデによる調整である。

外面のハケ目調整は, 下から上に向かって縦方向に行われる。全体を概ね2段階に分けて調整しており, 中段付近にハケ目の重複が認められるものが多い。ハケ目工具には, 1cmあたりの条線の本数が6~7本と間隔の狭い細目のもの：

細と，3~4本と間隔の広い太めのもの：太とがある。太めの条線はわずかで，細目の条線の方が圧倒的に多い。また，ハケ目断面の形状から，それぞれに条線の幅広の部分が凹面になるもの：Ⅰ類と，凸面になるもの：Ⅱ類との二者がある。そして，この条線の幅と断面形状の相違には，他の製作手法のグルーピングとの間に明瞭な相関関係が認められる。つまり，この相違はハケ目工具の個体差を一定程度反映するものと思われるが，その異同をすべて特定するまでには至っていない。

　内面の指ナデ調整は，下から上に向かって縦及び斜め方向に，断続的に行われる。この指ナデには個体差があり，大別すると調整が丁寧で密に行われ，粘土紐の巻き上げ痕をほとんど残さないもの：○と，調整が雑で粗く，粘土紐の巻き上げ痕を残すもの：△とがある。後者の場合，指ナデが不十分な部分に，粘土紐巻き上げの際の接合痕と断続的な指オサエの痕跡が目立つのが特徴である。指ナデの後，口縁部内面にのみ必ずハケ目調整が行われる。これは，本古墳の円筒埴輪の特色の一つで，幅3~6cmの範囲に横方向の断続的なハケ目調整が施されている。

　内外面の調整が終わると，最後に口縁端部を指頭による横ナデ調整で整えている。この横ナデは比較的丁寧に行われており，外向きの平坦な口縁部を形成し，内外面とも幅1cm強にわたって丁寧にナデ付けられている。

[突帯]

　内外面の調整の後，突帯が貼付される。本古墳の円筒埴輪の基本形態は，3条の突帯を巡らす4段構成と考えられるが，例外的に4条5段の円筒埴輪が1例のみ確認できる（後円部下段№58，第56図1）。

　突帯の貼付は，指頭のナデ付けによって行われる。本古墳の場合，突帯上端を比較的丁寧に，それに比べ下端を極めて雑にナデ付けていることが全体の傾向として指摘できる。この突帯の貼付手法の如何は，突帯の断面形態にも明瞭に反映している。突帯の断面形態は，台形状のもの：A類と，三角形状のもの：B類とに大きく二分され，さらに第52図のように細分することができる。つまり，A類は突帯の上面を丁寧にナデ付け，平坦面を作り出しているのに対し，B類は上面のナデ付けが省略されるか雑に行われ，手法上粗雑化・簡略化したものと見ることができる。

全体的に見ると, A・B両類の出土量に大きな隔たりはない。おそらく, 断面形態の相違は, 製作者の手法上の差を反映するものと考えられる。ちなみに, A類の円筒埴輪のほとんどが内面に丁寧な指ナデ調整を行っているのに対し, B類は内面調整が粗雑なものが多い傾向がある。また, まれに突帯下端のナデ付けを丁寧に行っているもの（突帯分類番号の末尾に′を付したもの）がある。この場合, 突帯B類の円筒埴輪においても内面の指ナデ調整が丁寧に行われているなど (№ 22・46, 第53図4・第54図8), 突帯貼付手法と内面調整など他の手法との状況に相関関係が認められる。

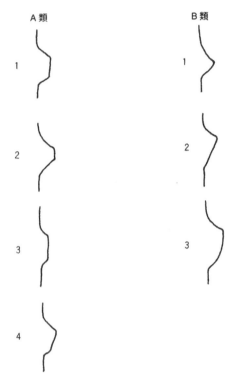

第52図　突帯の断面分類

［透孔］

　透孔は, 多くが下から2段目と3段目に一対ずつ, ほぼ直交して開けられており, 本古墳の円筒埴輪のほとんどがこの形態だったと考えられる。ただ, 同じ突帯3条, 4段構成の形態ながら, 透孔が2段目だけに開けられているものが2例確認されている（後円部下段№ 46・53, 第54図8・第55図5）。また, 1例のみ確認された4条5段構成の円筒埴輪では, 透孔は2段目と4段目に直交して開けられている。

　透孔はすべて円形だが, 整った正円とはならず, すべていびつな円形に開けられている。中でも縦長の楕円形状が多い。透孔の穿孔は, 1例を除くすべて右回転に切り離し, 例外なく穿孔後の切り離し面を指ナデ調整している。透孔を右回転に切り離す製作者は右利きで, 左回転は左利きの製作者によるものと考えられる。後者の円筒埴輪は, 同じく1例だけの基部L接合, 体部右回転巻

第7章　下総型埴輪の展開

き上げの個体と同一であり，それぞれの手法が左利き製作者の特徴と理解される。つまり，この個体だけが左利きの製作者によるもので，それ以外はすべて右利きの製作者によると考えられる。

[胎土]

胎土は，砂粒を多く含むが細かな微砂粒が多く，比較的緻密で精選された胎土である。胎土の成分は，白色微砂粒，黒色，赤色粒子，そしてわずかに雲母粒子が目に付く。成分組成は，すべての個体においてほぼ均一で，組成が大きく異なる胎土はない。とくに白色微砂粒は，すべての個体に多量に含まれている。これに対し，雲母粒子はほとんど認められない個体や赤色の大粒の粒子をまばらに含む個体などもあり，成分組成にわずかな差異は認められる。

[焼成]

器面に黒斑はなく，焼成は窖窯によるものと考えられるが，多くは軟質の焼成である。しかし，中には硬質に焼き上がったものもあり，その中にはいくぶん須恵質の個体も散見される。

以上，本古墳出土の円筒埴輪の形状及び製作手法の諸特徴を述べてみたが，一部の例外を除き全体に共通した特徴を備えている。とくに形状の点では，ほとんどが統一された規格のもとに製作されている感が強い。形状の特徴を，改めて列記すると以下のようである。

①底径，口径，器高の比が，およそ1：2：4と全体に細身のプロポーションを呈し，器高はほぼ一定している。

②最下段の幅が，他段に比べて狭い。

③3条の突帯が巡り，4段構成となる。

④透孔は縦長の楕円形状のものが多く，2・3段目に一対ずつ，直交して開けられている。

上記の特徴はすべて，かつて轟俊二郎が提唱したところの下総型の円筒埴輪に共通する特徴である[5]。製作手法においても，細部にわたり基本的に共通した特徴を備えており，本古墳出土の円筒埴輪の大部分が典型的な下総型埴輪であったことはほぼ間違いない。年代的にも，6世紀後半代，それも他の下総型の事例から見て，比較的新しい段階に位置付けられるものと考えられる[6]。

ところで，本古墳には，典型的な下総型とは異なる特徴をもつ円筒埴輪がわずかに存在する。それは，透孔が2段目だけに開けられているもの（後円部下段No. 46・53，第54図8・第55図5）と，突帯が4条巡り5段構成となるもの（後円部下段No. 58，第56図1）の3例である。この3例も最下段の幅は狭く設定され，底径は小さく，口径との比はほぼ1:2で細身のプロポーションを呈するなど，下総型の形状と共通する点が多い。さらに，製作手法も通有の下総型と基本的に共通している。つまり，これらは下総型と系統を異にするものではなく，下総型の技術体系の中で製作された円筒埴輪と考えられる。ただ，この3例は，他の円筒埴輪より器高が若干高めに作られていることが特徴で，興味深いことに3例とも器高約50cmとほぼ同じ高さに製作されており，後円部下段列に樹立されている。なお，3条4段構成ながら2段目だけに透孔を開ける2例は，製作手法の共通性から見て同一の製作者による可能性が高い。

　この他，底径が13cmを超え，他よりも少し大型に製作されている基部が2例ある（前方部上段No. 20・22，第53図3・4）。これらは，前方部上段の埴輪列の一画から出土しており，突帯下端の貼付調整や内面の指ナデ調整に他の円筒埴輪とは異なる丁寧さが認められる。また，後円部下段出土のNo. 51（第55図3）は，細身だが基部からほぼ垂直に立ち上がる特異なプロポーションを呈している。これら3例は，おそらく人物埴輪の台部の可能性が高く，製作者も他の円筒埴輪とは異なる工人であったと考えられる。このうち1例（前方部上段No. 22）は，本古墳で唯一確認された左ききの製作者によるものである。

　埴輪製作者の抽出を目的に，基底面より1/2以上を残す個体29例を取り出し，個々の調整手法を整理し，内面の指ナデ調整の精粗を軸にグルーピングを試みた（第15表）。これによると，内面の指ナデ調整が丁寧な一群は，突帯断面がすべて台形（A類）で，基部接合部外面の調整は丁寧なものが多く，ハケ目の種類も「細Ⅰ」に統一されていた。これに対し，内面の指ナデが粗雑な一群は，突帯断面がすべて三角形（B類）で，基部接合部外面は未調整か半調整が多く，ハケ目の種類も「細Ⅱ」に統一されていた。さらに，内面調整の精粗によって大別されたこの二群は，それぞれが少なくとも2~3の小群（a-b, c-e）に細分される。この他に，前述した透孔が2段目のみに開けられる個体（f）と4条突帯5段構成の個体（g）の製作者，及び人物埴輪の製作者と考えられる三者（h-j）を加えると，埴輪

第 7 章　下総型埴輪の展開

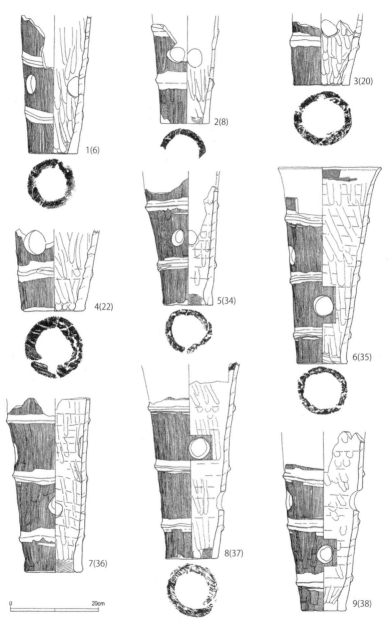

第 53 図　円筒埴輪実測図(1)　（注 3 文献より）　※（　）内は第 16 表のNo.

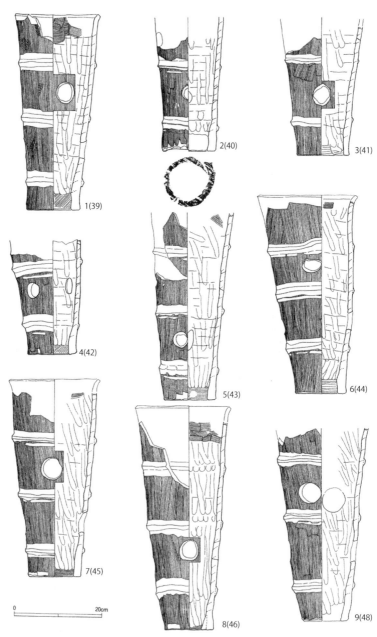

第54図　円筒埴輪実測図(2)　(注3文献より)　※(　)内は第16表のNo.

第7章 下総型埴輪の展開

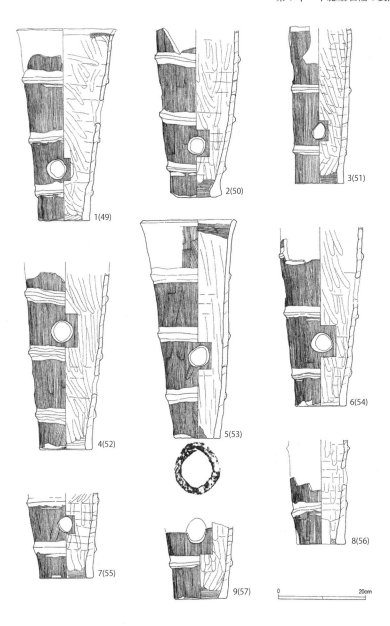

第55図　円筒埴輪実測図(3)　(註3文献より)　※(　)内は第16表のNo.

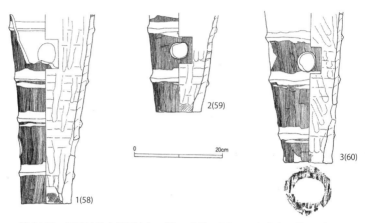

第56図 円筒埴輪実測図(4) (注3文献より) ※( )内は第16表のNo.

製作者個々人の異同につながると予測されるa〜j, 10小群の存在が想定されるのである。

(2) 朝顔形円筒埴輪

本古墳から出土した埴輪の中で, 確実に朝顔形円筒埴輪といえる資料は, 朝顔形口縁部中段突帯部分の破片一例だけである(第57図2)。この破片は, 後円部下段円筒列No. 43に近接した場所から出土している。両者は焼成や色調・胎土などが近似

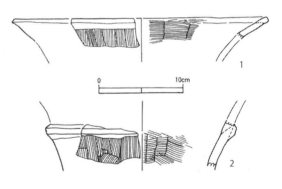

第57図 朝顔形円筒埴輪実測図

しており, 第16表にもあるNo. 43は朝顔形円筒埴輪であった可能性が考えられる。この他に朝顔形円筒埴輪の確かな資料は見当たらない。前述したように, 本古墳出土の円筒埴輪は口縁部の破片からその直径を復元してみると, ほとんどが18〜24cm内におさまる。その中にあって, 口径が30cm近くに達する資料が認められ, 朝顔形円筒埴輪の可能性が高い資料と考えられる。ただ, 確認で

第 15 表　　日天月天塚古墳円筒埴輪分類表

分類	No.	形　状			基　部				外　面（ハケ工具）				内面ナデ
		底径	第1段	突帯	接合	外面	内面	内面調整	細Ⅰ	細Ⅱ	太Ⅰ	太Ⅱ	
a	6	11.2	8	A3´	R	○	1	△	○				○
	37	12.3	7.6	A1 A2 A4	R	○	2	×	○				○
	45	11.5	5.6	A1 A2	R	○	2	△	○				○
	48	11.8	7.9	A1 A4	R	○	2	×	○				○
	49	11.9	6.3	A1 A4	R	○	1	－	○				○
	50	11.3	6.3	A1	R	○	2	×	○				○
	57	11.5	8	A1	R	○	1	－	○				○
b	1	11.5	7.9	A4	R	△	1	－	○				○
	35	11.2	6.3	A1	R	△	1	△	○				○
	52	11.4	7.5	A1	R	△	1	×	○				○
	54	11.1	6.9	A1 A4	R	△	1	△	○				○
c	34	11	9.6	A1 B1	R	○	2	×		○			△
d	36	12.2	7.4	B1 B2 A4	R	△	2	×		○			△
	38	11	7.2	B1 B2	R	△	3	×		○			△
	40	11.5	6.4	B3	R	△	2	×		○			△
	41	10.9	8	B1	R	△	1	×		○			△
	43	12	6	B1 B2	R	△	1	×		○			△
	59	11.7	7.3	B1 B2 B3	R	△	2	×		○			△
e	31	10.9	5.3	B1	R	×	2	×		○			△
	39	11.6	6	B2 B3 A4	R	×	2	×		○			△
	42	10.9	6.5	B2	R	×	2	×		○			△
	55	11.5	6.6	B2 B3	R	×	1	×		○			△
	60	11.4	6.2	B1 B2	R	×	1	×		○			△
f	46	10.8	9.1	B2 B2´	R	○	1	△		○			○
	53	10.1	9.6	B2 B3	R	○	1	－	○	○			○
g	58	11.3	7.2	B2 B3	R	△	2	×		○			△
h	20	13.9	8.6	A3´	R	○	4	○	○	○			○
i	22	13.2	9.6	B1	L	○	4	○			○		○
j	51	10.4	7.2	A1 A4	R	△	2	×			○		

きたものはわずかに1例(第57図1)のみで，本古墳に樹立された朝顔形円筒埴輪は極めて少量で限定的に使用されたものと想定される。

同工品分析から工人編成の復原を試みた犬木努の研究によると，下総型埴輪を出土する各古墳から抽出できた工人は，最小で数人程度から最大で17人に達するが，傾向として10人前後の編成が多いように見受けられる[7]。ここで検討した日天月天塚古墳は，全長42mの前方後円墳で，下総型埴輪出土古墳の中では大型である。墳丘規模の大きな古墳ほど多人数の埴輪工人が関与したとの指摘も注意されるが[8]，上記のことから，日天月天塚古墳で確認された10人相当の小群は，下総型埴輪の一般的な工人編成の枠に合致する人数である。また，この人数が限られた29例の埴輪の分析に基づく結果であることを考えると，本古墳の築造にあたり，実際は10人を超える工人の関与も想定され，比較的規模の大きな埴輪工人組織が編成され直接に関与したものと考えられる。

第3節 利根川左岸域の下総型埴輪

(1) 日天月天塚古墳周辺の埴輪(第58図)

ここでは，日天月天塚古墳周辺の古墳，霞ヶ浦東南部(北浦南岸を含む)に位置する5基の古墳から出土する埴輪を概観する。古墳時代中期の確実な事例はないが，前期の埴輪と後期の埴輪を紹介し，出土埴輪にみる地域色と日天月天塚古墳の位置付けを確認したい。

① 浅間塚古墳(潮来市上戸) [9]

霞ヶ浦東南部に位置し，前方部が後円部に比べ低く狭長で古式な特徴をもつ全長約84mの前方後円墳である。後円部墳頂平坦面の周縁と，その付近の墳丘斜面より円筒埴輪片が採集される。特徴はやや厚手の破片で，器面には主に縦方向の細いハケ調整と一部にナデ調整も施され，三角形と思われる透孔の痕跡が確認される。古式な墳丘形態とともに前期後半に遡る特徴と考えられる。埴輪の胎土は比較的精選されたもので，やや大きめの砂粒を多量に含み，砂質感のある胎土が特徴的である。

② 夫婦塚古墳(鹿嶋市宮中野) [10]

第 7 章　下総型埴輪の展開

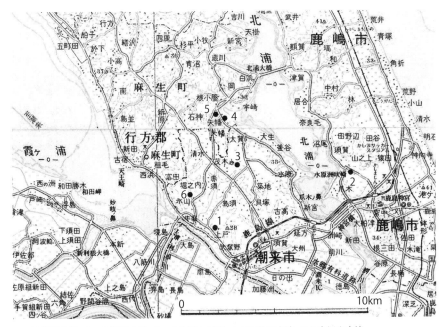

1：浅間塚古墳, 2：夫婦塚古墳, 3：大生西1号墳, 4：瓢箪塚古墳, 5：赤坂山古墳,
6：日天月天塚古墳

　　第58図　日天月天塚古墳周辺の埴輪出土古墳位置図(国土地理院20万分の1地勢図より)

　北浦南東岸に位置し，前方部が低平できわめて長い特徴をもつ全長約106.5mの前方後円墳である。前方部から後円部にかけて周隍が遺存しており，くびれ部や前方部先端裾部から埴輪片が採集される。特徴は比較的薄手で器面に縦ハケ調整を施す円筒部の破片が多く，やや丸みを帯びた断面台形の突帯が確認され，古墳時代後期に下る可能性が高い。埴輪の胎土は，白色砂礫や砂粒を含んでやや粗く，雲母の細粒も認められる。

③ **大生西第1号墳**(潮来市大生) [11]
　北浦南西岸に位置し，全長約72mを測る前方後円墳である。墳丘には周隍が遺存しており，くびれ部片側に造り出しが附設されている。埋葬施設は後円部墳頂からは発見されず，くびれ部上に箱式石棺1基が構築されていた。墳丘片側を中心に上下2段の埴輪列が確認されており，後円部側では人物・馬などの形象埴輪を，くびれ部から前方部にかけておもに円筒埴輪を中心に配列していたようである。円筒埴輪には，2条3段と3条4段構成の二種がある。後者の

円筒埴輪の観察では,器体は外傾し口縁部が外反するプロポーションで,2・3段目に小形で円形の透孔が開けられている。器面には,縦ハケ調整とともに板ナデ調整を多用し,突帯は細身で低い断面台形を呈している。後期後半の特徴と考えられる。白色粒子などの砂粒の多いやや粗い胎土が特徴で,砂礫や赤色粒子,雲母粒子がわずかに認められる。なお,人物や靭形などの形象埴輪の観察では,微砂粒が多く含まれるが比較的精選された胎土で,白色,黒色,赤色の粒子や雲母粒子などの含有が認められる。緻密で黒色粒子が目立つなど,円筒埴輪の胎土とは異なる特徴が看取された。

④ 瓢箪塚古墳(行方市矢幡) 12)

北浦南西岸に隣接する微高地上に立地し,前方部が狭長な特徴を残す全長約66.5mの前方後円墳である。後円部墳頂には,石棺材と思われる板石が確認される。墳丘に巡らされた円筒埴輪5本と朝顔形円筒埴輪を含む埴輪片が採集されている。円筒埴輪は3条4段構成で,2・3段目に大形で円形の透孔が開けられる。器面には,縦方向のハケと板ナデの一次調整を施し,やや幅広で低い断面台形の突帯が等間隔に,丁寧な調整で貼付されている。中葉に近い後期前半の特徴と考えられる。砂粒を多量に含む胎土で,とくに白色微砂粒が目立ち,砂礫や赤色粒子,雲母粒子がわずかに認められる。

⑤ 赤坂山古墳(行方市矢幡) 13)

北浦南西岸の丘陵上に立地し,狭長な前方部をもつ全長約56mの前方後円墳である。埋葬施設は,箱式石棺が想定されている。埴輪は,墳丘の上段,中段,下段に配列されたと思われる円筒埴輪列が部分的に確認されている他,前方部先端から盾持人物と考えられる形象埴輪片が出土している。上・中段の一群と墳丘裾をめぐる下段の一群とは,円筒埴輪の特徴が明らかに異なっている。前者の円筒埴輪は3条4段構成で,2・3段目に大形で円形の透孔が開けられる。器面の調整は全面に縦方向の板ナデ調整を施すものとハケ調整を施すものの二種があり,いずれも断面三角形の細身の突帯が比較的丁寧な調整で貼付されている。砂粒,砂礫を多く含む粗い胎土で,とくに雲母粒子と白色砂礫を多量に含んでいるのが特徴的である。後者の円筒埴輪は3条4段構成で,2・3段目に大形で円形の透孔が確認され,前者に比べやや寸胴なプロポーションが特徴的である。器面には全面に縦方向のハケ目調整が施され,その後幅広で低い断面

第7章　下総型埴輪の展開

台形の突帯が丁寧な調整で貼付されている。前者とは異なり砂粒を多く含む砂質の胎土で，とくに白色砂粒が多く，黒色の粒子がまばらに含まれ，雲母粒子がほとんど認められないのが特徴である。なお盾持ち人物の形象埴輪の胎土は，この後者の円筒埴輪と共通している。以上二者の円筒埴輪の特徴から，後半に近い後期中葉の年代が想定される。

　日天月天塚古墳周辺の5基の古墳について，円筒埴輪を中心に観察することのできた埴輪の特徴を概観した。これによると，器形や突帯の形状と造作，器面の調整などおもに時期の指標となる特徴とともに，とくに肉眼で識別される胎土の特徴が注目された。胎土の特徴を大別すると，

a．白色粒子などの砂粒を多く含み，砂質感のあるやや粗い胎土（①，②，③，④，⑤の後者）

b．砂粒・砂礫を多量に含む粗い胎土で，とくに雲母粒子や白色砂礫を多く含む（⑤の前者）

c．雲母粒子と黒色，白色，赤色の微砂粒を含み，比較的精選された緻密な胎土（③の形象埴輪）

　砂質感の強いaの胎土が主体を占め，中期は不明だが前期から後期後半まで，ほぼ古墳時代をとおして認められる霞ヶ浦東南部の地域色と言っても過言ではない[14]。これに対しb・cは，極めて客体的な存在と言える。また，同じように日天月天塚古墳出土埴輪の胎土は，d．白色，黒色，赤色粒子とわずかな雲母粒子など微砂粒を多く含み，比較的精選された胎土であり，やはり数少ない客体的な事例の中に含まれるものである。

　なお，肉眼の観察ながらcとdの特徴が近似すること，つまり大生西第1号墳の形象埴輪の中に下総型埴輪の胎土と類似する埴輪の存在が注視される。また，胎土と器形・造作の関係においては，aの胎土の円筒埴輪は寸胴な器形や幅広の突帯，bの胎土の円筒埴輪は細身の突帯などの特徴が指摘できる。

(2) 利根川左岸以北の下総型埴輪の実例

　下総型埴輪は，現在の千葉県北部の利根川中・下流域右岸，とくに印旛沼から手賀沼沿岸にかけて集中して分布している（第59図）。以下では，日天月天塚古墳と同様に古霞ヶ浦南端の水域を超え，現在の利根川左岸域以北の茨城県側に

わずかに拡散する下総型埴輪の事例を取り上げる（第60図）。

前述した日天月天塚古墳周辺出土の埴輪のあり方とも比較検討し，下総型埴輪を通して古霞ヶ浦沿岸における埴輪流通の特質について考えてみたい。

① **長峰17号墳**（茨城県龍ヶ崎市長峰）15)

古墳群は，古霞ヶ浦の水

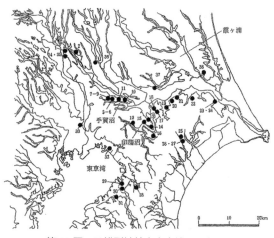

第59図　下総型埴輪出土古墳の分布
（注22文献より，一部改変）

系，いわゆる榎浦に面する稲敷台地南縁に立地している。17号墳は，古墳群の中央近くに位置する径約20mの円墳で，墳丘の南側に取り付く小さな張り出し周辺の周溝内から円筒埴輪と人物埴輪が出土している。円筒埴輪の多くは，細身で最下段の狭い下総型円筒埴輪である。器面には縦ハケ調整，内面には丁寧な指ナデ調整を施し，基部内面に板目の圧痕を残す個体とそれを丁寧にナデ消す個体の二者がある。透孔は楕円形あるいは小さな円形で，突帯は幅が狭く，断面三角形ないしは丸みのある台形でいずれも比較的丁寧な調整で貼付されている。胎土を観察すると黒色微砂粒が目立ち，その他白色，赤色，雲母粒子をわずかに含んでいる。比較的精選された，下総型特有の胎土である。なお，男子人物埴輪にも，両胸に二重の円文を線刻し，赤色，雲母の微砂粒を含有する精緻な胎土とともに下総型の特徴16)が認められる。ただし，上半身と下半身とが分離成形される常陸中央部・小幡北山型17)の影響も看取されるなど，下総型と他地域との折衷型式と考えられる。

② **七塚6号墳**（茨城県常総市羽生町）18)

鬼怒川左岸に面する台地縁辺に立地する古墳群で，6号墳（通称権現塚）は径約23mの円墳である。轟俊二郎によって，発掘調査を行った上智大学に所蔵されている円筒埴輪片が報告されている。細片ばかりで全形はわからないが，第1段目の幅が約7.5cmと狭く，突帯は断面台形か三角形で細身である。口縁部内

第7章　下総型埴輪の展開

面に横方向のハケ目が見られ，それ以下は指ナデ調整，透孔にも指ナデを行うなど，下総型埴輪の諸特徴が認められる。轟は当時，茨城県側（現利根川左岸域）の下総に唯一の下総型埴輪として，その存在意義に注目している。

　また，水海道市（現在は常総市）教育委員会が所蔵し，七塚古墳群出土とされる下総型の朝顔形円筒埴輪を観察することができた[19]。ほぼ完存する高さ64cm，4条突帯の朝顔形円筒埴輪である。第1段目の幅がおよそ6~7cm，2・3段目に楕円形の透孔が開けられ，右廻りの指ナデ調整が施されている。突帯はほぼ断面三角形で，比較的丁寧に貼付され，頸部突帯のみ丸みのある台形を呈している。器面は縦方向のハケ調整，内面は口縁部のみ横方向のハケ調整を行い，全体は丁寧に指ナデされている。胎土は，白色・赤色粒子などをまばらに含む下総型特有の組成で，雲母粒子はほとんど認められない。日天月天塚古墳に比べ砂粒の含有が少なく，より精選された印象の胎土である。

③ ふき山東古墳（茨城県猿島郡境町百戸）[20]

　利根川左岸の台地上に立地する百戸古墳群中にあり，古墳は現存しないが前方後円墳であったとされる。本古墳からは，下総型の円筒埴輪，男子人物埴輪，馬形埴輪などの出土が報告されている。報告によると，円筒埴輪は3条4段構成の細身のプロポーションで，第1段の幅は約8~9cmと他段に比べ狭く，突帯はすべて断面三角形を呈している。器面には縦ハケ，内面には指ナデ調整を施し，比較的緻密な胎土を特徴としている。人物埴輪は，半身像の男子人物埴輪で，腰の括れのない円筒状の器形が特徴的である。指の表現のない平板な掌と両腕を前方に伸ばす姿態が特徴で，装身具に円盤状の頸玉と円形粘土紐の耳環を貼付し，左腰に大刀二本を佩く一体がある。馬形埴輪は二体分あり，f字形鏡板付轡や馬鈴などの馬具一式を装備した飾り馬で，円盤状の浮文を貼付する革帯や鋲留表現に特徴がある。全形が復元された一体を観察すると，脚部上半に縦長円形の透孔を開口し，その直下に突出度の低い断面台形の突帯が比較的丁寧な調整で貼付されている。器面は淡い茶褐色を呈し，白色・赤色微砂粒を含む比較的緻密な胎土で，雲母粒子はほとんど認められず，焼成・胎土は日天月天塚古墳と酷似している[21]。

④ 茨城県つくば市下横場塚原出土円筒埴輪・人物埴輪[22]

　東京国立博物館の所蔵品で，図版目録に掲載されている。報告された埴輪一

括資料のうち，円筒埴輪及び人物埴輪の中に下総型の特徴が散見される。円筒埴輪には第1段の幅が第2段の約2分の1と狭く，透孔は縦長楕円形，細身のプロポーションなどの特徴が認められる（図版目録38~18左）。人物埴輪には断面三角形の一文字眉，円盤状の頸玉や円形粘土紐の耳環，平板な掌や両胸の線刻二重円文など，半身像の各所に下総型の特徴が認められる（図版目録37~1，38~2~12）。

(3) 下総型埴輪の流通・拡散の特徴

下総型埴輪は，古墳時代後期後半に，旧下総地域を中心に分布している[23]。前述したように，現在の千葉県北部にあたり，とくに利根川中・下流右岸域の印旛沼から手賀沼沿岸にかけて集中して分布している。前述の(2)利根川左岸以北の下総型埴輪のうち，②・③は下総国の北縁部，豊田郡，猿島郡域内に位置している。また，日天月天塚古墳及び①・④も，常陸国内の下総国に接する数キロ内外の境界付近に位置している[24]（第60図）。

犬木努は，下総型埴輪分布域の中心に対する周縁を明確にするため，下総型埴輪と異型式埴輪の「接触」パターンを検討している。それによると，「接触」のあり方は，同一古墳群内の複数の古墳に異型式の埴輪が樹立される「古墳群内隣接型」，同一古墳において異型式の埴輪と共存する「古墳内共存型」，同一個体の埴輪に異型式埴輪の特徴が認められる「個体内折衷型」の三つのタイプに大別されている[25]。

この分類に従うと，①の長峰17号墳は犬木も指摘するように，男子人物埴輪に下総型と小幡北山型の両者の特徴が認められ，「個体内折衷型」に相当する。②の七塚6号墳は，前方後円墳を含む9基の古墳群内にあ

第60図　利根川左岸以北の下総型埴輪
（注24文献房総三国分郡図より，一部改変）

る。6号墳以外に埴輪の確認された古墳はないが，約2kmに隣接する円墳から2条3段構成の異型式の円筒埴輪が出土している。また，6号墳の埴輪を報告した轟によると，下総型とは異なる特徴の円筒埴輪の存在も指摘されており，「古墳群内隣接型」かあるいは「古墳内共存型」に相当すると考えられる。③のふき山東古墳は，出土した円筒埴輪，人物埴輪，馬形埴輪は下総型の特徴を示している。また，隣接するふき山古墳や百戸古墳群内からも円筒埴輪が採集されているが，いずれも下総型系統の埴輪であり，異型式埴輪との接触状況は希薄である。④の下横場塚原の円筒埴輪・人物埴輪は，円墳を主体に前方後円墳1基を含む50数基の古墳が群集する下横場古墳群から出土している。そのうち9基の古墳から埴輪が出土し，異型式埴輪を出土する古墳も確認されており[26]，「古墳群内隣接型」に相当する。一方，上記の東京国立博物館所蔵品には，下総型とは異なる円筒埴輪や下総型埴輪には見られない特徴の人物埴輪も認められ[27]，「古墳内共存型」や「個体内折衷型」に相当する可能性も考えられる。また，日天月天塚古墳は，円筒埴輪と形象埴輪ともに下総型のみを出土する中規模前方後円墳である。隣接して埴輪を出土する古墳は明らかでないが，前述したように周辺の古墳から出土する埴輪は，ほとんど異型式の埴輪である。その主体は，砂質の胎土を用いた霞ヶ浦東南部に特徴的な在地の埴輪であり，日天月天塚古墳は「古墳群内隣接型」と同様な位置にあると考えられる。

　③以外の事例は，何らかの形で異型式埴輪との接触が認められ，下総型埴輪分布域の周縁に位置する古墳の特徴を示している。③のふき山東古墳の利根川対岸に隣接する目沼古墳群は，下総型埴輪出土古墳と異型式埴輪出土古墳が共存する「古墳群内隣接型」である[28]。ふき山東古墳は異型式埴輪との接触が明瞭ではないが，隣接する目沼古墳群と同様に下総型埴輪分布域の周縁に位置する古墳と認識される。

まとめ——下総型埴輪からみた埴輪生産と流通の特質

　以上のように，下総北部に接する古霞ヶ浦南端の水域を超え，現在の利根川左岸域に位置する日天月天塚古墳ほか4基の古墳は，いずれも下総型埴輪分布域の周縁に位置する古墳の特徴を有している。これは，印旛沼・手賀沼沿岸を

下総型埴輪の分布の中心と考えれば，その周縁域を意味している。下総型埴輪分布域の周縁は，古代下総国の北縁部あるいは常陸国の下総に接する境界付近に位置しており，下総型埴輪は，両国の境界を画している古霞ヶ浦南端及び南西端の水域を大きく超えて拡散していないのが特徴である。

　一方，日天月天塚古墳に近接する潮来市赤坂山古墳の埴輪は，前節の(1)でa・bに分類している。日天月天塚古墳のある霞ヶ浦東南部ではaの胎土が主体的であり，これを地元産の埴輪と考えた。赤坂山古墳は，同一古墳内に霞ヶ浦東南部産と想定する埴輪aとともに異型式の筑波山系の埴輪bが共存する「古墳内共存型」である。また，大生西第1号墳の形象埴輪にみられたcの胎土は，下総型埴輪のdの胎土に近似しており，大生西第1号墳の形象埴輪の中に下総型埴輪の存在も想定された。大生西第1号墳の円筒埴輪はaの胎土で，霞ヶ浦東南部産の埴輪と考え，やはり異型式埴輪が共存する「古墳内共存型」の可能性がある。大生西第1号と赤坂山の両古墳では，内海を介して隣接する下総型埴輪やより遠方の筑波山系埴輪などが地元産埴輪と共存しており，霞ヶ浦東南部の中でもその周縁に位置していることになる。このように，潮来・鹿嶋市周辺の霞ヶ浦東南部については，aの胎土の地元産埴輪の生産とともに，複数の他地域産異型式埴輪が流入し，混淆する地域的な特徴が指摘できる。なお，前述したように下総型埴輪は通常，古墳築造に際し埴輪工人組織が編成され，その都度生産され，直に供給されたことから中心分布域を大きく超えて拡散することはなかったと考えられる。これに対し筑波山系埴輪は，とくに後期中葉以降は古墳築造に係る資材の性格を強めていったようであり[29]，古霞ヶ浦の水運を活用し，大量生産された埴輪が要請に応じて広域に供給されるケースが多くなったと考えられる。

　下総型埴輪を通してその周辺をながめると，下総北部と桜川河口域を含む筑波山系一帯とは埴輪流通の南北の基点に位置付けられ，霞ヶ浦東南部はその結節点にあたる。そして，これらの交流には，古霞ヶ浦の水系が大きな役割を果たしていたようである。つまり，古墳時代後期には，霞ヶ浦東南部を中継地とし，桜川河口域の土浦入[30]から霞ヶ浦南西岸を通って下総北部にいたる流通ルートが，古霞ヶ浦の基幹水運として定着していたと考えられる。

第7章　下総型埴輪の展開

注
1) 轟俊二郎「下総型円筒埴輪論」『埴輪研究』第1冊　1973年。
2) 本古墳は，調査途中の段階で，土採り工事によって湮滅している。
3) 茂木雅博他『常陸日天月天塚古墳』茨城大学人文学部考古学研究報告第2冊　1998年。
4) 犬木努「下総型埴輪基礎考－埴輪同工品論序説－」『埴輪研究会誌』第1号　1995年。
5) 注1文献。
6) 犬木努「下総型埴輪再論－同工品識別の先にあるもの－」『埴輪研究会誌』第9号　2005年。
7) 犬木努「下総型埴輪の風景－形態変化・工人編成・分布域－」『埴輪研究会誌』第17号　2013年。
8) 犬木努「同工品論から見た下総型埴輪の内と外－「同工品論」と「型式論」－」『埴輪論考Ｉ－円筒埴輪を読み解く－』大阪大谷大学博物館報告第53冊　2007年，63頁。
9) 塩谷修「潮来市浅間塚古墳」『常陸の円筒埴輪』茨城大学人文学部考古学研究報告第5冊　2002年。
10) 塩谷修「鹿嶋市夫婦塚古墳」『常陸の円筒埴輪』茨城大学人文学部考古学研究報告第5冊　2002年。
11) 大場磐雄編『常陸大生古墳群』雄山閣　1971年。
12) 茂木雅博・木沢直子「麻生町瓢箪塚古墳出土の円筒埴輪」『博古研究』第7号　1994年，茂木雅博・信立祥・姜捷「茨城県麻生町瓢箪塚古墳の測量」『博古研究』第8号　1994年。
13) 茂木雅博・田中裕貴『常陸赤坂山古墳』茨城大学人文学部考古学研究報告第7冊　2004年。
14) 本書第6章2節参照。
15) 中村幸雄ほか『竜ヶ崎ニュータウン内埋蔵文化財調査報告書19　長峰遺跡』茨城県教育財団文化財調査報告第58集
16) 日高慎「人物埴輪の共通表現とその背景」『東国古墳時代埴輪生産組織の研究』雄山閣　2013年。
17) 稲村繁「人物埴輪における表現の変遷と伝播」『人物埴輪の研究』同成社　1999年。
18) 吉田章一郎ほか『茨城県水海道市七塚古墳群の調査』1963年，轟俊二郎『埴輪研究』第一冊　1973年。
19) 下妻市ふるさと博物館『第3回企画展　埴輪のきもち』1997年，流山市立博物館『下総のはにわ』流山市立博物館調査研究報告書17　2000年。
20) 東京国立博物館編「猿島郡境町大字百戸字マイゴオ出土品」『東京国立博物館図版目録　古墳遺物編(関東Ｉ)』1980年，犬木努「茨城県猿島郡境町百戸出土人物埴輪の再検討－下総型人物埴輪の形態変化とその特質－」『ＭＵＳＥＵＭ　東京国立博物館研究誌』549号　1997年，伝田郁夫「茨城県境町百戸出土の馬形埴輪について」『町史研究　下総さかい』第6号　2000年，伝田郁夫「百戸古墳群と出土遺物」『下総境の生活史　史料編　原始・古代・中世』境町　2004年。
21) 1997年9月，下妻市ふるさと博物館第3回企画展に出陳の際，展示中の資料を実見させて頂いた。注19下妻市ふるさと博物館文献参照。
22) 東京国立博物館編「筑波郡谷田部町大字下横場字塚原出十品」『東京国立博物館図版目録　古墳遺物編(関東Ｉ)』1980年。

23) 注8文献、50頁。
24) ㈶千葉県史料研究財団『千葉県の歴史　通史編　古代2』千葉県　2001年所収、「付録　古代房総三国の郡・郷・里の変遷と比定地一覧」参照。
25) 注7文献、24~30頁。
26) 谷田部の歴史編さん委員会編『谷田部の歴史』谷田部町教育委員会　1975年、河野辰男ほか『下横場古墳群(南中妻179番地)実測調査及び第51号墳保存調査報告書』谷田部町教育委員会　1982年、つくば市教育委員会『つくば市遺跡分布調査報告書－谷田部地区・桜地区』2001年、石橋充「つくば市域の古墳群」『常陸の古墳群』六一書房　2010年。
27) 稲村繁『人物埴輪の研究』同成社　1999年。251頁
28) 注7文献。
29) 本書第6章まとめ参照。
30) 土浦市十三塚出土と伝えられる下総型円筒埴輪があり、出土地は土浦入付近が想定される。器高は45.7cm、底径10.7cm、復原口径20cm、3条4段構成で1段目の幅が8.8cmと狭く、全体に細身のプロポーションの典型的な下総型円筒埴輪の特徴を備えている。

　　　器面には縦方向のハケ調整を施し、内面は指ナデを行い、粘土紐の接合痕や基部接合痕を丁寧にナデ消している。縦長楕円形の透孔が2・3段目に直交して開口され、3条の突帯は下端の低い断面台形を呈し、比較的丁寧な調整で貼付されている。胎土には白色・黒色・赤色の微砂粒を含み、雲母粒子はほとんど認められない。微砂粒が主体の比較的精選された胎土ながら、まばらに大粒の赤色粒子を含有するなど、日天月天塚古墳と類似する特徴も認められる。

　　　いまだ、出土地は特定できていないが、本章の下総型埴輪の分布特徴から考えると異例の出土と捉えるべきであり、古霞ヶ浦沿岸の交通・交流における土浦入の特別な位置を示唆しているとも考えられる。塩谷修・萩谷良太『古代の筑波山信仰－内海をめぐる祭祀の源流－』土浦市立博物館第31回企画展パンフレット　2009年。資料は、水戸市内原町にある義勇軍資料館に寄贈・保管されている。井博幸氏のご教示により、水戸市教育委員会のご厚意で、2009年12月の上記企画展借用時に拝見させて頂いた。

第 7 章　下総型埴輪の展開

第16表　円筒埴輪観察表(1)

(後円部上段)

No. (挿図・図版)	形　状 法量	形　状 段高	形　状 透孔	成形	調整	突帯	色調・焼成
1	器高 (20.1) 口径　― 底径　11.5	1段 7.9 2段　― 3段　― 4段　―	2段目	(基部) 幅は不明瞭。接合はR、接合外面は△。内面に板目あり (1類)。 (体部) 粘土紐巻き上げ、巻き上げ方向は不明。 (透孔) 穿孔は右回転。指ナデ不明瞭。	(外面) 縦ハケ(6本/cm、I類)。 (内面) 縦・斜指ナデ。内面調整○。	第1 A4	外 明茶褐色 内 明茶褐色 軟質
2	器高 (7.8) 口径　― 底径　11.0	1段　― 2段　― 3段　― 4段　―	―	(基部) 幅3.4cm。接合はR、接合外面は△。内面に板目あり (2類)。 (体部) 粘土紐巻き上げ、巻き上げ方向は不明。 (透孔) 不明	(外面) 縦ハケ(6本/cm、II類)。 (内面) 縦指ナデ。内面調整△。	―	外 淡茶褐色 内 茶褐色 軟質
3	器高 (17.5) 口径　― 底径　10.0	1段 7.3 2段　― 3段　― 4段　―	2段目	(基部) 幅4.0cm。接合及接合外面状況は不明。内面圧痕無し (4類○)。 (体部) 粘土紐巻き上げ、巻き上げ方向は不明。 (透孔) 穿孔は右回転。指ナデあり。	(外面) 縦ハケ(6本/cm、I類、II類)。 (内面) 縦指ナデ。内面調整○。	第1 B2	外 淡茶褐色 内 茶褐色 軟質
4	器高 (15.0) 口径　― 底径　11.9	1段 6.6 2段　― 3段　― 4段　―	2段目 縦長	(基部) 幅4.8cm。接合はR、接合外面は△。内面に板目あり (2類△)。 (体部) 粘土紐巻き上げ、巻き上げ方向は不明。 (透孔) 穿孔は右回転。指ナデあり。	(外面) 縦ハケ(4本/cm、II類)。 (内面) 縦指ナデ (1段目は横方向)。 内面調整○。	第1 B2	外 淡茶褐色 内 淡茶褐色 軟質
5	器高 (8.2) 口径　― 底径　11.2	1段 6.6 2段　― 3段　― 4段　―	―	(基部) 幅4.1cm。接合外面は○。内面圧痕無し (4類○)。 (体部) 粘土紐巻き上げ、巻き上げ方向は不明。 (透孔) 不明	(外面) 縦ハケ(6本/cm、I類、II類)。 (内面) 縦・斜指ナデ。内面調整○。	第1 A3'	外 茶褐色 内 茶褐色 軟質
6 53図－1	器高 (30.8) 口径　― 底径　11.2	1段 8.0 2段 12.7 3段　― 4段　―	2、3段目 縦長	(基部) 幅5.5cm。接合はR、接合外面は○。内面に板目あり (I類△)。 (体部) 粘土紐巻き上げ、巻き上げ方向は不明。 (透孔) 穿孔は右回転。指ナデあり。	(外面) 縦ハケ(6本/cm、I類)。 (内面) 縦指ナデ。内面調整○。	第1 A3' 第2 A3'	外 淡褐色 淡黄褐色 内 明茶褐色 軟質

第16表　円筒埴輪観察表(2)

(前方部上段)

No. (挿図・図版)	形　状			成　形	調　整	突　帯	色調・焼成
	法　量	段　高	透　孔				
7	器高　(10.9) 口径　　－ 底径　11.8	1段　6.8 2段　－ 3段　－ 4段　－	2段目	(基部)幅は不明瞭。接合はR,接合外面は○。内面に板目あり(1類)。 (体部)粘土紐巻き上げ,巻き上げ方向は不明。 (透孔)穿孔は右回転。指ナデあり。	(外面)縦ハケ(6本/cm、Ⅰ類)。 (内面)縦指ナデ。内面調整○。	第1 A4	外　淡茶褐色 内　淡茶褐色 軟質
8 53図－2	器高　(21.9) 口径　　－ 底径　10.1	1段　9.5 2段　11.9 3段　－ 4段　－	2,3段目 縦長	(基部)幅は不明瞭。接合部は不明。内面に板目あり(1類△)。 (体部)粘土紐巻き上げ、巻き上げ方向左回り。 (透孔)穿孔は右回転。指ナデあり。	(外面)縦ハケ(6本/cm、Ⅱ類)。 (内面)縦指ナデ。内面調整○。	第1 B2' 第2 B2' 第3 B2'	外　茶褐色 内　茶褐色 軟質
9	器高　(12.8) 口径　　－ 底径　10.8	1段　8.3 2段　－ 3段　－ 4段　－	2段目	(基部)幅4.7cm。接合はR、接合外面は不明。内面板目あり(Ⅰ類×)。 (体部)粘土紐巻き上げ、巻き上げ方向は不明。 (透孔)穿孔は右回転。指ナデあり。	(内面)縦指ナデ。内面調整△。	第1 A4	外　茶褐色 内　淡茶褐色 軟質
10	器高　(14.7) 口径　　－ 底径　11.4	1段　7.9 2段　－ 3段　－ 4段　－	2段目 縦長	(基部)幅4.2cm。接合はR、接合外面は×。内面板目あり(Ⅰ類×)。 (体部)粘土紐巻き上げ、巻き上げ方向左回り。 (透孔)穿孔は右回転。指ナデあり。	(外面)縦ハケ(6本/cm、Ⅰ類)。 (内面)縦・斜指ナデ。内面調整○。	第1 A1	外　茶褐色 内　茶褐色 軟質
11	器高　(16.7) 口径　　－ 底径　11.3	1段　11.3 2段　－ 3段　－ 4段　－	2段目 縦長	(基部)幅4.5cm。接合はR、接合外面は○。内面板目あり(2類×)。 (体部)粘土紐巻き上げ、巻き上げ方向左回り。 (透孔)穿孔は右回転。指ナデあり。	(外面)縦ハケ(3本/cm、Ⅰ類)。 (内面)縦指ナデ。内面調整○。	第1 A4'	外　茶褐色 内　茶褐色 軟質
12	器高　(14.8) 口径　　－ 底径　12.4	1段　5.7 2段　－ 3段　－ 4段　－	2段目 縦長	(基部)幅は不明瞭。接合はR、接合外面は×。内面板目あり(1類×)。 (体部)粘土紐巻き上げ、巻き上げ方向左回り。 (透孔)穿孔は右回転。指ナデあり。	(外面)縦ハケ(6本/cm、Ⅱ類)。 (内面)縦指ナデ。内面調整△。	第1 B1	外　茶褐色 内　茶褐色 軟質

第7章　下総型埴輪の展開

第16表　円筒埴輪観察表(3)

(前方部上段)

No. (挿図・図版)	形　状 法量	形　状 段高	形　状 透孔	成　形	調　整	突帯	色調・焼成
13	器高 (15.9) 口径　－ 底径　11.6	1段　8.7 2段　－ 3段　－ 4段　－	2段目 縦長	(基部)幅5.0cm。接合はR、接合外面は不明。内面板目あり（1類△）。 (体部)粘土紐巻き上げ、巻き上げ方向左回り。 (透孔)穿孔は右回転。指ナデあり。	(外面)縦ハケ(3本/cm、Ⅱ類)。 (内面)縦指ナデ。内面調整○。	第1 B1	外　茶褐色 内　茶褐色 軟質
14	器高 (14.8) 口径　－ 底径　9.7	1段　10.6 2段　－ 3段　－ 4段　－	2段目	(基部)幅は不明瞭。接合はR、接合外面は○。内面板目あり（2類△）。 (体部)粘土紐巻き上げ、巻き上げ方向左回り。 (透孔)穿孔は右回転。指ナデあり。	(外面)縦ハケ(7本/cm、Ⅱ類)。 (内面)縦指ナデ。内面調整○。	第1 B1'	外　灰褐色 内　淡褐色 硬質 須恵質
15	器高 (15.9) 口径　－ 底径　11.3	1段　7.9 2段　－ 3段　－ 4段　－	2段目	(基部)幅4.0cm。接合、接合外面は○。内面板目あり（1類×）。 (体部)粘土紐巻き上げ、巻き上げ方向左回り。 (透孔)穿孔は右回転。指ナデあり。	(外面)縦ハケ(6本/cm、Ⅱ類)。 (内面)縦指ナデ。内面調整○。	第1 B2'	外　茶褐色 内　茶褐色 軟質
16	器高 (14.2) 口径　－ 底径　10.3	1段　8.7 2段　－ 3段　－ 4段　－	2段目	(基部)幅5.1cm。接合はR、接合外面は○。内面板目あり（2類△）。 (体部)粘土紐巻き上げ、巻き上げ方向左回り。 (透孔)詳細不明。	(外面)縦ハケ(6本/cm、Ⅱ類)。 (内面)縦指ナデ。内面調整○。	第1 B2	外　淡茶褐色 内　淡茶褐色 軟質
17	器高 (14.3) 口径　－ 底径　11.0	1段　9.6 2段　－ 3段　－ 4段　－	－	(基部)幅5.1cm。接合はR、接合外面は○。内面板目あり（1類△）。 (体部)粘土紐巻き上げ、巻き上げ方向左回り。 (透孔)不明。	(外面)縦ハケ(4本/cm、Ⅱ類)。 (内面)縦指ナデ。内面調整△。	第1 B1	外　茶褐色 内　茶褐色 軟質
18	器高 (16.6) 口径　－ 底径　9.6	1段　8.8 2段　－ 3段　－ 4段　－	2段目	(基部)幅5.5m。接合はR、接合外面は○。内面板目あり（2類△）。 (体部)粘土紐巻き上げ、巻きゆげ方向左回り。 (透孔)穿孔は右回転。指ナデあり。	(外面)縦ハケ(6本/cm、Ⅱ類)。 (内面)縦指ナデ。内面調整○。	第1 B2	外　灰褐色 内　淡褐色 硬質 一部須恵質

第16表　円筒埴輪観察表(4)

（前方部上段）

No. (挿図・図版)	形状 法量	形状 段高	形状 透孔	成形	調整	突帯	色調・焼成
19	器高 (13.7) 口径 － 底径 11.1	1段 8.1 2段 － 3段 － 4段 －	2段目	（基部）幅4.8cm。接合は不明。内面板目あり(1類△)。 （体部）粘土紐巻き上げ、巻き上げ方向は不明。 （透孔）穿孔は右回転。指ナデあり。	（外面）縦ハケ(6本/cm、I類)。 （内面）縦指ナデ。内面調整○。	第1 A1	外 茶褐色 内 茶褐色 軟質
20 53図－3	器高 (17.9) 口径 － 底径 13.9	1段 8.6 2段 － 3段 － 4段 －	2段目 縦長	（基部）幅5.9cm。接合はR、接合外面は○。外面板目あり。 （体部）粘土紐巻き上げ、巻き上げ方向左回り。 （透孔）穿孔は右回転。指ナデあり。	（外面）縦ハケ(6本/cm、I、II類)。 （内面）縦指ナデ。内面調整○。	第1 A3'	外 淡茶褐色 内 淡茶褐色 軟質
21	器高 (23.2) 口径 － 底径 11.9	1段 8.5 2段 14.1 3段 － 4段 －	2段目 縦長	（基部）幅4.0cm。接合は不明。内面板目あり(2類×)。 （体部）粘土紐巻き上げ、巻き上げ方向左回り。 （透孔）穿孔は右回転。指ナデあり。	（外面）縦ハケ(6本/cm、I、II類)。 （内面）縦指ナデ。内面調整○。	第1 A1 第2 A1	外 茶褐色 内 茶褐色 軟質
22 53図－4	器高 (14.8) 口径 － 底径 13.2	1段 9.6 2段 － 3段 － 4段 －	2段目 縦長	（基部）幅4.3cm。接合はL、接合外面は○。内面板目なし(4類○)。 （体部）粘土紐巻き上げ、巻き上げ方向右回り。 （透孔）穿孔は左回転。指ナデあり。	（外面）縦ハケ(4本/cm、II類)。 （内面）縦指ナデ。内面調整○。	第1 B1'	外 淡茶褐色 内 淡茶褐色 軟質
23	器高 (15.2) 口径 － 底径 10.9	1段 7.8 2段 － 3段 － 4段 －	2段目	（基部）幅5.7cm。接合はR、接合外面は△。内面板目あり(2類△)。 （体部）粘土紐巻き上げ、巻き上げ方向左回り。 （透孔）穿孔は右回転。指ナデあり。	（外面）縦ハケ(6本/cm、I類)。 （内面）縦・斜指ナデ。内面調整○。	第1 B1	外 茶褐色 内 淡茶褐色 硬質
24	器高 (18.9) 口径 － 底径 11.1	1段 6.7 2段 － 3段 － 4段 －	2段目 縦長	（基部）幅5.2cm。接合はR、接合外面は×。内面板目あり(2類△)。 （体部）粘土紐巻き上げ、巻き上げ方向左回り。 （透孔）穿孔は右回転。指ナデあり。	（外面）縦ハケ(6本/cm、II類)。 （内面）縦指ナデ。内面調整○。	第1 B2	外 明褐色 内 淡茶褐色 軟質

第7章　下総型埴輪の展開

第16表　円筒埴輪観察表(5)

(前方部上段)

No. (挿図・図版)	形状 法量	形状 段高	形状 透孔	成形	調整	突帯	色調・焼成
25	器高 (15.6) 口径 － 底径 11.7	1段 8.2 2段 － 3段 － 4段 －	2段目	(基部) 幅4.4m。接合はR、接合外面は△。内面板目あり (2類×)。 (体部) 粘土紐巻き上げ、巻き上げ方向左回り。 (透孔) 穿孔は右回転。指ナデあり。	(外面) 縦ハケ(3本/cm、Ⅱ類)。 (内面) 縦・斜指ナデ。内面調整△。	第1 B3	外 暗茶褐色 内 暗茶褐色 軟質
26	器高 (11.6) 口径 － 底径 11.8	1段 4.7 2段 － 3段 － 4段 －	2段目	(基部) 幅5.6m。接合は R、内面板目あり (2類×)。 (体部) 粘土紐巻き上げ、巻き上げ方向左回り。 (透孔) 穿孔は右回転。指ナデあり。	(外面) 縦ハケ(4本/cm、Ⅱ類)。 (内面) 縦指ナデ。内面調整△。	第1 B1	外 淡黄褐色 内 暗黄褐色 軟質
27	器高 (8.9) 口径 － 底径 12.2	1段 9.5 2段 － 3段 － 4段 －	－	(基部) 幅は不明瞭。接合はR、接合外面は×。内面板目あり (1類)。 (体部) 粘土紐巻き上げ、巻き上げ方向は不明。 (透孔) 不明。	(外面) 縦ハケ(6本/cm、Ⅰ類)。 (内面) 縦・斜指ナデ。内面調整○。	－	外 淡茶褐色 内 暗茶褐色 軟質
28	器高 (13.5) 口径 － 底径 11.6	1段 6.2 2段 － 3段 － 4段 －	－	(基部) 幅6.0m。接合はR、接合外面は△。内面板目あり (2類×)。 (体部) 粘土紐巻き上げ、巻き上げ方向は不明。 (透孔) 不明。	(外面) 縦ハケ(6本/cm、Ⅱ類)。 (内面) 縦指ナデ。内面調整△。	第1 B3	外 茶褐色 内 茶褐色 軟質
29	器高 (9.2) 口径 － 底径 10.9	1段 8.0 2段 － 3段 － 4段 －	2段目	(基部) 幅4.8m。接合はR、接合外面は×。内面板目あり (1類△)。 (体部) 粘土紐巻き上げ、巻き上げ方向は不明。 (透孔) 穿孔は右回転。指ナデあり。	(外面) 縦ハケ(6本/cm、Ⅰ類)。 (内面) 縦・斜指ナデ。内面調整○。	第1 A4	外 茶褐色 内 茶褐色 軟質
30	器高 (10.7) 口径 － 底径 11.9	1段 6.1 2段 － 3段 － 4段 －	－	(基部) 幅4.5m。接合はR、接合外面は×。内面板目あり (1類×)。 (体部) 粘土紐巻き上げ、巻き上げ方向は不明。 (透孔) 不明。	(外面) 縦ハケ(6本/cm、Ⅰ類)。 (内面) 縦指ナデ。内面調整○。	第1 A1	外 茶褐色 内 茶褐色 軟質

第16表　円筒埴輪観察表(6)

(前方部上段)

No. (挿図･図版)	形状 法量	形状 段高	形状 透孔	成形	調整	突帯	色調・焼成
31	器高 (12.4) 口径 — 底径 10.9	1段 5.3 2段 — 3段 — 4段 —	—	(基部) 幅4.1cm。接合はR、接合外面は×。内面板目あり (2類×)。 (体部) 粘土紐巻き上げ、巻き上げ方向は不明。 (透孔) 不明。	(外面) 縦ハケ(6本/cm、I類)。 (内面) 縦指ナデ。内面調整△。	第1 B1	外 淡褐色 内 淡褐色 軟質
32	器高 (21.2) 口径 — 底径 12.3	1段 8.3 2段 — 3段 — 4段 —	2段目 縦長	(基部) 幅6.2cm。接合はR、接合外面は△。内面板目あり (1類△)。 (体部) 粘土紐巻き上げ、巻き上げ方向左回り。 (透孔) 穿孔は右回転。指ナデあり。	(外面) 縦ハケ(6本/cm、I類)。 (内面) 縦指ナデ。内面調整○。	第1 B1	外 淡茶褐色 内 淡茶褐色 軟質
33	器高 (10.7) 口径 — 底径 9.8	1段 8.7 2段 — 3段 — 4段 —	2段目	(基部) 幅は不明瞭。接合はR、接合外面は△。内面板目あり (2類○)。 (体部) 粘土紐巻き上げ、巻き上げ方向は不明。 (透孔) 穿孔は不明。指ナデあり。	(外面) 縦ハケ(6本/cm、II類)。 (内面) 縦指ナデ。内面調整○。	第1 A4'	外 淡茶褐色 内 淡茶褐色 軟質

(後円部下段)

No. (挿図･図版)	形状 法量	形状 段高	形状 透孔	成形	調整	突帯	色調・焼成
34 53図-5	器高 (28.7) 口径 — 底径 11.0	1段 9.6 2段 12.7 3段 — 4段 —	2、3段目 縦長	(基部) 幅4.5cm。接合はR、接合外面は○。内面板目あり (2類×)。 (体部) 粘土紐巻き上げ、巻き上げ方向左回り。 (透孔) 穿孔は右回転。指ナデあり。	(外面) 縦ハケ(6本/cm、II類)。 (内面) 縦指ナデ。内面調整△。	第1 A1 第2 B1	外 淡褐色 内 淡褐色 軟質
35 53図-6	器高 43.7 口径 23.3 底径 11.2	1段 6.3 2段 12.7 3段 13.3 4段 11.4	2、3段目 縦長	(基部) 幅4.5cm。接合はR、接合外面は△。内面板目あり (1類△)。 (体部) 粘土紐巻き上げ、巻き上げ方向左回り。 (透孔) 穿孔は右回転。指ナデあり。	(外面) 縦ハケ(6本/cm、I類)。 (内面) 縦・斜指ナデ。内面調整○。	第1 A1 第2 A1 第3 A1	外 茶褐色 内 茶褐色 軟質

第 7 章　下総型埴輪の展開

第16表　円筒埴輪観察表(7)

(後円部下段)

No. (挿図・図版)	形状			成形	調整	突帯	色調・焼成
	法量	段高	透孔				
36 53図-7	器高 (38.2) 口径　－ 底径　12.2	1段　7.4 2段 13.5 3段 12.5 4段　－	2,3段目 縦長	(基部)幅5.0cm。接合はR、接合外面は△。内面板目あり(2類×)。 (体部)粘土紐巻き上げ、巻き上げ方向左回り。 (透孔)穿孔は右回転、指ナデあり。	(外面)縦ハケ(6本/cm、Ⅱ類)。 (内面)縦指ナデ。内面調整△。	第1 A4 第2 B1 第3 B2	外 黄褐色 内 黄褐色 軟質
37 53図-8	器高 (44.1) 口径　－ 底径　12.3	1段　7.6 2段 12.7 3段 13.3 4段　－	2,3段目 縦長	(基部)幅4.2cm。接合はR、接合外面は○。内面板目あり(2類×)。 (体部)粘土紐巻き上げ、巻き上げ方向左回り。 (透孔)穿孔は右回転、指ナデあり。	(外面)縦ハケ(6本/cm、Ⅰ類)。 (内面)縦・斜指ナデ。内面調整○。	第1 A2 第2 A4 第3 A1	外 茶褐色 内 茶褐色 軟質
38 53図-9	器高 (40.1) 口径　－ 底径　11.0	1段　7.2 2段 12.7 3段 10.7 4段　－	2,3段目 縦長	(基部)幅4.2cm。接合はR、接合外面は△。内面掌圧痕あり(3類×)。 (体部)粘土紐巻き上げ、巻き上げ方向左回り。 (透孔)穿孔は右回転、指ナデあり。	(外面)縦ハケ(6本/cm、Ⅱ類)。 (内面)縦指ナデ。内面調整△。	第1 B2 第2 B1 第3 B1	外 茶褐色 内 茶褐色 軟質
39 54図-1	器高 42.9 口径 20.0 底径 11.6	1段　6.0 2段 14.0 3段 12.0 4段 10.9	2,3段目 縦長	(基部)幅5.0cm。接合はR、接合外面は×。内面板目あり(2類×)。 (体部)粘土紐巻き上げ、巻き上げ方向左回り。 (透孔)穿孔は右回転、指ナデあり。	(外面)縦ハケ(6本/cm、Ⅱ類)。 (内面)縦指ナデ。内面調整△。	第1 B3 第2 A4 第3 B2	外 淡黄褐色 内 茶褐色 軟質
40 54図-2	器高 (30.4) 口径　－ 底径　11.5	1段　6.4 2段 12.6 3段　－ 4段　－	2段目 縦長	(基部)幅4.4cm。接合はR、接合外面は△。内面板目あり(2類×)。 (体部)粘土紐巻き上げ、巻き上げ方向左回り。 (透孔)穿孔は右回転、指ナデあり。	(外面)縦ハケ(6本/cm、Ⅱ類)。 (内面)縦指ナデ。内面調整△。	第1 B3 第2 B3	外 黄褐色 内 淡黄褐色 軟質
41 54図-3	器高 (27.8) 口径　－ 底径　10.9	1段　8.0 2段 13.1 3段　－ 4段　－	2,3段目 縦長	(基部)幅4.5cm。接合はR、接合外面は△。内面板目あり(1類×)。 (体部)粘土紐巻き上げ、巻き上げ方向左回り。 (透孔)穿孔は右回転、指ナデあり。	(外面)縦ハケ(6本/cm、Ⅱ類)。 (内面)縦・斜指ナデ。内面調整△。	第1 B1 第2 B1	外 橙褐色 内 橙褐色 軟質

第16表　円筒埴輪観察表(8)

(後円部下段)

No. (挿図・図版)	形　状			成　形	調　整	突　帯	色調・焼成
	法　量	段　高	透　孔				
42 54図-4	器高 (25.2) 口径　－ 底径　10.9	1段　6.5 2段　15.0 3段　－ 4段　－	2,3段目 縦長	(基部) 幅4.0cm。接合はR、接合外面は×。内面板目あり（2類×）。 (体部) 粘土紐巻き上げ、巻き上げ方向左回り。 (透孔) 穿孔は右回転。指ナデあり。	(外面) 縦ハケ(6本/cm、Ⅱ類)。 (内面) 縦・斜指ナデ。内面調整△。	第1 B2 第2 B2	外　淡黄褐色 内　淡黄褐色 軟質
43 54図-5	器高 (41.7) 口径　20.2 底径　12.0	1段　6.0 2段　13.3 3段　12.8 4段　－	2,3段目 縦長	(基部) 幅4.0cm。接合はR、接合外面は△。内面板目あり（1類×）。 (体部) 粘土紐巻き上げ、巻き上げ方向左回り。 (透孔) 穿孔は右回転。指ナデあり。	(外面) 縦ハケ(6本/cm、Ⅱ類)。 (内面) 縦指ナデ。内面調整△。	第1 B2 第2 B2 第3 B1	外　明褐色 内　明褐色 軟質
44 54図-6	器高 (42.6) 口径　－ 底径　11.2	1段　10.3 2段　12.8 3段　9.9 4段　－	2,3段目 円、縦長	(基部) 幅4.4cm。接合は、不明。内面板目あり（1類×）。 (体部) 粘土紐巻き上げ、巻き上げ方向左回り。 (透孔) 穿孔は右回転。指ナデあり。	(外面) 縦ハケ(6本/cm、Ⅰ類)。 (内面) 縦・斜指ナデ。内面調整○。	第1 B2 第2 B2 第3 B2	外　淡茶褐色 内　淡茶褐色 軟質
45 54図-7	器高 (41.2) 口径　－ 底径　11.5	1段　5.6 2段　12.7 3段　12.4 4段　－	2段目 円、縦長	(基部) 幅は不明瞭。接合はR、接合外面○。内面板目あり（2類△）。 (体部) 粘土紐巻き上げ、巻き上げ方向左回り。 (透孔) 穿孔は右回転。指ナデあり。	(外面) 縦ハケ(6本/cm、Ⅱ類)。 (内面) 縦・斜指ナデ。内面調整○。	第1 A2 第2 A1 第3 A1	外　淡茶褐色 内　茶褐色 軟質
46 54図-8	器高 (46.1) 口径　－ 底径　10.8	1段　9.1 2段　14.8 3段　12.1 4段　－	2段目 縦長	(基部) 幅5.3cm。接合はR、接合外面は○。内面板目あり(1類△)。 (体部) 粘土紐巻き上げ、巻き上げ方向左回り。 (透孔) 穿孔は右回転。指ナデあり。	(外面) 縦ハケ(6本/cm、Ⅱ類)。 (内面) 縦指ナデ。内面調整○。	第1 B2 第2 B2' 第3 B2'	外　淡茶褐色 内　茶褐色 軟質
47	器高 (33.8) 口径　－ 底径　－	1段　－ 2段　11.8 3段　13.9 4段　－	2,3段目 円、縦長	(基部) 不明。 (体部) 粘土紐巻き上げ、巻き上げ方向左回り。 (透孔) 穿孔は右回転。指ナデあり。	(外面) 縦ハケ(4本/cm、Ⅱ類)。 (内面) 縦指ナデ。内面調整△。	第1 B3 第2 B1 第3 B1	外　淡茶褐色 内　淡茶褐色 軟質

第 7 章　下総型埴輪の展開

第 16 表　円筒埴輪観察表(9)

(後円部下段)

No. (挿図・図版)	形状 法量	形状 段高	形状 透孔	成形	調整	突帯	色調・焼成
48 54図-9	器高 (42.9) 口径　－ 底径　11.8	1段　7.9 2段　15.3 3段　12.4 4段　－	2、3段目 縦長	(基部)幅は不明瞭。接合はR、接合外面○。内面板目あり（2類）。 (体部)粘土紐巻き上げ、巻き上げ方向左回り。 (透孔)穿孔は右回転。指ナデあり。	(外面)縦ハケ(6本/cm、I類)。 (内面)縦・斜指ナデ。内面調整○。	第1 A4 第2 A1 第3 A1	外 淡茶褐色 内 淡茶褐色 軟質
49 55図-1	器高 (42.4) 口径　－ 底径　11.9	1段　6.3 2段　12.1 3段　13.4 4段　－	2、3段目 円、縦長	(基部)幅は不明瞭。接合はR、接合外面○。内面板目あり（1類）。 (体部)粘土紐巻き上げ、巻き上げ方向左回り、 (透孔)穿孔は右回転。指ナデあり	(外面)縦ハケ(6本/cm、I類)。 (内面)縦、斜指ナデ。内面調整○。	第1 A4 第2 A1 第3 A1	外 明茶褐色 内 茶褐色 軟質
50 55図-2	器高 (39.1) 口径　－ 底径　11.3	1段　6.3 2段　11.9 3段　13.3 4段　－	2、3段目 円、縦長	(基部)幅は5.3cm。接合はR、接合外面○。内面板目あり（2類×）。 (体部)粘土紐巻き上げ、巻き上げ方向左回り。 (透孔)穿孔は右回転。指ナデあり。	(外面)縦ハケ(6本/cm、I類)。 (内面)縦・斜指ナデ。内面調整○。	第1 A1 第2 A1 第3 A1	外 淡茶褐色 内 淡茶褐色 軟質
51 55図-3	器高 (35.2) 口径　－ 底径　10.4	1段　7.2 2段　13.7 3段　14.6 4段　－	2、3段目 縦長	(基部)幅4.1cm。接合はR、接合外面△。内面板目あり（2類×）。 (体部)粘土紐巻き上げ、巻き上げ方向左回り。 (透孔)穿孔は右回転。指ナデあり。	(外面)縦ハケ(4本/cm、II類)。 (内面)縦指ナデ。内調整○。	第1 A4 第2 A1	外 灰褐色 　 淡黄褐色 内 灰茶褐色 硬質 須恵質
52 55図-4	器高 (39.8) 口径　－ 底ぽ　11.4	1段　7.5 2段　14.1 3段　12.9 4段　－	2、3段目 円、縦長	(基部)幅4.5cm。接合はR、接合外面△。内面板目あり（1類×）。 (体部)粘土紐巻き上げ、巻き上げ方向左回り。 (透孔)穿孔は右回転。指ナデあり。	(外面)縦ハケ(6本/cm、I類)。 (内面)縦、斜指ナデ。内面調整○。	第1 A1 第2 A1 第3 A1	外 茶褐色 内 茶褐色 軟質
53 55図-5	器高 (49.0) 口径　21.6 底径　10.1	1段　9.6 2段　13.6 3段　13.7 4段　12.1	2段目 縦長	(基部)幅は不明瞭。接合はR、接合外面○。内面板目あり（I類）。 (体部)粘土紐巻き上げ、巻き上げ方向左回り。 (透孔)穿孔は右回転。指ナデあり。	(外面)縦ハケ(6本/cm、I、II類)。 (内面)縦・斜指ナデ。内面調整○。	第1 B3 第2 B2 第3 B2	外 茶褐色 内 茶褐色 軟質

第16表　円筒埴輪観察表(10)

(後円部下段)

No. (挿図・図版)	形　状			成　形	調　整	突帯	色調・焼成
	法　量	段　高	透孔				
54 55図-6	器高　(40.9) 口径　－ 底径　11.1	1段　6.9 2段　14.1 3段　13.5 4段　－	2、3段目 縦長	(基部)幅4.7cm。接合はR、接合外面は△。内面板目あり(1類△)。 (体部)粘土紐巻き上げ、巻き上げ方向右回り。 (透孔)穿孔は右回転。指ナデあり。	(外面)縦ハケ(6本/cm、I類)。 (内面)縦指ナデ。内面調整△。	第1 A4 第2 A1 第3 A1	外　淡茶褐色 内　茶褐色 軟質
55 55図-7	器高　(29.1) 口径　－ 底径　11.5	1段　6.6 2段　10.7 3段　－ 4段　－	2段目 縦長	(基部)幅4.8cm。接合はR、接合外面は×。内面板目あり(1類△)。 (体部)粘土紐巻き上げ、巻き上げ方向右回り。 (透孔)穿孔は右回転。指ナデあり。	(外面)縦ハケ(6本/cm、II類)。 (内面)縦指ナデ。内面調整△。	第1 B2 第2 B3	外　淡茶褐色 内　茶褐色 硬質
56 55図-8	器高　(24.0) 口径　－ 底径　11.1	1段　6.7 2段　14.4 3段　－ 4段　－	2、3段目 縦長	(基部)幅4.3cm。接合はR、接合外面は不明。内面板目あり(1類△)。 (体部)粘土紐巻き上げ、巻き上げ方向左回り。 (透孔)穿孔は右回転。指ナデあり。	(外面)縦ハケ(6本/cm、II類)。 (内面)縦指ナデ。内面調整△。	第1 B1 第2 B1	外　淡黄茶褐色 　　淡茶褐色 内　淡黄褐色 硬質 須恵質
57 55図-9	器高　(17.2) 口径　－ 底径　11.5	1段　8.0 2段　－ 3段　－ 4段　－	2段目	(基部)幅は不明瞭。接合はR、接合外面は○。内面板目あり(1類○)。 (体部)粘土紐巻き上げ、巻き上げ方向左回り。 (透孔)不明	(外面)縦ハケ(6本/cm、I類)。 (内面)縦指ナデ。内面調整○。	第1 A1	外　茶褐色 内　茶褐色 軟質
58 56図-1	器高　(43.3) 口径　－ 底径　11.3	1段　7.2 2段　11.8 3段　8.8 4段　12.3 5段　－	2、4段目 縦長	(基部)幅4.8cm。接合はR、接合外面は△。内面板目あり(2類×)。 (体部)粘土紐巻き上げ、巻き上げ方向左回り。 (透孔)穿孔は右回転。指ナデあり。	(外面)縦ハケ(6本/cm、II類)。 (内面)縦指ナデ。内面調整△。	第1 B2 第2 B3 第3 B3 第4 B3	外　淡茶褐色 内　茶褐色 軟質
59 56図-2	器高　(21.9) 口径　－ 底径　11.7	1段　7.3 2段　10.9 3段　－ 4段　－	2、3段目 円	(基部)幅3.9cm。接合はR、接合外面は△。内面板目あり(2類×)。 (体部)粘土紐巻き上げ、巻き上げ方向左回り。 (透孔)穿孔は右回転。指ナデあり。	(外面)縦ハケ(6本/cm、II類)。 (内面)縦指ナデ。内面調整△。	第1 B2 第2 B3 第3 B1	外　淡茶褐色 内　淡茶褐色 硬質

第7章 下総型埴輪の展開

第16表 円筒埴輪観察表(11)

(後円部下段)

No. (挿図・図版)	形状 法量	形状 段高	形状 透孔	成形	調整	突帯	色調・焼成
60 56図-3	器高 (34.5) 口径 － 底径 11.4	1段 6.2 2段 12.2 3段 9.2 4段 －	2,3段目 円	(基部)幅4.5cm。接合はR、接合外面は×。内面板目あり(1類×)。 (体部)粘土紐巻き上げ、巻き上げ方向左回り。 (透孔)穿孔は右回転。指ナデあり。	(外面)縦ハケ(6本/cm、II類)。 (内面)縦・斜指ナデ。内面調整△。	第1 B1 第2 B1 第3 B2	外 茶褐色 内 茶褐色 軟質

(前方部先端裾部)

No. (挿図・図版)	形状 法量	形状 段高	形状 透孔	成形	調整	突帯	色調・焼成
61	器高 (11.9) 口径 － 底径 11.2	1段 8.6 2段 － 3段 － 4段 －	2段目	(基部)幅4.1cm。接合はR、接合外面は△。内面板目あり(2類○)。 (体部)粘土紐巻き上げ、巻き上げ方向は不明。 (透孔)穿孔は右回転。指ナデあり。	(外面)縦ハケ(4本/cm、II類)。 (内面)縦指ナデ。内面調整○。	第1 B2	外 淡褐色 内 淡茶褐色 軟質
62	器高 (5.9) 口径 － 底径 11.2	1段 － 2段 － 3段 － 4段 －	－	(基部)幅5.6cm。接合はR、接合外面は△。内面板目なし(4類○)。 (体部)粘土紐巻き上げ、巻き上げ方向は不明。 (透孔)不明	(外面)縦ハケ(6本/cm、I類)。 (内面)縦指ナデ。内面調整○。	－	外 淡茶褐色 内 淡茶褐色 硬質
63	器高 (7.3) 口径 － 底径 11.1	1段 － 2段 － 3段 － 4段 －	－	(基部)幅は不明瞭。接合はR、接合外面は○。内面板目あり(1類△)。 (体部)粘土紐巻き上げ、巻き上げ方向は不明。 (透孔)不明	(外面)縦ハケ(6本/cm、I類)。 (内面)縦・斜指ナデ。内面調整○。	－	外 淡茶褐色 内 淡茶褐色 軟質
64	器高 (6.6) 口径 － 底径 11.3	1段 － 2段 － 3段 － 4段 －	－	(基部)幅4.4cm。接合はR、接合外面は△。内面板目あり(2類△)。 (体部)粘土紐巻き上げ、巻き上げ方向は不明。 (透孔)不明	(外面)縦ハケ(7本/cm、I、II類)。 (内面)縦・斜指ナデ。内面調整○。	－	外 淡茶褐色 内 淡茶褐色 軟質

第8章　古代筑波山祭祀への視角
――内海をめぐる祭祀の連環と地域社会の形成――

はじめに

　筑波山は西の峰を男体，東の峰を女体と呼び，古来より神の宿る山，いわゆる神体山として崇拝されてきた信仰の山である。その二神山の秀麗な山容は，関東平野一帯からも仰ぎ見ることができる。筆者はかつて筑波山の古代祭祀について，祭祀権者の問題や祭祀の源流をめぐっていくつかの試論を提示してきたが[1]，その具体相に迫るには考古学的な成果に期待するところが大きいにも関わらず，残念ながら山中・山麓での正式な調査はいまだ行われたことがなく，隔靴掻痒の感を否めないのが現状である。

　筑波山は，関東平野の北東寄り，阿武隈山系が細長く連なるその南端にあり，平野一帯からその山容を一望できる。筑波山の南方は，桜川など二，三の河川を通じて霞ヶ浦へとつながっている。古代においては，この霞ヶ浦の内海とその水系が常陸南部から下総北部全域へと通じ，関東平野へも開かれていた。一方，北方は桜川や小貝川水系に沿って遡り，阿武隈山系に連なる丘陵や水系にも通じ，下野東部や常陸北部，さらには東北南部へと至るルートも確保されていたと予測される。

　本章では，このような筑波山の地理的位置を念頭に，これまでの成果をあらためて整理してみたいと思う。そのなかで，古代筑波山祭祀への新たな視角を提示したい。

第1節　考古資料から見た古代筑波山祭祀とその画期

　古代に遡る筑波山の祭祀をうかがい知る資料として，『常陸国風土記』や『万葉集』[2]などの文献資料と，山中・山麓に点在する祭祀遺跡や遺構，遺物など

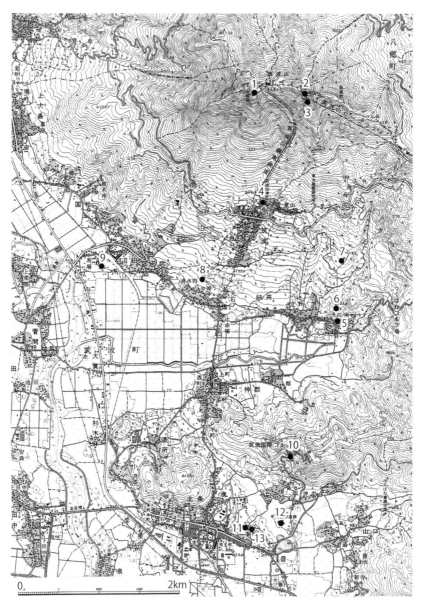

1：男体山頂下立身石　2：女体山頂　3：天狗の巣落し　4：筑波山神社(中禅寺跡)　5：六所神社旧地
6：明神宮山山頂巨石群　7：夫女石　8：稲野神社　9：八幡塚古墳　10：佐都ヶ岩屋古墳(平沢1号)
11：中台古墳群　12：平沢官衙跡　13：中台廃寺

第61図　筑波山関連遺跡分布図(国土地理院2万5千分の1地形図より)

の考古資料とがある。

　上記文献資料は，いずれも奈良時代に編纂されたものである。風土記，万葉集に散見される筑波山に関する記述は，律令初期あるいはそれ以前にまで遡るだろう筑波山とその祭祀の姿を伝える資料として貴重である。拙稿（塩谷1994）では，多彩な描写の中から次の4点を指摘した。

① 神体山　「筑波の神」「神宮」「朋神の貴き山」「男の神　女の神」
② 燿歌　「鷲の住む　筑波の山の　裳羽服津の　その津の上に　率いて　未通女壮の　行き集ひ　かがふ燿歌に」
③ 祀り手　民衆：「坂より東の諸国の男女　騎にも歩にも登臨り　遊楽しみあそぶ」「その里の西に飯名の社あり　此は即ち　筑波岳に有せる飯名の神の別属なり」

　　　　　　統治者：「国見する筑羽の山」

④ 禁足地　「最頂は西の峰崢しく嶮く　雄の神と謂ひて登臨らしめず」「筑波嶺の彼面此面に守部据ゑ」

　『常陸国風土記』や『万葉集』に描かれた筑波山は，当時からすでに男の神，女の神の二神が宿る神体山であった。燿歌や祀り手を彷彿させる記述内容からは，筑波山が周辺の人々が行き集う山であり，また広く周辺集落から遥拝する信仰の山であったことがうかがわれる。このように民衆に崇拝され，開かれた山としての筑波山がある一方，山中の一部には普段は足を踏み入れることのできない禁足地があり，特定の統治者が祭祀権を掌握していたなど，異なる側面もまた想定される。いずれにしても，このような原初的な筑波山とその祭祀のあり様は，奈良時代以前のいつ頃まで遡るのであろうか。

　筑波山の山中，山麓には自然の巨石が点在しており，長い間信仰の対象とされてきたものも多い。その中には古代に遡る祭祀遺物を出土する巨石もあり，神の降臨する磐座として奉斎されていたことがわかる。筑波山への信仰は，古くより様々なかたちで広域に及ぶとは思われるが，山中・山麓にある巨石は筑波山への祭祀に関わる蓋然性が最も高い祭祀遺跡として注目される。これらの巨石は南斜面や南麓など，筑波山の南側に集中している[3]。ここではその立地を重視し，山中と山麓とに分けて概観してみる。

　山中ではまず，女体山の山頂遺跡がある（椙山1985）。女体山山頂の南側は幾

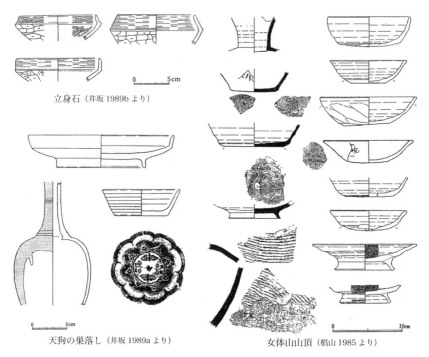

第 62 図　筑波山山中出土の祭祀遺物

重にも重なる巨石からなり，その隙間や下から多くの祭祀遺物が採集されている。銅銭，灰釉陶器皿，須恵器長頸壺，杯，高台付杯，大甕，土師器杯，高台付杯・皿などが報告されており，銅銭の種類は判然としないが皇朝銭の可能性もあるという。須恵器，土師器の年代については，おおむね平安時代中頃（10世紀代）のものと考えられている。

　女体山頂直下 50 m 程の南斜面に，筑波山禅定の行場のひとつでもある「天狗の巣落し」と呼ばれる直立する巨石がある。やはり，その巨石の隙間や下から祭祀遺物が採集されている（井坂 1989a）。主なものに花卉双蝶八花鏡，灰釉陶器細頸壺，須恵器高台付盤，杯，高台付杯，器面に「上院」の墨書のある土師器杯などがある。花卉双蝶八花鏡は奈良時代の鏡で，面径 7.2cm，縁厚 0.4cm，良質の白銅製である。須恵器，土師器の年代は大部分が平安時代前半（9 世紀代）のもので，鏡もまたしばらく伝世され，同じようにこの地に奉幣されたものと考えられる。

第8章　古代筑波山祭祀への視角

　男体山頂から中腹へ向かう南斜面に，大きな窟状をなす「立身石」と呼ばれる巨石がある。やはり，筑波山禅定の行場となっている。その立身石の下から土師器が採集されているが，杯身破片3とその数はごく少量である（井坂1989b）。3点とも口縁部直下の稜線が特徴で，古墳時代後期（6〜7世紀代）の土師器と考えられる。この他に，奈良・平安時代の土師器も採集されているという。

　これに対し，筑波山南麓に点在する巨石は，隣接する里宮との関係が注目される。拙稿（塩谷2003）で，山麓の磐座と里宮という視点で，「六所神社山頂の巨石群」，「夫女ヶ原の夫女石」，「稲野神社境内の巨石」を取り上げ，筑波山祭祀の源流について試論を提示した。ここでは前述の山頂・山中の磐座とこれら山麓の磐座とを比較し，古代における筑波山祭祀のあり方について改めて私見をまとめておきたい。

　平安時代の初期，南都法相宗の僧徳一は筑波山中腹に筑波山寺（後の中禅寺）を開創した。遅くとも9世紀初頭の頃と考えられているが（井坂1989c，中村1998），これにより筑波山は神仏習合の山として新たな展開を見せ，山林修行者の修験の場として発展していく。なお，徳一の創建になる筑波山寺は，現在の筑波山神社付近にあったと考えられるが，その場所を特定するには至っていない。神の山筑波山に対する祭祀は，古くから山中・山麓，そして山を臨む近隣や周辺の集落など各所において行われていた。先に紹介した山頂・山中の磐座から採集された祭祀遺物は，その大半が9〜10世紀の平安時代に属するもので，それ以前の資料はごく僅かしか認められない。このことからすれば，筑波山中の祭祀が本格化するのは，筑波山が神仏習合の山となる平安時代以降と言うことができそうである。

　一方，筑波山南麓に見られる巨石は，六所神社や稲野神社など筑波山の里宮の伝承を残す古社と隣接し，両者には密接な関係がうかがわれる。1910（明治43）年に廃社となった六所神社は，残された史資料や神社跡地から採集される土師器の年代などから平安時代末まで遡ることは明らかである[4]。また，稲野神社（伝「飯名の神」）や夫女ヶ原（伝「裳羽服津」）の祭祀も，『常陸国風土記』や『万葉集』に表れ，奈良時代以前の筑波山祭祀を伝承するものと考えられる。六所神社山頂（明神宮山）の巨石群とそれに連なる夫女石[5]，稲野神社境内の巨石，これら南麓の巨石からは今のところ祭祀遺物の出土は確認されていないものの，古

代に淵源をもつ磐座と呼ぶに相応しいものと考えている。巨石は大きさ約3～7ｍの巨大な自然石で，前面に一定の平場を形成するなど，磐座の形態的特徴を備えている。立地の面でも里宮の境内や神域内にあり，あるいは両者を結ぶ祭祀の伝承を伝えるなど，信仰・祭祀の面で巨石と里宮との間には有機的な関係が想定される。また，筑波山南麓のなだらかな裾野にあり，それぞれが二神山の山容をよく望める好所に位置しているなどの諸特徴が指摘できる。

　奈良県桜井市三輪山西麓の山ノ神遺跡（弓場 1999）や群馬県前橋市赤城山南麓の櫃石（大場 1943a）などを好例として，神体山に対する祭祀の中には山麓部における磐座祭祀が多く認められる。上記2例は，神体山を奉斎する神社祭祀と密接な位置関係にあると共に，その祭祀は神社祭祀成立以前の古墳時代にまで遡るものである。古代に遡る可能性の高い筑波山の二つの里宮も，その祭祀の起源は南麓における磐座祭祀にあったと考えられないだろうか。

　つまり，徳一による筑波山寺の開創を転機として，筑波山への祭祀・信仰は，山麓の磐座祭祀から山頂・山中の磐座祭祀へと拡大していったと想定されるのである。9世紀以降盛行し山頂・山中の南斜面にその痕跡を残す磐座祭祀は，神仏習合の筑波山祭祀であり，南麓に点在する磐座は，『常陸国風土記』の世界に表れ，それ以前に遡るであろう原初的な筑波山祭祀の所産と考えたい。

第2節　奈良時代以前の筑波山祭祀とその周辺

　ところで，古代における筑波山を取り巻く周辺の様子はどうだったのか，筑波山祭祀の起こりやその歴史的位置付けを考える上で重要である。ここでは，はじめにも述べた常総地域あるいは古霞ヶ浦沿岸地域[6]という視野の中で，おもに考古資料を通して奈良時代以前の神祀りについて見ていきたい。

　『常陸国風土記』には，その土地に鎮座する社の所在や，その謂れや神祀りについての記述がある。その中には，比較的詳細に記されたものや複数回にわたり登場する頻度の高いものがある（下記参照・◎印）。「筑波の神」もそのひとつであるが，周辺では「香島の天の大神」，「香島の神子の社」，「香取の神子の社」，「浮島の九つの社」などが目を惹く記述として注目される。

　〔新治郡〕　─

〔筑波郡〕　◎筑波の神（筑波岳）
　〔信太郡〕　飯名の社，◎浮島「九つの社ありて，言も行も謹諱めり」
　〔茨城郡〕　―
　〔行方郡〕　◎香取の神子の社（3ヶ所），国つ社（大井），◎香島の神子の社（3ヶ所），夜刀の神の社，香澄の里の社
　〔香島郡〕　◎香島の天の大神
　〔那賀郡〕　晡時臥の山の社
　〔久慈郡〕　◎賀田比禮の峯の社
　〔多珂郡〕　―

　以下に，鹿島神宮，香取神宮，浮島に関連して，神社祭祀以前に遡る祭祀遺跡や祭祀遺物について紹介し，それぞれの特質について考えてみたい。

(1) 鹿島神宮の祭祀遺跡と遺物（第63・64図参照）

　鹿島神宮は大和朝廷の東国進出・蝦夷征討の拠点として創設されたと考えられており，鹿島（香島）の神は東国から北に向かう交通の拠点，その要衝の地に鎮座している。

　『常陸国風土記』香島郡の条に，「古老のいへらく，難波の長柄の豊前の大朝に馭宇しめしし皇のみ世，己酉の年，大乙上中臣□子，大乙下中臣部兎子等，惣領高向の大夫に請ひて，下総の国，海上の国造の部内，軽野より南の一里と，那賀の国造の部内，寒田より北の五里とを割きて，別きて神の郡を置きき。そこに有ませる天の大神の社・坂戸の社・沼尾の社，三処を合わせて惣べて香島の天の大神と称ふ，因りて郡に名づく」とあるように，鹿島神宮（香島の天の大神）は，天の大神社を主神とし，坂戸社，沼尾社など在来の神を結合して構成されたようである。この坂戸社や沼尾社は，現社殿のある田谷沼沿いの地にあったものと考えられている。田谷沼は，鹿島神宮北方至近に位置し，北浦から入り江状に入り込む比較的大きな谷地となっており，風土記にある沼尾池や沼尾社の旧地はその谷奥にあったとされている（大場1970a：58～59頁，森下1999）。

　ところで，鹿島神宮の境内[7]からはいくつかの祭祀遺物が出土している。椙山林継の報告によると（椙山1994），國學院大學考古学資料館所蔵の小型手づくね高杯，鹿島神宮所蔵の小型手づくね高杯（第64図1～5,8）と小型手づくね平底椀（第

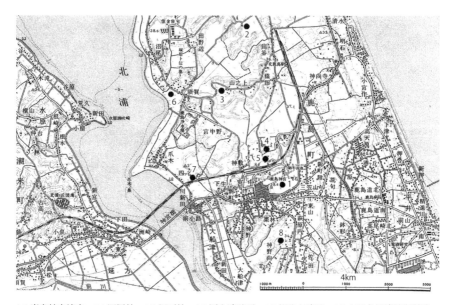

1：鹿島神宮境内　2：沼尾社　3：坂戸社　4：厨台遺跡群　5：鍛冶台遺跡　6：水田条里遺跡(須賀)
7：水田条里遺跡(宮中)　8：神野向遺跡(鹿島郡衙跡)

第63図　鹿島神宮とその周辺の遺跡(国土地理院5万分の1地形図より)

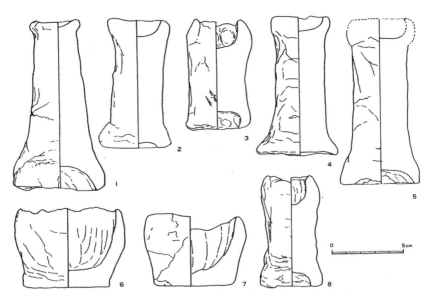

第64図　鹿島神宮境内出土の祭祀遺物(椙山1994より)

第8章　古代筑波山祭祀への視角

64図6, 7)などがある。高杯は器高7.7～11.7cmと小型の手づくね品で，棒状の形態で上面と下面を抉り込み小さな杯部と脚部を作り出している。平底椀は内面を指で粗くなでて整形したもので，口唇部は未調整，口径7cm，器高5.5cm前後の小型の手づくね品である。出土した小型手づくね土器は，高杯，平底椀いずれも古墳時代後半期のもので，とくに後期に顕著である。後者の平底椀は，古墳時代後期の典型的な小型祭祀用土器の一つで，全国広範囲に出土が認められる。これに対し，前者の棒状高杯は，古墳時代後期の手づくね土器と思われるが類例は少なく，報告者の椙山は鹿島型の手づくね高杯として注目している。杯部と脚部をもつ小型手づくね土器は全国広く認められるが，本例のような棒状の本体上下に浅い窪みを作り出す形状は意外に少なく，椙山も指摘する佐賀県三養基郡基山町伊勢山遺跡(木下元ほか1970)や小城市三日月町石木遺跡(高島ほか1976)ほか，福岡県遠賀郡岡垣町黒山遺跡群(東日本埋蔵文化財研究会1993)など北部九州にわずかに認められるにすぎない。どちらかというと，鹿島神宮出土の小型手づくね高杯は，常陸・下総など近隣には類例のない外来的な様相をもつ祭祀用土器と考えられる。

　境内出土の祭祀遺物として手づくね土器以外には，やはり古墳時代後期の子持勾玉，土師器壺，高杯，小形甕，杯，須恵器高杯，土製丸玉，円筒状土錘，また奈良時代以降の須恵器蓋杯，高台付杯，盤，高杯などの出土も報じられている(椙山1994：157頁，黒澤ほか1995)。

　このように鹿島神宮の鎮座する地には，すでに古墳時代後期に遡る祭祀の痕跡が認められる。古墳時代中期に遡る滑石製模造品は，現状では北浦湖岸の水田条里遺跡群(鹿嶋市須賀，宮中，大船津地区など)や鹿嶋市厨台遺跡群，鍛冶台遺跡など神宮周辺の地に多く認められ，有孔円板，剣，勾玉，臼玉，鎌，斧，刀子，子持勾玉などの滑石製模造品が出土している(本田1983，本田・田口1984，本田・宮崎1989，風間1990)。鹿島神宮境内地における祭祀の源流は，現状から判断すると滑石製模造品最盛期に後出する6世紀前半代の祭祀にあると想定されるが，先行して古墳時代中期の5世紀代に神宮周辺の地から祭祀が始まったと考えることも可能であろう(椙山1994：163頁)。いずれにしても，鹿島神宮に収斂される古墳時代以降のこの地の祭祀が，当時の内海に面する北浦湖岸の低地，あるいは神宮境内，厨台遺跡群，坂戸社，沼尾社のように内海の入り江を望む台地上

213

に位置することは重要である。

(2) 香取神宮の祭祀遺跡と遺物(第65図参照)

　おなじく，古霞ヶ浦水系の入口に鎮座する香取神宮境内やその周辺からも，古墳時代以降の祭祀遺物が出土している。

　『日本書紀』神代・下に「天神，遣経津主神・武甕槌神，使平定葦原中国。(中略)是時斎主神，号斎之大人。此神今在乎東国檝取之地也」とあり，香取神宮(経津主神)は，鹿島神宮(武甕槌神)とならんで大和朝廷の国土経略に大功のあった武神として，両者は早くから深い関係を持った神社と考えられている。また，檝取之地の義から船の航行を掌る地にあったこと，つまり水運の要衝に位置していたことも鹿島神宮と共通の背景として重視される。

　大場磐雄は，1970(昭和45)年の『祭祀遺蹟』巻末に全国の祭祀遺蹟地名表を掲載し，香取神宮に隣接し関わり深い祭祀遺跡として，千葉県香取市香取神宮境内・丁子山・津宮の3遺跡を取り上げている(大場1970b)。また，1972(昭和47)年に刊行された『神道考古学講座』第2巻では，椙山林継が香取神宮境内の祭祀遺跡について簡潔に次のように解説している(椙山1972)。

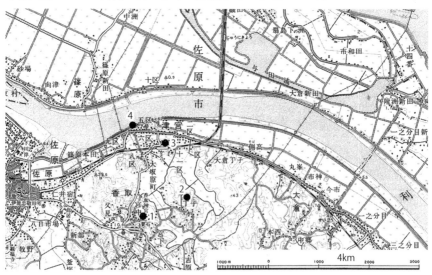

1：香取神宮境内　2：丁子山遺跡　3：津宮遺跡　4：津宮大鳥居

第65図　香取神宮とその周辺の遺跡(国土地理院5万分の1地形図より)

「神宮の境内はほぼ全域にわたり土師器等を出土し，古墳時代以降集落と，祭祀の営まれていた地であることがわかる。(中略)祭祀遺物は現今の社殿周辺，特に本殿裏から西側にかけての森林中に発見され，多くは小形手捏土器と土師器である。発掘調査は一度もないため石製模造品等の発見は不明確であるが，高橋健自の『考古図聚』には石製模造品の有孔円板が出土しているとあり，境内の正式調査がまたれる。」

香取神宮境内は，滑石製有孔円板（後藤1930）や小型手づくね土器，ほか土師器や須恵器の出土から古墳時代後半期（5世紀後半〜6世紀前半）に遡る祭祀遺跡の存在が想定される。津宮遺跡は利根川右岸の微高地上にあり，ここから香取神宮への参詣道が南に延びており，現在も利根川岸に神宮の大鳥居が立っている。この地は，古来より香取神宮とは密接不可分な地として発展してきた。水運の拠点として，古霞ヶ浦水系から香取神宮への入口，所謂「津の宮」の役割を担っていたと考えられる。有孔円板，剣形，臼玉の滑石製模造品の出土が報じられていることから（高橋1919），その祭祀はやはり古墳時代後半期まで遡るものであろう。

丁子山遺跡については，古墳時代の土師器と共に滑石製模造品の出土が伝えられている。大場の報告によると，大野市平氏所蔵品として小玉（臼玉），鏃形，剣形，有孔円板，勾玉をはじめ，椀形，有孔短冊形，小方形板，菱の実形，その他不明のものなどがあり，いずれも小孔を穿った滑石製模造品と考えられるが極めて異形のものが多いのが特徴である（大場1943b：105~106頁・125頁）。この他江見水蔭旧蔵の資料として，京都大学に扁平勾玉，臼玉，鏡形，有孔円板，剣形（佐原市大倉丁子・丁子山・丁子出土）など（京都大学文学部1968），東京国立博物館に剣形，有孔円板（佐原市丁子出土）など（東京国立博物館1986）の滑石製模造品が残されている。大場は，江見水蔭の発掘記録（江見1907）を紹介しつつ，古霞ヶ浦から湾入する小さな谷を隔て香取神宮とも隣接する丁子山の祭祀遺跡を重視している[8]。

古墳時代中期に遡りうる祭祀遺跡であり，神宮境内，津宮の2遺跡と共に香取神宮の祭祀の源流と深く関わる遺跡として注目される。また，異形の滑石製模造品の内容も興味深い。大場がいみじくも「神饌の一種」と指摘した菱の実形以外にも，丸餅状（円形），鳥形，アケビ状（三日月形）など，兵庫県加古川市山

手行者塚古墳の造り出しから出土したいわゆる供物形土製品(加古川市教委1997)
と同形とも見受けられる形態がある。行者塚古墳のような供物形土製品の類例
は，古墳出土の土製模造品に散見され，行者塚古墳ほど多彩ではないが円形丸
餅状を主体に兵庫県加古川市平荘町クワンス塚古墳(大平2002：31~42頁)の奈良
県北葛城郡河合町佐味田の乙女山(木下亘1988)・ナガレ山(河合町教委1998)の両古
墳，岐阜県大垣市昼飯大塚古墳(大垣市教委2003)などの出土例がある。いずれに
しても，石製の例が他にないこと，土製の例も古墳出土品に限られるようであ
り，時期も前期末から中期前半とやや隔たりがあるなど，丁子山例は極めて特
殊な事例と言える。古墳出土の供物形土製品との連関を重視するのであれば，
西日本に出土例が多いという地域的な傾向と共に，王権との関わりなど祭祀の
性格が注視される。

(3) 浮島尾島神社の祭祀遺跡と遺物(第66・67図参照)

　稲敷市浮島は，昭和初期の干拓以前は霞ヶ浦東南部に浮かぶ孤島で，尾島神
社はその東端砂洲，標高7m前後の微高地上に鎮座している。現在の霞ヶ浦の
湖面からの比高差は，わずか2.5mほどの地にある。『常陸国風土記』信太郡の
条に，「乗浜の里の東に浮島の村あり。長さ二千歩，広さ四百歩なり。四面絶
海なり。山野交錯はり，戸一十五烟，田七八町餘あり。居める百姓，塩を火き
て業を為す。而して九つの社在り，言も行も謹み諱めり」とあり，奈良時代の
「信太の流海」に浮かぶ浮島には九つの社が祀られ，島に住む人々の言行は忌
み謹んでいると記されている。尾島神社周辺からは，滑石製模造品や手づくね
土器など古墳時代の祭祀遺物が多量に出土することから，奈良時代以前に遡る
浮島の祭祀のあり様を暗示するとともに，この地が『常陸国風土記』に記され
る九つの社のひとつではないかとの考えも浮かんでくる。なお，島内にはこの
ほかにも，北東岸にある和田勝木遺跡(茂木1976)や西南岸にある前浦遺跡(坂詰
1974)からも多量の土師器と共に滑石製模造品などの祭祀遺物が出土しており，
尾島神社と同じように古墳時代の祭祀場と考えられている。

　尾島神社周辺の祭祀遺跡については，かつて神社の東西および北側を中心に
遺物の散布が確認され(亀井1958)，一部トレンチによる発掘調査も実施されてお
り(椙山1972：44頁，茂木1994：199頁)，古墳時代後半期の土師器や須恵器と共に

第8章　古代筑波山祭祀への視角

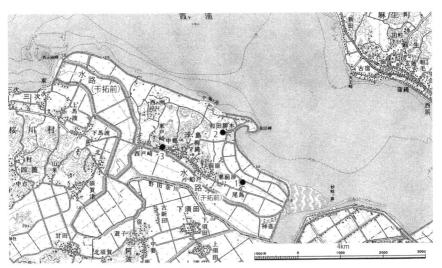

1：尾島神社遺跡　2：和田勝木遺跡　3：前浦遺跡
第66図　浮島の祭祀遺跡（国土地理院5万分の1地形図より）

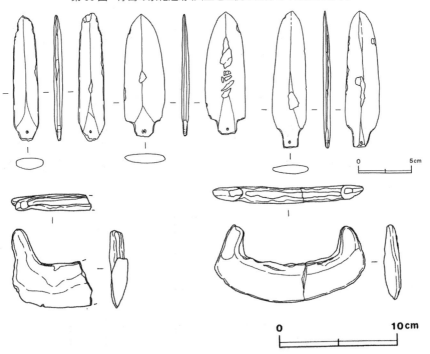

第67図　尾島神社遺跡出土の大形滑石製剣形模造品・鋤（鍬）先形土製品（人見1988より）

小型手づくね土器や滑石製模造品の有孔円板，剣形，刀子形，勾玉形，立花状品などの祭祀遺物が発見されている。最も広範囲にわたり調査を行ったのが，1986年の茨城県教育財団による発掘調査である。この発掘調査は尾島神社に隣接する北側を東西に走る道路敷設に際して実施されたもので，神社の北東約50~70mの地点から，古墳時代後半期の祭祀跡や掘立柱建物跡，滑石製模造品の工房跡などが発見されている（人見1988）。

　祭祀跡は明確な遺構を伴うものではないようだが，土師器，須恵器や手づくね土器，土製模造品を中心とする祭祀遺物の集積が多地点で確認されており，これらが焼土や炭化物と混在して出土するのが特徴的である。この祭祀遺物のまとまりの主要なセットをひろってみると，「須恵器甕，手づくね鉢，土製鏡形模造品，土製鋤（鍬）先形模造品，土製勾玉模造品」，「手づくね鉢，小型手づくね平底椀，土師器甕，土製鏡形模造品，土製勾玉模造品」，「小型手づくね平底椀，小型手づくね皿，土師器杯，土製鏡形模造品」，「手づくね甕，手づくね鉢，土師器甕，土師器杯」，「小型手づくね平底椀，小型手づくね臼形土器，土師器杯，滑石製有孔円板」などがあり，手づくね土器と鋤（鍬）先形のような発見例が稀少で特徴的な品目を含む土製模造品を中心とする構成で，滑石製模造品の出土はあまり顕著ではない。祭祀の時期は，出土する須恵器の年代観を参考に，古墳時代後期の6世紀中葉から後半頃と考えられる。

　調査区の最も東側，浮島の東端近くで確認された掘立柱建物跡は，東南に面して建てられた総柱建物で，3間×4間の計20本の柱を主屋とし，北側に5本の柱を持つ副屋の如き施設を付している。柱跡の周辺や柱痕内から，祭祀遺物のまとまりが少なくとも2ヶ所確認されている。年代的にも上記祭祀遺跡と重複する時期の建物跡と考えられ，倉庫など祭祀と関連深い施設かと注目される。

　滑石製模造品の工房跡と思しき遺構は，調査区の南端で部分的に調査されたもので，多量の未成品や原石・剝片とともに剣形品，有孔円板，臼玉が集中して出土している。滑石製模造品は調査区内の祭祀跡や竪穴式住居跡からも僅かながら出土しており，本遺跡が工房跡を伴いつつ，滑石製模造品による祭祀も実施していたことは想像に難くない。また，工房跡に共存する土師器の中には，古墳時代中期中葉から後半の特徴も認められる。現在の神社境内を取り巻く祭祀遺跡全体を考えると，前述の手づくね土器や土製模造品を中心とする祭祀に

先行して，古墳時代中期の5世紀代に遡る滑石製模造品盛行期の祭祀場の存在が想定されよう。

工房跡出土の滑石製剣形模造品の中には，両面に鎬を作り出し，明瞭な茎をもつ古式な様相を留める長さ約12cm大の大形精巧品も含まれている。大形精巧の剣形模造品の類例は古墳副葬品に多く，奈良県北葛城郡河合町佐味田宝塚古墳(梅原1921)，三重県伊賀市才良石山古墳(高橋1919)，岡山市沢田金蔵山古墳(西谷ほか1959)など畿内周辺の古墳時代前期末から中期前半の古墳に特徴的に認められるものである。集落内祭祀や祭祀遺跡からの出土は，滑石製模造品の流行する関東地方以北に数例認められるにすぎず(篠原1997)，本遺跡の出土例も古墳出土品ほど大型ではないが稀有な例であり，祭祀の性格を示唆する資料として注目に値する。

以上『常陸国風土記』を手がかりに，常総地域の顕著な神祀りとして鹿島神宮，香取神宮，浮島尾島神社を取り上げ，関係する祭祀遺跡を概観してみた。考古資料を通してみたこれら神祀りの源流は，いずれも奈良時代以前の古墳時代，確実なところでは小型手づくね土器や土製模造品が盛行し，滑石製模造品の祭祀が継続する後期の6世紀前半代まで遡ることは共通している。その中で浮島尾島神社の祭祀遺跡は，遅くとも古墳時代中期後半の5世紀代にその淵源をたどりうる遺跡で，古霞ヶ浦の内海に浮かぶ島嶼・海浜の祭祀遺跡という特徴をもっている。このように立地に重きを置いてみると，鹿島神宮では北浦湖岸の低地に位置する水田条里遺跡群，香取神宮では丁子山や津宮遺跡など，どちらも近隣のより内海に接近した場所で滑石製模造品を主体にさらに遡る祭祀が行われていた可能性が考えられる。

鹿島神宮の大船津地区，香取神宮の津宮地区は，古代・中世と内海の海浜に設けられた別宮いわゆる「津の宮」に比定される地であり，前述のようにその祭祀の源流は滑石製模造品などを出土する古墳時代中期の低地祭祀に遡る。鹿島神宮，香取神宮いずれの地も，この「津の宮」を介して古霞ヶ浦の内海世界に開かれ，さらには外海や他の水系を介して外界(他地域)へと通じていたのである。つまり，内海世界と外海，そして他地域とを繋ぐ結節点，これが鹿島，香取における祭祀の背景にある大きな特質といえよう。

香取の丁子山と尾島神社の祭祀遺跡から出土する供物形と大形精巧剣形の滑

石製模造品は，一般の集落や祭祀遺跡からの出土はきわめて少ない稀有な事例である。両模造品とも，遡源する類例の大半は畿内及びその周辺，いわゆる中枢域の古墳出土例であることから，中央の特殊な神祀りに使用された奉献品が原形と考えられる。鹿島神宮境内から出土した小型手づくね高杯も，当地にはあまり類例を見ないやはり外来的性格の強い祭祀遺物である。このように各遺跡から取り出した個別の祭祀遺物の評価とその共通する側面は，外来の用具を用いる祭祀の執行者，古墳に内包する王権との関わりなど，それぞれの祭祀行為の歴史的背景や実修の具体像を示唆する特質として注目に値する。

第3節　古代筑波山祭祀の位置

　古代における筑波山祭祀の画期を検証し，その源流に接近するため，周辺の祭祀にも目を向けてみた。ここであらためて，古霞ヶ浦の内海世界とそれを取り巻く常総地域という視座の中で，古代における筑波山とその祭祀の位置を跡付けてみたい。特徴的な考古資料の分布や古代官道のあり方，そこから見える物の動きや人の動きの中で，筑波山はどのような位置にあったのであろうか。奈良時代以前の筑波山祭祀の意味やその背景について，周辺の祭祀遺跡との関係を視野に入れながら，水陸交通路と地域間交流という視点の中で探ってみる。

⑴　考古資料からみた奈良時代以前の筑波山の位置(第68図参照)

　とくに古墳時代の考古資料を通して，筑波山と古霞ヶ浦を基点に，その沿岸周辺地域における物の動きやその背後にある人の動きをたどってみたい。古墳時代は，列島史的に見ても人・物の交流が広範囲に活発化する時期である。これは，当該地域においても例外ではない。

　古墳時代前期には，古霞ヶ浦の南西岸に沿って展開する玉作り遺跡がある。玉作り遺跡の分布は，大きく三つの拠点を形成している。北部より，古霞ヶ浦の西岸最奥部，現在の土浦入沿岸にある茨城県土浦市烏山遺跡，八幡脇遺跡，浅間塚西遺跡など，古霞ヶ浦の榎の浦入北岸周辺，現在の利根川左岸筋および小野川下流域にある茨城県稲敷市桑山上の台遺跡，同佐倉地内遺跡[9]，茨城県龍ケ崎市長峰遺跡など，古霞ヶ浦南岸，現在の利根川右岸筋にある千葉県成田

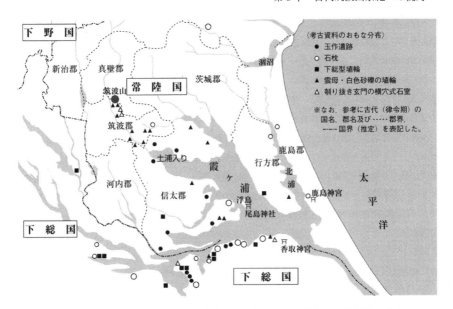

第68図　筑波山と古霞ヶ浦沿岸地域を取り巻く4〜7世紀の考古資料の分布
（木崎2007，白井2001，石橋1995・2004，犬木2007，小林2005を参照）

市八代玉作遺跡群（大竹遺跡，外小代遺跡，八代遺跡など）と成田市大和田玉作遺跡群（稲荷峰遺跡，治部台遺跡など）である（寺村ほか1974，寺村2004，木崎2007）。

　これらは古墳時代前期中葉から後半を中心に中期前半まで継続する玉作り遺跡で，緑色凝灰岩製玉類の他，滑石，メノウ，琥珀など多様な材質を使った玉類を生産している。これらの玉作り遺跡は，先の拠点ごとに材質，玉の種類などに多様性と個性を内包している。一方では，緑色凝灰岩製管玉の生産に関しては，各遺跡とも共通した特徴を有している。前期中葉に始まりメノウ製勾玉生産に特筆される土浦入の玉作り遺跡群や，八代玉作り遺跡群のような大規模で専業性の高い生産地（木崎2007：107頁）を核とし，古霞ヶ浦の内海を介して原材料の入手経路や製品の流通体制などを共有する玉作りの一大生産地を形成していたと考えられる。

　古墳時代中期には，下総北部を中心に常陸南部にかけて集中的に分布し，独自の発達を見せる古墳出土の石枕がある。いわゆる常総型石枕（白井2001）は，下総北部の古霞ヶ浦南岸を中心に分布し，南は印旛沼水系を経て上総北部の現東京湾岸まで及ぶ。北への分布はやや希薄であるが，現在の霞ヶ浦・北浦沿岸に

沿って点在し，北限は北浦水系を超えて那珂川支流の涸沼川流域にまで及んでいる。中期前半に出現し，中期を主体に後期初頭まで存続することから，前期玉作りの終焉に呼応するかの如く始まり，続く滑石製模造品製作と軌を一にするものと思われる。分布の中心も下総北部の現利根川右岸から印旛沼水系と玉作りや滑石製模造品製作遺跡と重なり，北へも，霞ヶ浦東南岸の潮来・鹿島とともに榎の浦入り北岸(旧桜川村飯出周辺)から土浦入沿岸(土浦市今泉)へと霞ヶ浦南西岸沿いに広がり，玉作り遺跡と同じ分布状況が看取される。

古墳時代後期から終末期(6～7世紀)には，古墳に樹立される埴輪や横穴式石室および石棺の石材，さらには石室形態に至るまで，多様でさらに広範囲な交流・流通が活発化する。いずれも内海の古霞ヶ浦水系を核とした交流ではあるが，中には他の水系や陸路を介在して，当該水系の領域を越えた交流も認められるようになる。

6世紀後半段階に古霞ヶ浦沿岸に流通する埴輪に下総型埴輪(轟1973，犬木1995・2007)がある。分布の中心は印旛沼周辺を含む古霞ヶ浦南岸にあり，霞ヶ浦東南岸を含む常陸南部地域へもわずかに流通している[10]。また，古霞ヶ浦水系に広く分布する埴輪の中に，筑波山系周辺の製作者集団によって生産されたと想定される埴輪がある。これは砂粒や砂礫を多量に含む粗い胎土を特徴とする埴輪で，粘土に多量の雲母粒子を含む一群(つくば市中台古墳群・甲山古墳など)と粗い大粒の白色砂礫が目立つ一群(つくば市八幡塚古墳・中台古墳群，石岡市西町古墳など)との二種に分けられる。円筒埴輪を中心に観察してみると，これら二種の埴輪が，筑波山南麓の桜川流域から河口の土浦入沿岸にかけてその分布の中心があり，6世紀初頭頃から始まり6世紀末葉の埴輪の終焉まで多数の古墳から出土している(本書6章参照)。6世紀前半から中葉頃には茨城県龍ケ崎市長峰3号墳(中村幸ほか1990)，千葉県香取市堀ノ内4号墳(渋谷ほか1982)，同成田市大竹竜角寺101号墳(萩野谷ほか1988)など遠方の古墳からも白色砂礫や雲母粒子を多量に含む埴輪が出土しており，筑波山系産の埴輪が桜川流域から霞ヶ浦南西岸沿いに下降し，古霞ヶ浦の榎の浦周辺や南岸にまで広く流通していたと考えられる。また6世紀後半段階には，雲母粒子を多量に含む埴輪は，出島半島北岸(かすみがうら市柏崎富士見塚3号墳など，杉山晋作ほか2006)から霞ヶ浦東南部(行方市矢幡赤坂山古墳など，茂木ほか2004)など内海沿岸にさらに流通域を拡大している。

なお，同じように筑波山麓を発信源とし，古霞ヶ浦水系に沿って広く流通するものに片岩の板石を使用した古墳の埋葬施設がある。これは，筑波山南麓から南東麓にかけて産出する片岩（通称筑波石）を用いた埋葬施設で，箱式石棺や横穴式石室などがある。5世紀後半頃に始まり徐々に分布域を拡大し，6世紀末葉から7世紀代には石棺や石棺系石室を中心に古霞ヶ浦沿岸とその水系を通じて常陸南部から下総北部全域に拡散しており（石橋1995・2001），広く石材の流通と加工技術の伝播・交流が行われていたことがわかる。

　ところで，これら筑波山系を源流とする埴輪や石棺・石室は，下野や常陸北部など北への流通はどうだったのであろうか。両者とも，桜川流域を北上する上流への拡散は確かなものが認められないが，6世紀中葉以降，雲母粒子を含む埴輪が小貝川，鬼怒川流域を超えて栃木県小山市・上三川町・下野市など下野東南部へと流通している状況が確認できる[11]。筑波山南麓に位置する平沢古墳群や山口古墳群（3号墳）は古墳時代終末期の7世紀代の片岩板石を使用した横穴式石室墳で（寺内1982），石室入口の玄門構造に下野東南部に顕著な刳り抜き玄門の影響が認められる。この刳り抜き玄門は，栃木県下都賀郡壬生町吾妻岩屋古墳，下野市国分寺甲塚古墳，河内郡上三川町兜塚古墳など6世紀後半段階の横穴式石室墳を源流としている。その後，上記の平沢・山口古墳群のみならず，この筑波山南麓を介して古霞ヶ浦南岸に位置する千葉県香取市香取又見古墳や千葉県印旛郡栄町浅間山古墳など，やはり片岩板石を使用する横穴式石室の玄門構造に影響を与えていることが指摘されている（小林2005）。

　以上のように，古墳時代前・中期の4〜5世紀は，古霞ヶ浦南岸の下総北部から霞ヶ浦東南岸の潮来・鹿島を経由し，霞ヶ浦南西岸沿いに土浦入にかけて，相互にモノや人の顕著な往来が確認できる。これは，内海の水運を利用した伝統的な地域間交流であり交通路であったと考えられる。一方，6世紀前半代になると，今度は北縁の筑波山麓を発信源に，特徴的な埴輪が桜川流域から土浦入に至り，霞ヶ浦南西岸に沿って古霞ヶ浦南岸へと流通している。この動きは6世紀後半以降にはさらに広域となり，片岩板石組みの石棺・石室に見られるように古霞ヶ浦沿岸全域に及ぶようになる。また，6世紀中葉頃から始まる雲母粒子を特徴とする筑波山系埴輪の西進を端緒として，とくに7世紀代の終末期横穴式石室墳に認められる玄門形態の技術伝播の動きは，筑波山南麓と下野

東南部との密接な地域間交流や流通経路の発露として注目される。

(2) 古代官道から見た筑波山の位置とその周辺(第69・70図参照)

　奈良時代初期に完成する古代官道としての駅路は，基本的に直線で幅の広い計画的道路であったと考えられている(中村太 1996)。本章で取上げる下総・常陸・下野など東国の駅路についても，『常陸国風土記』『日本後紀』『延喜式』などに記載される駅名や現地に残る直線的な道路状痕跡を参考に，その路線の復元がなされてきた(木下良 1995・1996)。前述のように下総北部から常陸南部にかけての古霞ヶ浦沿岸では，奈良時代以前から水運による地域間交流や物資の流通が盛んであった。それ故，駅路として水駅(水之駅道)も想定されてはいるが(松原 1985)，後述する駅路の性質から考えてやはり計画的に敷設された陸路と考えたほうが理解しやすい。ただ興味深いことは，下総北部を含む古霞ヶ浦沿岸には，下総国から常陸国府へとほぼ直線的に繋ぐ幹線駅路とは別に，板来駅(潮来)を経由して国府へと迂回する支路があったことである。この迂回路は，東国経営や蝦夷征討に重きを置いた鹿島・香取の位置づけとともに，両神宮への参詣路の性格が強かったと考えられる。『常陸国風土記』信太郡条には，「榎の浦の津あり。便ち，駅家を置けり。東海の大道にして，常陸路の頭なり。この所以に，傳駅使等，初めて国に臨らむには，先ず口と手とを洗ひ，東

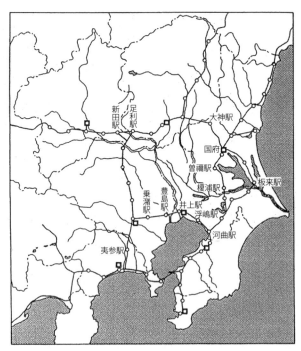

第69図　奈良時代初期の東国駅路(中村 1996 より)

第8章　古代筑波山祭祀への視角

に面きて香島の大神を拝みて，然して後に入ることを得るなり。」とある。古代官道の施工にあたり，鹿島・香取の神は看過できない祭祀の対象であり，両神宮を経由迂回する駅路の設定はそれ以前の内海世界の水上交通網とその祭祀を背景としたものであったと思われる。

古代の常陸国は，先の『常陸国風土記』信太郡条にもあるように，東海道に所属していた。これに対して，『常陸国風土記』や『延喜式』の郡名記載が「新治，(真壁)，筑波，(河内)，信太，茨城，行方，香島，那賀，久慈，多珂　※(　)内は延喜式」とあるように，いずれも下野国に近い新治郡から始まっている。このことから，『常陸国風土記』以前の駅路設置当初は，常陸国への道は東山道経由だったとも考えられている(志田1990・1994)。

下野と常陸とを結ぶ官道については，下野東南部に位置する国府(栃木県栃木市田村)と常陸国大神駅(茨城県桜川市平澤付近)を基点に東西に延びる直線道と，新治郡家(茨城県筑西市古郡遺跡)を基点に常陸・下野間を南北に結ぶ直線道とが想定されており，桜川市小栗付近で交差している(木本1997)。想定される後者の官

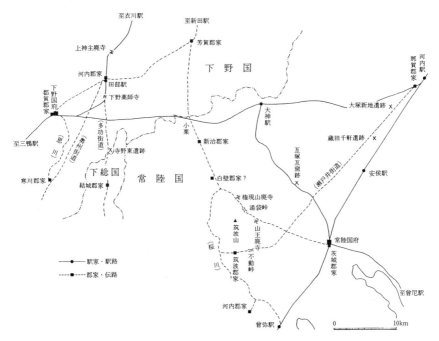

第70図　下野・常陸を結ぶ官道(木本1997より)

道は新治郡家付近を通り，眼前に筑波山を望みつつ南進する直線道である。奈良時代には筑波山北麓から湯袋峠を超えて常陸国府に達していたとされているが，一方では筑波郡家を経て桜川沿いに信太郡に達し，土浦入沿岸に位置する東海道幹線駅路の曾禰駅にも通じていたと思われる（第70図）。つまり，古代官道から見た筑波山は，常陸国における東山道と東海道の中間結節点に位置していたことにもなる。東山道下野国と東海道常陸国を東西・南北のルートで繋ぐこの官道は，7世紀代に顕在化する筑波山麓と下野東南部との物資の流通や技術伝播など，先に考古資料から跡付けた流通経路と重なる部分は多く，おそらくこの両者の地域間交流をもとに成立したと考えられる。

　先学の研究に学びながら古霞ヶ浦沿岸とその周辺の古代官道を概観し，筑波山と鹿島・香取の位置を跡付け，その背景を考えてみた。水運を主とする古霞ヶ浦水系とその沿岸地域の中にあって，筑波山と鹿島・香取の地は，多様な意味で物資の流通や地域間交流の拠点として重要な位置を占めていた。国府を拠点とする新たな官道の敷設も，これらの地が内海とその周辺を結ぶ交通路や地域社会の形成に果たしてきた役割を充分に意識し，継承するものであったことの意義は大きい。

　古代官道（駅路）施工の意義と，その歴史的背景を説く中村太一の言説は示唆に富んでいる（中村太1996）。中村は，日本古代の官道を，律令政府が税物輸送などの一方的な政策目的で構築したもので，実用道路とは異なる政策的かつ計画的な道路と規定した上で，「国家形成期以前の交通秩序は，共同体社会の人格的な諸関係や神の「霊力」に依拠したものと言える。そこでは，（※共同体外部の）通行者と共同体の間で互酬性を媒介とした諸関係を構築ないし確認（※祭祀，交通関係神への貢納）しながら交通を行う必要があり，（中略）誰もが安定的な中・長距離間交通を行い得る体制にはない。このような（※国家形成期以前の）交通秩序に対して，誰もが運脚になり得て，また彼らが国家領域の隅々と中央との間を安定して交通することができる体制を新たに構築し得なければ，この統一税制（※律令制）は画餅に帰する可能性を有するのである。（中略）律令国家交通体系は，前代の交通秩序を克服するものとして導入が図られたものと考えられる。」（※筆者注）と説明する。

　つまり，中村の言説を参考にすれば，律令期以前の古霞ヶ浦水系に結ばれる

第8章 古代筑波山祭祀への視角

伝統的な内海世界は，外界へ通じる開かれた空間であると共に，一方では在地の共同体諸関係に規制された閉鎖的な空間としても捉えられるのであろう。

まとめ——筑波山祭祀と地域社会の形成——

　古代における筑波山祭祀の源流は，六所神社山頂の巨石群，夫女ヶ原の夫女石，稲野神社境内の巨石などの検討から，南麓に展開する磐座祭祀に始まると想定した。この磐座の祭祀は，奈良時代の『常陸国風土記』に象徴的に描かれ，それ以前に遡るであろう原初的な筑波山祭祀の一面を伝えるものと想定される。前稿では，筑波山南麓のつくば市沼田にある全長約90mの大型前方後円墳・八幡塚古墳（茂木1979）の築造を重視し，筑波の神を奉斎する祭祀権者の出現と捉えた[12]。八幡塚古墳は6世紀前半に突如出現する傑出した規模の首長墳であり，その被葬者は，祭祀の拠点となる筑波山南麓に盤踞して祭祀を司る奉斎者に相応しい。磐座祭祀の始まりも，八幡塚古墳が示す古墳時代後期の6世紀前半まで，あるいはこの被葬者の生前の治世期間を考慮すれば，古墳時代中期の5世紀代まで遡り得るとも考えられる。

　さて，筑波山祭祀の源流をこのように想定し，素描してみた上で，再度その周辺の祭祀に目を向けてみよう。本章で俎上にあげた鹿島・香取神宮，浮島尾島神社遺跡の祭祀と筑波山祭祀との諸関係について，交通路や地域間交流を視野に入れつつ改めて整理し，本章のまとめとしたい。

　鹿島神宮境内，香取神宮境内，浮島尾島神社周辺の祭祀遺跡からは，古墳時代後半期に遡る祭祀の痕跡が認められ，遅くとも6世紀前半，周辺の関連遺跡をその起源に加えればそれぞれの祭祀の淵源は5世紀代に遡る可能性が考えられた。また，特徴的な祭祀遺物からは外来的な様相が看取され，一部には王権との関わりもうかがわれた。つまり，これらの祭祀の執行は内海の沿岸内部で完結するのではなく，各遺跡とも外来者が関わる祭祀行為を伴う可能性が高い。先の律令期以前の交通秩序の特性からすれば，主たる祭祀のねらいは内海を航行する外来者などの通行に伴い実修された祭祀と考えられ，その祭祀の背後には大和政権など畿内中枢勢力の関与も想起されてくる[13]。『播磨国風土記』揖保郡枚方里佐比岡の条には，出雲の大神が通行者を殺害するなど，交通妨害の

荒ぶる神として登場する。風土記の記事では，この時出雲の国人等は，佐比（鋤の類）を作って佐比岡で荒ぶる神を祀ったとあり（大平1994），尾島神社遺跡から出土した鋤（鍬）先形土製品の存在なども，内海の航行に伴う祭祀の観点から，交通神と関わり深い注視すべき資料と考えられる。いずれにしても，これら祭祀遺跡が水上交通で結ばれた比較的至近の位置にあり，古霞ヶ浦の内海を渡って相互に連関し，派生する水系や外海を経由し他地域とも通じていた地理的環境が重要である。

　鹿島，香取，浮島のある古霞ヶ浦南岸から東南岸一帯の地は，内海を南西岸に沿って土浦入へ，さらに桜川を遡上して筑波山麓へと通じている。考古資料を通してみた古墳時代の地域間交流からは，左記の交通路が古霞ヶ浦沿岸の中でも特に相互密接な通行関係にあったことが確認できた[14]。ちなみに，鹿島，香取，浮島いずれの地も，二神山の筑波山を遠望できる位置にある。筑波山をも取り込む古霞ヶ浦沿岸要所における祭祀が様々な航行者の通行に伴う祭祀行為と考えるならば，鹿島・香取から浮島南側の水路を経て[15]，遠方に望む筑波山へと結ぶ水の道筋（川）は，一連の交通と祭祀行為の連環として浮かび上がってくる。鹿島・香取は内海の出入口，水運の基点にあたる「津の宮」，「辺つ宮」であり，浮島は内海に浮かぶ「神島」であり「中つ宮」として，さらに筑波山は内海のかなたに聳える「仙山」「仙境」であり，「沖つ宮」とも言うべき位置づけが可能であろうか（第68図）。八幡塚古墳の築造時期から，筑波山南麓における祭祀の始まりを想定したが，これは鹿島・香取・浮島など内海をめぐる祭祀の淵源とも合致し，5世紀後半に遡る年代が考えられる。

　一方筑波山を基点に西方，北方へと目を転じると，考古資料からみた筑波山麓地域と下野東南部との物資の流通や技術伝播の活発化など，双方の地域間交流が注目された。これは，筑波山とその祭祀が東海道の東端に位置する古霞ヶ浦の内海世界を超えて，東山道筋へと展開する転機と位置づけられ，6世紀後半から7世紀前半の年代が考えられる。筑波山系産と想定する埴輪は，6世紀中葉以降には僅かながら下野東南部にまで及んでいる。また，下野東南部を源流とする横穴式石室刳り抜き玄門の影響は，筑波山麓を介して下総北部にまで認められ，7世紀の早い時期には鬼怒川・小貝川上流から筑波山麓，土浦入を経て，古霞ヶ浦南岸へ至る道筋も開かれていたようである。

第8章　古代筑波山祭祀への視角

　下野・常陸間を繋ぐ想定東山道(第70図)は，これら古墳時代後期・終末期の交通路をトレースし敷設された可能性が高く，新治郡を出入口として筑波山に向かって南進する直線道である。下野から常陸へのランドマークとして筑波山が果たした役割も重視されるが，官道沿いの北側から望む筑波山も二神山の秀麗な山容を呈しており，やはり信仰の対象でもあった可能性がある。東山道を視野に入れると，筑波山は，古霞ヶ浦の内海を越えて東海道筋から東山道筋へ，下野からさらには東北地方へと人，モノ，文化を繋ぐ結節点の役割も果たしていたのではないだろうか。

注
1)　塩谷修「神体山としての筑波山」『風土記の考古学①　常陸国風土記の巻』同成社　1994年，同「筑波山南麓の六所神社と巨石群」『山岳信仰と考古学』同成社　2003年
2)　『常陸国風土記』，『万葉集』については，『日本古典文学大系』岩波書店刊の秋本吉郎校注『風土記』1958年，『万葉集』については，『筑波町史上巻』1989年の第1編・第4章「古代の筑波山信仰」を参照している。
3)　筑波山に対する中心的な祭祀は，古代より，南方から臨む二神山を主たる祭祀の正面と仰ぎ執行されたと考えられる(注1の1994年文献)。
4)　近世の六所神社神宝目録にある聖観世音菩薩御正体は，建久6(1195)年の寄進と記されている(井坂1989a：195~196頁)。
5)　夫女ヶ原の夫女石は，六所神社山頂巨石群のほぼ真北，600mほどの位置にある(第61図参照)。かつて，六所神社が執り行っていた筑波の神の御座替神事も，神社を出た神輿がこの夫女石を経由して山頂から降りてくる神を迎えたと言われており，祭祀上の関連がうかがわれる。
6)　常陸南部から下総北部に広がる。現在の霞ヶ浦，北浦，利根川・鬼怒川下流から印旛沼・手賀沼にかけての水域で，古代・中世には広大な内海(入海)を形成していた沿岸地域を指す(本書序章参照)。
7)　(椙山1994)によると，大鳥居南の文庫跡，社務所北側などからの出土としている。また，(茂木1997：6~8頁)では，大鳥居と楼門の間の地点として，1970年時における発掘調査の見学記録が報告されている。
8)　大場が報告する丁子山の遺跡は，江見水蔭の記録から，現在の香取市にある大倉丁子遺跡群の一部に相当すると考えられている(中山ほか2001：174頁)。
9)　窪田恵一氏のご教示による。窪田氏のご厚意により，採集資料を実見させていただいた。
10)　常陸南部の例として，霞ヶ浦東南岸の潮来市堀之内日天月天塚古墳(茂木ほか1998)や霞ヶ浦南西岸の龍ケ崎市長峰17号墳(中村幸ほか1990)がある。本書第7章参照。
11)　栃木県小山市梁寺野東遺跡(古墳群)3号墳(津野1998)，同県下野市絹板別処山2号墳(斎藤ほか1992)，同県河内郡上三川町琴平塚古墳群2号・6号墳(中村享2004)などの出土例がある。関連資料の収集にあたり，秋元陽光，賀来孝代，津野仁の各氏に格別のご配慮と，ご協力をいただきました。

12) 注1の1994年文献。
13) 鹿島・香取両神宮だけでなく，浮島尾島神社の祭祀についても，すでに王権との関わりを論じた見解がある（茂木1994：195~219頁，森田2000：45~47頁）。
14) 霞ヶ浦南西岸から桜川，筑波山麓へと通じるこの水路は，中世の軍事ルートの一つとしても指摘されている（糸賀1988：48頁）。
15) 江戸時代後期，土浦藩の藩校郁文館に招聘された藤森弘庵は，土浦から船に乗り潮来，鹿島，銚子を遊覧した。その際の紀行文で，浮島の北側は波が荒くよく船が転覆して危険なので，航路は島の南側を選んだとし，「島の近くの南岸は，長い川を下っていくようだった。一里ほど行くと島が終わり，視界がまたぱっと開けた」とその様子を著している。大森林造訳　1993『航湖紀勝』筑波書林

引用文献

井坂敦實 1989a「奈良平安時代の筑波山信仰」『筑波町史上巻』筑波町史編纂専門委員会
井坂敦實 1989b「筑波山の神と祭祀」『筑波町史上巻』筑波町史編纂専門委員会
井坂敦實 1989c「徳一と筑波山寺」『筑波町史上巻』筑波町史編纂専門委員会　204頁
石橋充 1995「常総地域における片岩使用の埋葬施設について」『筑波大学先史学・考古学研究』第6号　31~57頁
石橋充 2001「筑波山南東麓における6・7世紀の古墳埋葬施設について」『筑波大学先史学・考古学研究』第12号　57~73頁
石橋充 2004「筑波山系の埴輪の分布について」『埴輪研究会誌』第8号　1~16頁
糸賀茂男 1988「筑波山周辺の古道」『シンポジウム常陸の道－常陸国における交通体系の歴史的変遷－』常総地域史研究会
犬木努 1995「下総型埴輪基礎考－埴輪同工品論序説－」『埴輪研究会誌』第1号　6頁
犬木努 2007「同工品論から見た下総型埴輪の内と外－「同工品論」と「型式論」－」『埴輪論考』I 大谷大学博物館報告書　第53冊　大阪大谷大学博物館　51頁
梅原末治 1921『佐味田及新山古墳の研究』岩波書店
江見水蔭 1907「疑問の遺跡探検記」『地底探検記』博文館
大垣市教育委員会 2003『史跡　昼飯大塚古墳』大垣市埋蔵文化財調査報告書第12集
大場磐雄 1943a「赤城神の考古学的考察」『神道考古学論攷』葦牙書房
大場磐雄 1943b「原始神道の考古学的考察」『神道考古学論攷』葦牙書房
大場磐雄 1970a「祭祀遺蹟の考察」『祭祀遺蹟』角川書店
大場磐雄 1970b「祭祀遺蹟地名表」『祭祀遺蹟』角川書店　519~600頁
大平茂 1994「播磨の祭祀遺跡－『風土記』にみる神まつりの背景－」櫃本誠一編『風土記の考古学②　播磨風土記の巻』同成社　69~87頁
大平茂 2002「土製模造品の再検討－兵庫県内出土古墳時代祭祀遺物を中心として－」『兵庫県埋蔵文化財研究紀要』第2号　兵庫県教育委員会埋蔵文化財調査事務所　31~42頁
河合町教育委員会生涯学習課 1998『国指定史跡　ナガレ山古墳』河合町
加古川市教育委員会 1997『行者塚古墳発掘調査概報』加古川市文化財調査報告15
風間和秀 1990『鹿島神宮駅北部埋蔵文化財調査報告』VI　鹿島町の文化財第69集　鹿島町教育委員会
亀井正道 1958「常陸浮島の祭祀遺跡」『国学院雑誌』第59巻第7号　23~31頁
木崎悠 2007「関東における古墳時代前期の玉作」茂木雅博編『日中交流の考古学』同成社　97~109頁
木下元治ほか 1970『基山町伊勢山・鳥栖市永吉遺跡』九州縦貫自動車道福岡熊本線鳥栖地区埋蔵文化財発掘調査報告書　佐賀県教育委員会
木下良 1995「常総の古代交通路に関する二・三の問題」『常総の歴史』第16号　17~31頁
木下良 1996「東海道－海・川を渡って」『古代を考える　古代道路』吉川弘文館　69~86頁

第 8 章　古代筑波山祭祀への視角

木下　亘 1988『史跡乙女山古墳　付高山 2 号墳－範囲確認調査報告－』河合町文化財調査報告第 2 集　河合町教育委員会
木本雅康 1997「古代伝路の復原と問題点」『古代交通研究』第 7 号　114~116 頁
京都大学文学部 1968『京都大学文学部博物館考古資料目録』第 2 部　日本歴史時代　14~15 頁
黒澤春彦ほか 1995『霞ヶ浦　人と神と水と・湖のくらし』上高津貝塚ふるさと歴史の広場　10 頁
後藤守一 1930『高橋健自博士蒐蔵　考古図聚』萬葉閣
小林孝秀 2005「割り抜き玄門を有する横穴式石室の比較検討－下野の事例とその評価をめぐる基礎的作業－」『専修考古学』第 11 号　83~100 頁
斎藤光利 1992『別処山古墳』南河内町埋蔵文化財調査報告書第 6 集　南河内町教育委員会
坂詰秀一 1974「前浦祭祀遺跡」『茨城県資料　考古資料編　古墳時代』茨城県
椙山林継 1972「関東　水を対象とした遺跡,古社に関する祭祀遺跡」大場磐雄編『神道考古学講座』第 2 巻　雄山閣　43~46 頁
椙山林継 1985「筑波山中における祭祀遺跡」大森信英先生還暦記念論文集刊行会編『常陸国風土記と考古学』雄山閣　257~268 頁
椙山林継 1994「鹿島神宮」茂木雅博編『風土記の考古学① 常陸国風土記の巻』同成社　145~168 頁
塩谷修 1994「神体山としての筑波山」茂木雅博編『風土記の考古学① 常陸国風土記の巻』同成社
塩谷修 2003「筑波山南麓の六所神社と巨石群」『山岳信仰と考古学』同成社
志田淳一 1990「三輪山の神と常陸」『大美和』78
志田淳一 1994「常陸国風土記よりみた新治国と多珂国」『茨城キリスト教大学紀要』第 28 号　茨城キリスト教大学　19~20 頁
篠原祐一 1997「石製模造品剣形の研究」『祭祀考古学』創刊号　25~53 頁
渋谷興平ほか 1982『千葉県佐原市　堀之内遺跡』堀之内遺跡発掘調査団
白井久美子 2001「常総型石枕(1)」『千葉県史研究』第 9 号　71~79 頁
杉山晋作ほか 2006『富士見塚古墳群』かすみがうら市教育委員会
高島忠平 1976『石木遺跡』佐賀県教育委員会
高橋健自 1919『古墳発見石製模造器具の研究』帝室博物館学報第 1 冊　帝室博物館
津野仁 1998『寺野東遺跡Ⅶ(古墳時代墳墓編)』栃木県埋蔵文化財調査報告第 209 集　栃木県教育委員会
寺内のり子 1982『平沢・山口古墳群調査報告』筑波大学考古学研究会
寺村光晴ほか 1974『下総国の玉作遺跡』雄山閣
寺村光晴編 2004『日本玉作大観』吉川弘文館　65~83 頁
東京国立博物館 1986『東京国立博物館図版目録』古墳遺物篇(関東Ⅲ)　109~110 頁
轟俊二郎 1973『埴輪研究』第 1 冊
中村太一 1996『日本古代国家と計画道路』吉川弘文館
中村享史 2004『東谷・中島地区遺跡群 4　琴平塚古墳群(西刑部西原遺跡 1・2・6 区)』栃木県埋蔵文化財調査報告第 283 集　栃木県教育委員会
中村光一 1998「延喜神名式にみる常陸国内の諸社の動向」『町史研究　伊那の歴史』3　伊那町史編纂委員会　94 頁
中村幸雄ほか 1990『竜ヶ崎ニュータウン内埋蔵文化財調査報告書　長峰遺跡』茨城県教育財団文化財調査報告第 58 集　茨城県教育財団
中山清隆ほか 2001『江見水蔭『地底探検記』の世界　解説・研究編』雄山閣
西谷眞二・鎌木義昌 1959『金蔵山古墳』倉敷考古館研究報告第 1 冊　倉敷考古館　75 頁
萩野谷悟ほか 1988『千葉県成田市所在　龍角寺古墳群第 101 号古墳発掘調査報告書』千葉県文化財保護協会
東日本埋蔵文化財研究会 1993『古墳時代の祭祀－祭祀関係の遺跡と遺物－』第Ⅲ分冊　448 頁
人見暁朗 1988『一般県道新川・江戸崎線道路改良工事地内埋蔵文化財調査報告書　尾島貝塚・宮の脇

遺跡・後九郎兵衛遺跡』茨城県教育財団文化財調査報告第 46 集　茨城教育財団
本田勉 1983『鹿島湖岸北部条里遺跡』Ⅲ　鹿島町の文化財第 32 集　鹿島町教育委員会
本田勉・田口崇 1984『鹿島湖岸北部条里遺跡』Ⅳ　鹿島町の文化財第 38 集　鹿島町教育委員会
本田勉・宮崎美和子 1989『鹿島湖岸北部条里遺跡』Ⅷ　鹿島町の文化財第 67 集　鹿島町教育委員会
松原弘宣 1985「地方市と水上交通」『日本古代水上交通史の研究』吉川弘文館　456~463 頁
茂木雅博 1979『常陸八幡塚古墳整備報告書』八幡塚古墳調査団
茂木雅博 1994「浮島の祭祀遺跡」茂木雅博編『風土記の考古学①　常陸国風土記の巻』同成社　195~220 頁
茂木雅博 1996『常陸浮島古墳群』浮島研究会
茂木雅博 1997「常陸國風土記と香島」『博古研究』第 14 号　1~13 頁
茂木雅博ほか 1998『常陸日天月天塚古墳』茨城大学人文学部考古学研究報告第 2 冊　茨城大学人文学部考古学研究室
茂木雅博ほか 2004『常陸赤坂山古墳』茨城大学人文学部考古学研究報告第 7 冊　茨城大学人文学部考古学研究室　27 頁
森下松壽 1999「『常陸国風土記』における「沼尾池」の一考察」『燿玖波』第 3 号　48~49 頁
森田喜久男 2000「古代王権と浮島」『歴史評論』第 597 号　37~50 頁
弓場紀知 1999「三輪と石上の祭祀遺跡」『古代を考える　山辺の道－古墳・氏族・寺社』吉川弘文館

終章　古霞ヶ浦の形成
　　　　——歴史的展開と地域社会の萌芽——

はじめに

　本書では，常陸南部から下総北部に広がっていた内海の古霞ヶ浦に注目し，主に古墳時代の遺跡や遺物などの考古資料を通して，沿岸地域の特質について検討した。広域な古霞ヶ浦沿岸のまとまり，つまり後の常総に継承される地域社会の萌芽が古墳時代(3世紀中葉～7世紀初頭)にあると想定し，その要因や史的背景などの解明をめざした。具体的には，①古霞ヶ浦と地域の再編(第1・2章)，②政治拠点と構造(第3・4章)，③生産と流通(第5～7章)，④祭祀・信仰と交通(第8章)の四つのテーマを設定した。

　この終章では，各章の要点をまとめ，古墳時代における古霞ヶ浦沿岸地域の推移を確認し，最後に内海をめぐる社会の特質とその形成に触れつつ結論としたい。意を尽くせない結論を少しでもご理解いただくために，まずは各章の内容も見直しつつ，あらためて個々の論考の意図や成果を読み解いていただければ幸いである。

第1節　研究成果の要点

　第1章では，霞ヶ浦沿岸の土器棺墓の形態的特徴に注目し，弥生時代中期末葉から後期中頃まで，この地域が墓制の上で常陸北部を介して東北南奥地方の強い文化的影響下にあったことに言及した。この社会的状況は，弥生時代前期の近畿地方に起源をもつ方形周溝墓が，下総以西を含む南関東地方では弥生時代中期中葉から後期前半には波及するのに対し，北関東東部の常陸(下総北西部を含む)・下野では弥生時代終末までその出現をみない一つの歴史的要因と考えられた。弥生時代後期の土器棺墓の分布域は，下総北部を含む古霞ヶ浦沿岸に

まで及んでおり，常陸北部とほぼ同様な状況が明らかになった。下総北部では，弥生時代中期後半にはいったん方形周溝墓やそれを伴う環濠集落の波及を見るが，後期には姿を消すか，あまり見られなくなる。弥生時代後期になると，下総北部は常陸南部との結びつきをより強くしたようであり，この頃から古霞ヶ浦沿岸における交流の活性化が始まったと考えられる。

　第2章では，常陸における方形周溝墓の事例を集成し，出現の時期，地域性，古墳との関係，集落との関係など，その属性の全体を分析した。その結果，はじめに古霞ヶ浦沿岸の常陸南部に，常陸北部に先んじて古墳時代前期古段階に方形周溝墓が波及する状況が明らかとなった。その背景として，おもに出土土器の特徴からは，下総北部を介した南関東地方及び東海地方の文化的影響や，下総北西部からの集団の移動などが想定された。弥生時代終末から古墳時代前期初頭は，常陸南部と下総北部との交流が一層活性化し，とくに下総北西部を介して南関東系土器の流入が顕著になる。常陸南部に方形周溝墓が出現するのは，古墳出現直前のこの時期であり，このような社会の大きなうねりに共鳴して，古霞ヶ浦沿岸をめぐる広範な交流と地域の再編が進行したと考えられる。

　第3章では，古霞ヶ浦沿岸の前方後円墳について，霞ヶ浦西岸，筑波山麓周辺，霞ヶ浦北岸，霞ヶ浦東南部，利根川下流域右岸，印旛・手賀沼沿岸の六つの拠点ごとに首長墳の動向を跡付け，その築造規格の変遷と系列を比較した。その結果，築造規格の系列には中央型と地方型の二つがあることを指摘し，とくに中央型とした高浜入を中心とする霞ヶ浦北岸は後に常陸国府が置かれる地で，古墳時代においても他の地域に比べ政治的に畿内中枢のダイレクトな影響下にあったことを明らかにした。また，霞ヶ浦北岸の特質として，大型前方後円墳と共存する前方部の短小な前方後円墳(帆立貝形古墳)にも注目し，他の地域に比べてより複雑化した社会構造(＝階層分化)を備えていたことが想定された。

　古墳時代中期前半に霞ヶ浦北岸の高浜入に舟塚山古墳が築造されて以降，古霞ヶ浦南端の三之分目大塚山古墳の位置する利根川下流右岸域などを除くその他の拠点では，後期前半まで目立った首長墳が認められない空白期が続いた。少なくとも中期前半から後期前半の一世紀間は，霞ヶ浦北岸の勢力が古霞ヶ浦沿岸全域にわたり強い政治勢力を保持していたようである。また，他の拠点で首長墳系列が再興する後期においても，前方後円墳の規模からみて，霞ヶ浦北

終章　古霞ヶ浦の形成

岸勢力の優位性は続いていたと考えられる。ただし，利根川下流右岸域や筑波山麓周辺など，霞ヶ浦沿岸の外側の地域では，中期から後期の間も首長墳系列は持続されていた。つまり，霞ヶ浦北岸勢力によるより密接な政治圏を狭義に捉えると，現在の霞ヶ浦沿岸に限定された版図であったとも考えられ，これは後の茨城国造の領域にも重なっている。

　第4章では，桜川河口域における終末期の小型古墳を俎上にあげ，古墳の変遷や特性などを考察した。なかでも，終末期に顕著な小型の前方後円墳が注目され，桜川流域の南西側に位置する小河川沿いなどに主な分布を確認した。この小型の前方後円墳は，古墳群の分布のあり方から見ると，大型前方後円墳を核とする古霞ヶ浦沿岸の首長墳系列とは別の異なる地域に多く分布し，古墳時代後期に小型円墳とともに再興し，終末期に隆盛し小型方墳や長方墳へと推移する特徴が看取された。その被葬者層は，各拠点に前方後円墳を造営する地域の有力首長層ではなく，周辺の中小共同体の在地有力者層と考えられ，古墳出現期の方形周溝墓や前期の中・小方墳との系譜関係が想定できよう。

　第5章では，土浦入における古墳時代前期の玉生産について，メノウ製勾玉を中心に検討した。常陸南部から下総北部には，古霞ヶ浦南西岸に沿って古墳時代前期から中期初頭の玉作り遺跡が集中する。なかでも，土浦入に点在する玉作り遺跡は，メノウ製勾玉を中核に玉生産を行っていることを新資料も加えて明確にした。

　土浦入の八幡脇・烏山両遺跡の特徴と出雲のメノウ製勾玉生産遺跡との比較検討から，技術的にみても土浦入はメノウ製勾玉出現期の独自な生産地であり，専用工具である片岩製内磨き砥石の確立や定型化にも当地が大きな役割を果たしたことなどを提起した。土浦入における古墳時代前期玉作りの大きな特徴は，メノウ製勾玉の生産にある。古霞ヶ浦の内海に面した交通の要衝に位置することから，大和政権の意向に基づき，遠方かつ多方面からの玉材・石材の入手とともに，関東地方を中心とする東日本への製品流通の最適の地として選ばれたと考えられる。古墳時代前期から中期にかけてのメノウ製勾玉の二大生産地である土浦入と出雲の玉作り遺跡は，ともに内海に臨む交通の要地に位置しており，内外に開かれた共通した立地環境をもつ。この歴史的意義は大きい。

　第6章では，霞ヶ浦沿岸の古墳から出土する埴輪のうち，とくに5・6世紀の

円筒埴輪を中心にその生産と流通を跡付けた。円筒埴輪の特色ある胎土を観察し，古墳と埴輪の分布から埴輪製作地を想定し，「霞ヶ浦北岸（高浜入）」，「霞ヶ浦東南部（潮来・鹿島）」，「筑波山麓から桜川河口域（筑波山系）」の埴輪生産と消費に関わる三つの拠点地域を抽出した。いずれの地も水運の要衝にあり，とくに6世紀初頭に始まる筑波山系の埴輪は，6世紀中葉以降になると古霞ヶ浦水系に沿って南は下総まで，北は下野東南部まで広域に流通することが明らかとなった。また，胎土から想定した埴輪製作者集団と埴輪配置状況の比較からは，両者の系譜的関係性が稀薄であることを論証した。これにより，筑波山系埴輪のように6世紀中葉以降に表れる広域流通の顕在化を内海における交通・交流の特質として注目するとともに，古墳時代後期には埴輪が古墳築造に供する資材としての側面を強めていったことも指摘した。

　第7章では，古墳時代後期の前方後円墳である潮来市日天月天塚古墳について，常陸南部では数少ない下総型埴輪を配置する古墳のひとつとして取り上げ，古霞ヶ浦沿岸における埴輪生産と流通の特色について検討した。下総型埴輪は，古墳時代後期後半の下総北部全域に分布することから，短期集中的にこの地域で生産され流通した特徴的な埴輪と考えられている。下総型埴輪出土の古墳分布域の北側周縁は，古代下総国の北縁部あるいは常陸国の下総に接する境界付近にあたり，両国の境界を画している古霞ヶ浦南端の水域を大きく超えて分布しないことが確認された。

　前章の検討結果も踏まえると，下総北部と筑波山南麓から桜川河口域にかけては，古霞ヶ浦沿岸における埴輪流通の南北の基点に位置付けられ，霞ヶ浦東南部はその結節点に相当すると考えられた。そして，古墳時代後期には桜川河口域から霞ヶ浦南西岸を通って下総北部にいたる流通ルートが定着しており，北は下野東南部，南は上総北部にも通じていた。

　一方，霞ヶ浦北岸の高浜入は，古霞ヶ浦沿岸における政治的影響力の大きさと相俟って，大規模な埴輪生産と消費の拠点を形成していたと思われる。霞ヶ浦北岸の古墳から出土する埴輪は，白色の微砂粒を含みながら，精選された胎土を特徴としているが，この埴輪の霞ヶ浦沿岸南方への拡散はほとんど認められない。出土埴輪の胎土分析によると，霞ヶ浦北岸は涸沼川流域や那珂川河口域など北方との交流が顕著であり，古霞ヶ浦沿岸内の地域間交流にとどまらな

終章　古霞ヶ浦の形成

い，北方に開かれた交通路上の要衝であったところに特質が見出される。

　第8章では，古代の筑波山信仰について，『常陸国風土記』や『万葉集』などの文献資料における筑波山の記述及び筑波山の山中，山麓から採集された祭祀遺物などの考古資料を吟味し，平安時代以降の神仏習合の信仰と，奈良時代以前の原初的な山岳信仰とを区分した。とくに後者には山中に祭祀の痕跡は少なく，筑波山信仰の原形は山麓あるいは周辺から遥拝する信仰形態と想定した。とくに，稲野神社(伝飯名神社)や旧六所神社などの南麓に点在する里宮の古社と近接する巨石に注目し，筑波山信仰の源流は，古墳時代に遡る南麓の磐座祭祀にあると推論した。

　このように筑波山の信仰と祭祀の源流は古墳時代に遡るとの想定に立ち，古代の筑波山祭祀について新たな視角で考察した。筑波山は，本書が対象とする古霞ヶ浦沿岸の北端に位置している。『常陸国風土記』や考古資料を通して，古霞ヶ浦を舞台とした広範な交通・交流と，筑波山信仰に収斂される鹿島，香取，浮島など内海をめぐる祭祀の連環と，古墳時代における二つの見方を提示した。そして，古霞ヶ浦水系のランドマークとして，また広範な交通・交流と祭祀の結節点として，古墳時代における内海を核とする地域社会の形成に果たした筑波山信仰の歴史的役割について言及した。

第2節　古墳時代沿岸地域の推移

　各章の成果をうけて，古墳時代における古霞ヶ浦の推移を通時的に概観してみる(第71図)。古霞ヶ浦沿岸地域は，弥生時代後期後半における常陸南部の上稲吉式土器や下総北部の臼井南式土器の文化圏が融合し，それを母体に形成されたと考えられる(第2章第10図)。

　弥生時代の古霞ヶ浦沿岸は，広大な内海に阻まれて東海道経由の弥生文化の影響を受けることが少なく，縄文文化由来の伝統文化を維持していた。とくに，後の下総・常陸両国の境界ともなる古霞ヶ浦南端の水域は，弥生時代終末段階まで，環濠集落や方形周溝墓など弥生文化の波及を遮る壁となっていたと考えられる。

(1) **古墳出現期**(3世紀中葉～後半)

 古墳時代前期古段階(畿内の庄内式期)になると，まずは常陸南部に方形周溝墓が波及し始める。東海地方や南関東地方の方形周溝墓を伴う文化が下総北西部を経て常陸南部に及ぶのは，人間集団の移動によるものと考えられる[1]。古墳出現期には畿内と東海との抗争も想定されており，こうした動きや寒冷化による環境変化などに誘発された玉突き的・波動的とも言える集団移動とそれに伴う文化の東進は，内海によって遮られていた下総北部と常陸南部との融合を促す大きな外的インパクトになったのである。その最初期の代表的な事例は，土浦市原田遺跡群[2]である。

(2) **古墳時代前期**(3世紀後半～4世紀後半)

 古霞ヶ浦沿岸に前方後方墳や前方後円墳が出現する。南から現利根川下流右岸域，霞ヶ浦東南部，土浦入から筑波山麓，高浜入から恋瀬川上流域，鬼怒川・小貝川中流域など，沿岸各地に分散して分布するのが特徴である。出現期の前方後円墳の築造規格は，大和北部の佐紀勢力の古墳と類似しており，密接な関係が想定できる。古霞ヶ浦沿岸一帯の主な前期古墳の分布域は沿岸交通の要衝にあり，古墳時代前期中葉から後半における大和政権の東方進出の要地として政治拠点が形成されたのではないかと考えられる。

 古墳時代前期の玉作り遺跡の分布と特色からは，大和政権が東日本における玉の生産と分配を意図して，東日本各地に開かれた内外交通の利便の地，土浦入が選択されたのではないかと考えられる。玉作りのなかでも古墳時代前期のメノウ製勾玉は，特に中央の政治的な意向が背景にあって生産されるものであり，土浦入に玉作り遺跡が出現したのも，古墳時代前期中頃にメノウ製勾玉生産に着手する大和政権の意向が働いていたと考えたい。しかも現地調達の玉材や石材の影響もあって，出雲系のメノウ製勾玉とは異なる技術によって生産が展開しているのも特徴である。もちろん，土浦入には古墳時代前期の大規模古墳が集中しており，古霞ヶ浦沿岸の中では有力首長層の拠点となっていたことも，玉の生産地選定の条件になっていたであろう。なお，前期後半には，碧玉質・滑石質玉類などの土浦入の一部の玉作りが下総北部に拡散しており，この時期に古霞ヶ浦南西岸に沿って土浦入と下総北部とを結ぶ水上交通のルートが

終章　古霞ヶ浦の形成

生成されたと考えられる。

(3) **古墳時代中期**
(4世紀後半～5世紀)

　高浜入沿岸が政治拠点として勢力を増し、その影響力が広範に及ぶようになる。中期前半(4世紀末～5世紀前半)に、高浜入を臨む台地上に全長約180mの大型前方後円墳の舟塚山古墳が築造され、ほぼ同時期に古霞ヶ浦南端にも全長123mの三ノ分目大塚山古墳が築造される。このように、中期の大型前方後円墳が内海の北と南の開口部に並立する状況が現出するのである。前者は後の茨城国造、後者は山路直充の指摘[3]のように後の海上国造の支配下に重なっており、なかでも舟塚山古墳の突出した規模が際立っている。

　高浜入では、後続して大型前方後円墳の府中愛宕山古墳(96m)が隣接して築造されるなど、その後も霞ヶ浦北岸に中期後半から後期へと大規模首長墳が継続する。中期前半から後期前半の約一世紀間は、古霞ヶ浦沿岸の政治拠点

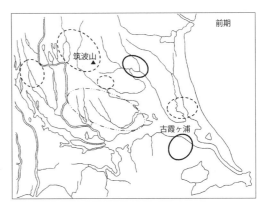

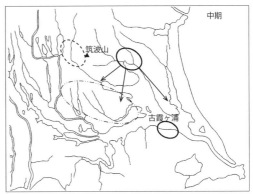

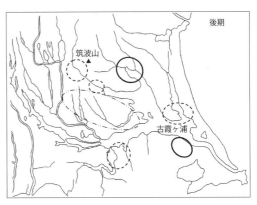

◯：中央型　　⬭：地方型　　⬭：古墳時代遺跡集中域

第71図　中央型、地方型の時期別分布図
(地図は注4佐倉市文献「香取の海の図」より作成)

において，高浜入を除いては目立った首長墳が認められなくなり，各地の首長墳系列が断絶するか，あるいは衰退する状況が読み取れる。この現象は，高浜入の政治的な影響力が古霞ヶ浦沿岸の各地に及ぶことで，周辺の在地首長層による造墓活動に影響を与えたとしかと考えられない。

畿内中枢とのダイレクトな関係で大型前方後円墳を造営した高浜入の首長層は，周辺の中小規模の共同体の首長たちとともに，内海をめぐる交通ルートを内と外に向けて開き，畿内や遠く九州方面にまでつながる水上交通による広範囲な交流の一翼を担うことになったと思われる。

その考古学的な傍証は，第8章で検討した祭祀遺物にある。鹿島神宮境内から出土した古墳時代後期の小型手づくね高杯は，常陸や下総など近隣には類例のない外来的な祭祀用土器で，現状では遠く北部九州にのみ類似例が認められることを指摘した。この他にも，香取神宮に近接する香取市丁子山出土の神饌を模したと思しき異形の滑石製模造品は，古墳時代中期前半頃の近畿地方以西の古墳出土例に多い供物形土製品との関連が想定された。また，浮島尾島神社遺跡出土の大形精巧な滑石製剣形品も，古墳時代前期末から中期前半の近畿地方以西の古墳出土品に特徴的な遺物である。このように，古霞ヶ浦の古墳時代の祭祀遺跡出土品は，遠く近畿や九州など西日本各地の出土資料と関連の深いものであり，王権を軸にした広範囲に及ぶ交通・交流によるヒトとモノ，情報の移動があったことを物語っている。

(4) **古墳時代後・終末期**(6〜7世紀)

古墳時代中期における高浜入の特殊性は，中央とのより密接な関係を想起させるものである。高浜入の勢力は，後期にかけて大和政権など畿内中枢政権と随時直接的な関係を継続しており，首長墳系列における中央型と位置付けた。これに対して，中期に断絶あるいは衰退するその他沿岸の首長墳系列を地方型として区別したが，古墳時代後期になると多くの首長墳系列が再興する(第71図)。地方型の筑波山周辺や霞ヶ浦東南部の首長墳系列からは，古墳時代前期以降後期に至るまで，大和北部の佐紀勢力を介した間接的かつ断続的な政治的関係が想定される。

高浜入の霞ヶ浦北岸には，中期以降も継続して大規模な前方後円墳が築造さ

れている。中期末葉から後期末葉にかけては，全長60～90m級の大規模前方後円墳が10基以上，同時期に並立する大規模円墳(帆立貝形古墳など)を含めるとその倍の数の大型古墳が集中して築造され，霞ヶ浦北岸は他の地域とは異なり，より一層複雑化した造墓様相を呈するようになる。

なお，後期の特徴として，古霞ヶ浦沿岸南西部の谷田川，西谷田川流域など，これまで目立った首長墳の認められない地域に小規模古墳に葬られる中小勢力が顕在化し，終末期にかけて多くの中・小古墳群が造営されている。

古墳時代後期には，古霞ヶ浦沿岸の交通の要所をおさえた政治拠点に結びついて，生産の拠点も形成されている。霞ヶ浦北岸，筑波山南麓から桜川河口域，霞ヶ浦東南部，印旛・手賀沼沿岸を中心とする下総北部の各地には，埴輪製作者集団の存在が想定された。このうち，古墳時代後期の6世紀中葉以降，広域分布を特徴とする筑波山系埴輪が注目される。桜川河口の土浦入を基点に，霞ヶ浦南西岸を経て下総から上総北部へ，また桜川下流域から筑波山南麓を経て小貝川に沿って下野東南部へと通じる南北の流通ルートが活発になり，古霞ヶ浦沿岸の基幹水運として定着し，周辺他地域へも流通が拡大した様相が窺われる。

これに対し，中期後半から後期における霞ヶ浦北岸の埴輪の特徴は，涸沼川流域や那珂川河口域との結びつきが強く[4]，北に向けて常陸中央部との流通関係が想定される。市村高男が中世におけるその役割を指摘しているが[5]，すでに古墳時代には，霞ヶ浦北岸の地は涸沼川・那珂川河口を経由して東北(陸奥)地方へと通じる交通の拠点として重視され[6]，先の基幹水運とは別に，古墳時代後期以降は一層その重要度を増していったと考えられる。

また，内海の開口部にあたる鹿島，香取，浮島における祭祀が活発になるのも古墳時代後期であり，上述の基幹水運ルートや霞ヶ浦北岸への水運ルートを航行する外来者などによって実修された祭祀と考えられる。鹿島・香取は内海の出入口にあり，外洋との結節点にあたる「津の宮」，「辺つ宮」として，浮島は内海に浮かぶ「神島」であり「中つ宮」としての役割を与えられ，さらに筑波山が内海のかなたに聳える「沖つ宮」として取り込まれたと理解したい。それぞれの神域が内海をめぐる祭祀の連環の中に位置付けられ，水上交通を基軸とした地域社会の形成に大きな役割を果たしたと推察される。

結　　論

　本書では，古墳時代の古霞ヶ浦沿岸における地域史研究の論点として，はじめに述べた四つのテーマを設定している。以下，各章の要点と沿岸地域の推移を踏まえて，各論点についてコメントし，古霞ヶ浦沿岸の歴史的特質と地域社会の形成について考察し結論としたい(第72図参照)。

　常陸南部から下総北部を包括する古霞ヶ浦沿岸，つまり後の常総の萌芽は，古墳出現期の東日本における地域の再編[7]に共鳴するもので，出現期古墳の関東・東北地方への波及に先行しつつ，方形周溝墓を伴う集団の移動・拡散に誘発された現象であった。これにより，弥生時代終末期の上稲吉式土器や臼井南式土器の小地域圏は解体し，古霞ヶ浦沿岸の広域な地域圏へと再編され，それに伴い東北地方へ至る新たなネットワークが生み出された。一つは土浦入を経由して古東山道ルートへ，もう一つは高浜入を経由して古東海道ルートへと通じている。

　古霞ヶ浦沿岸の遺跡分布(第1表)をみると，古墳時代の遺跡が最も集中する桜川以南から霞ヶ浦南西岸一帯の地と大型前方後円墳の集中域とは分布を異にしている(第71図)。古霞ヶ浦沿岸の前方後円墳の被葬者には，大規模集落を経済的基盤に成長した階級的支配者としての性格は弱く，その立地と領域からみて，どちらかというと畿内中枢政権の政治的意向に基づき交通の要衝を掌握した首長像が想定される。広瀬和雄も，農業生産を基盤に支配を遂行する従来の地域首長像ではなく，海運・水運を掌握した首長層と中央政権の政治意思に基づく中央－地方のネットワークに注目している[8]。

　大型前方後円墳からみた古霞ヶ浦沿岸の有力首長層の拠点は，霞ヶ浦西岸(土浦入)，筑波山麓周辺，霞ヶ浦北岸(高浜入)，霞ヶ浦東南部(潮来・鹿島)，利根川下流右岸域(香取周辺)，印旛・手賀沼沿岸のおよそ六つに分散していることと[9]，その中で高浜入を中心とする霞ヶ浦北岸は，他の拠点地に比べ畿内中枢のダイレクトな影響下にあったことに特徴がある。霞ヶ浦北岸は，古墳時代中期に他を凌駕する大型前方後円墳が築造され，その勢力が広域に及ぶようになった。また後期にかけて，大型前方後円墳と共存する前方部の短小な前方後円墳も注

目され,他に比べてより広域化,複雑化した階層分化を伴う社会構造を備えていたことも想定された。このような,古墳時代中期前半における特定首長墳の巨大化や周辺首長墳系列の衰退に伴う空白化の現象は,九州南部の日向,山陽道の備中南部,東海道の入口にあたる伊賀,東山道の上野など,東・西日本の各地に散見され,特徴の一つには水運や古代官道沿いの交通の要衝に位置していることがあげられる。

　古墳時代の古霞ヶ浦沿岸は,内海によって結ばれる開かれた空間であったことに最大の特徴がある。とくに,畿内中枢の大和政権が東日本に交流・交通の拠点を置こうとすれば,この開放的な性格は重視されたであろう。たとえば,古墳時代前期における土浦入の玉作り遺跡は,西日本各地への供給を意図した出雲の玉作り遺跡の性格と同じように,大和政権の意向によって選ばれた東日本における玉作り拠点のひとつに位置付けられる。北陸系と想定される関東の古墳時代玉作りの中で,土浦入の玉作りは,主にメノウ製勾玉の生産を主眼としている。その素材や工具材の入手及び東日本への製品供給の両面において,

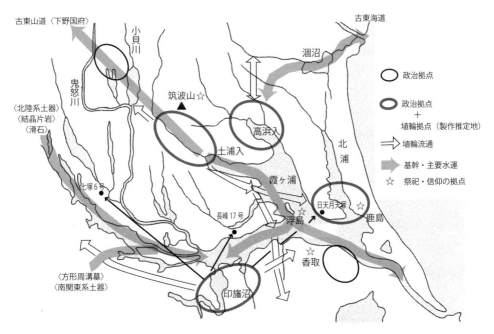

第72図　古墳時代後期を中心とする古霞ヶ浦沿岸地域(ベースの地図は第71図に同じ)

交通に利便で関東各地に開かれた稀有な地域的特質が重視されたと言えよう。

古霞ヶ浦南岸一帯の水域は、古代の行政区画においても下総国と常陸国との境界を画している。古墳時代後期における下総型埴輪の分布の北縁は、ちょうどこの下総国と常陸国の境界付近に止まっている。このように、古墳時代においても古霞ヶ浦南端の水域が両者を隔てる壁となっていた側面は否定できない。しかし、重要なことは、筑波山系埴輪の広域流通に見られるように、土浦入を基点に、北は桜川・小貝川流域を通じて筑波山南麓から下野方面へ、南は霞ヶ浦南西岸沿いに鹿島・香取を経て下総・上総や外洋へと通じる古霞ヶ浦の基幹水運（水の道＝川）が古墳時代後期に定着したことである。それに伴い、古霞ヶ浦沿岸各地の結びつきも強化されたことに注目すべきと考える。

一方、高浜入を中心とする霞ヶ浦北岸の地は、涸沼川・那珂川河口を経由して陸奥へと通じる交通上の拠点としての役割が期待され、古墳時代後期以降は一層その重要度を増していった。中村太一が「水陸交通の要地」を国府の立地条件としたこと[10]にも通じるが、律令期における高浜入への国府設置は、北方とくに東北地方へ直結する水陸交通の窓口として、大和朝廷がこの地政学的な有効性を重要視したことによるものと思われる。古墳時代中・後期における大規模古墳の集中や茨城国造の広範な領域の成立も、高浜入の地政学的な有効性を畿内中枢勢力（大和政権）が重視し、利用した結果と言えよう。

なお、古霞ヶ浦南岸の下海上国造の地も内海と太平洋の外海とをつなぐ結節地として、また鹿島・香取両神宮の存在によってこの一帯と大和朝廷との深いつながりも窺われることから、高浜入と同様に海上交通の要衝であったと考えられている[11]。内海の出入口に面する鹿島・香取・浮島の祭祀、さらには内海から遠望する二神山の筑波山の祭祀、いずれの祭祀も古墳時代後期に興隆すると考えられるが、その発生淵源は古墳時代中期に遡ると推察される。古霞ヶ浦の航行に伴う祭祀の広域性が起こり得るのは、広く日本列島各地との交流が活性化された結果と考えられ、これに伴い沿岸の結びつきも強化され、地域社会の形成を促す要因にもなっていたのである。

霞ヶ浦西岸の土浦入、霞ヶ浦北岸の高浜入、古霞ヶ浦東南岸の鹿島・香取、古霞ヶ浦南岸の印旛・手賀沼沿岸、鬼怒川・小貝川中流域の各地は、沿岸と外界とを繋ぐ窓口の役割とともに、内海をめぐる交通の要所として古霞ヶ浦沿岸

各地を繋ぐ役割も果たしていたのである。網野善彦は，中世における霞ヶ浦・北浦の内海の結びつきと独自の秩序に注目し，この沿岸が琵琶湖沿岸に成立していた中世都市連合と同様な小都市連合の可能性を秘めていたと指摘している[12]。また，川尻秋生が指摘するように，常陸南部と下総北部の内海に面する古代の郡家は，水上交通で密接に結ばれていたと考えられるが[13]，本書の検討から，このような沿岸内部の地域同士の結びつきはさらに遡り，これも古墳時代に生成された古霞ヶ浦沿岸の特質であったことが理解できる。

　古墳時代に始まる古霞ヶ浦の新たな役割は，大和政権が東北地方に進出するための交通路を確保することにあった。その入口は鹿島・香取や浮島であり，土浦入と高浜入を開発することによって，内海の古霞ヶ浦を通じて外洋と古東山道・古東海道の東北へ向かう二つの大道が結びつけられたのである。

　歴史的にみると，「常総地域」が遡源する「古霞ヶ浦沿岸地域」は，序章で引用した吉田東伍の言のように古鬼怒川を源に香取海や浪逆海を核とし霞ヶ浦や北浦を傍支とする内海ではなく，土浦入と高浜入を擁する現在の霞ヶ浦の水域を核とする，複雑かつ広大な内海と捉えるべきと考える。つまり，列島規模の交通の視点でみると，内海のほぼ中央に位置する霞ヶ浦の性格は，外海と内海，内海と内陸とを相互に繋ぎ，内外の人やモノ，情報が多方面から行き交い集散する「ターミナル港」としての位置付けが相応しい。この歴史性こそが，古墳時代の畿内中枢政権が主導する列島内流通ネットワーク形成と東北進出政策という二つの外的要因を背景として，交通・交流や地域社会の形成の面で大きな効力を発揮した地域の特質と言える。現在も全国第二の湖沼面積を誇る往時の霞ヶ浦の水域を要に，日本列島の中でも特異な，特色ある地域社会が古墳時代に形成されていたのであり，広大なこの内海を総称して「古霞ヶ浦」と呼んだ意義もその点にある。

　古墳時代の地域社会を解明するには，居住域や墳墓域，多様な生産域，交通ルートなど多角的な検討が必要と言われる[14]。本書では，とくに墳墓，生産，信仰，交通を論点に考察してきたが，居住域については，古墳時代の集落址を広域にわたって詳細に分析することが資料的に困難なことから，具体的な検討はできなかった。ただし，第1表をもとにたびたび触れてきたように，古墳時代の集落遺跡は土浦入から霞ヶ浦南西岸にかけて顕著で，奈良・平安時代にな

るとそれが減少する一方，高浜入や印旛沼沿岸の遺跡数が増加し，とくに高浜入沿岸の遺跡数が倍増する集計結果は注目してよい。この状況をどのように評価するかだが，古墳時代には，古霞ヶ浦の基幹水運のルート上に位置する土浦入から霞ヶ浦南西岸に多くの集団が居住し，律令期になると国府が設置された高浜入沿岸の地が興隆し，集落密度の倍増につながったと考えるのが穏当な解釈と思われる。

　古墳時代の政治領域と律令期の地域支配に先立つ国造制との関係も気になるところである。『常陸国風土記』の記述などから復元される茨城国造の領域は，高浜入を含む霞ヶ浦北岸を中枢としつつ，古代の行方郡や信太郡域の多くを包含し，ほぼ霞ヶ浦沿岸全体の広大な領域に及んでいたと考えられる（第73図）15)。このうち，主に古代の河内郡，信太郡に相当する土浦入南半から霞ヶ浦南西岸一帯（現在の土浦市・つくば市・阿見町・美浦村・稲敷市・牛久市・龍ヶ崎市など）の地は，上述したように，古霞ヶ浦沿岸の中でも古墳時代の遺跡が最も多い地域で，谷田川流域のつくば市熊野山遺跡群16)や霞ヶ浦南西岸に面する稲敷市幸田遺跡・幸田台遺跡17)や同市堂ノ上遺跡18)などの古墳時代の大規模集落はその特徴をよく表している。このような集落遺跡の様相に反して，この一帯は中期前半から後期中

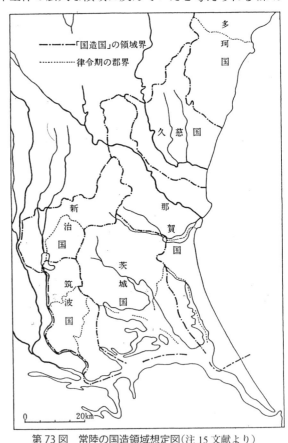

第73図　常陸の国造領域想定図（注15文献より）

終章　古霞ヶ浦の形成

葉にかけて，首長墳系列の空白地となっており，後期後半においても他の拠点に比べると目立った首長墳のない状況が継続している。つまり，霞ヶ浦北岸に多数分布する古墳時代後期の大規模古墳の中には，上記のように古代の信太郡域など，広範な茨城国造の領域外縁に位置する地域首長の古墳が含まれ，中枢域の高浜入に集約して造営されていた可能性が考えられる[19]。

　このような大規模集落や首長墳系列にみられる古墳時代後半期の動向は，流通ネットワークの形成や大和政権の東北進出など全国的な政策を背景としつつも，古霞ヶ浦沿岸における在地側の主体性が表出した結果として注目される。後期後半にみられた筑波山系埴輪の広域流通なども，古霞ヶ浦の内海をめぐる交通・交流の特質であり，沿岸地域の独自性と捉えられる。古霞ヶ浦沿岸においては，前方後円（方）墳の波及・定着や土浦入への玉作りの設置など，古墳時代前期中葉から後半の特徴的な事象は，いずれも地域の主体性は稀薄で，どちらかというと畿内中枢政権が主導する性格が強かった。地域の主体性や独自性は，古墳時代中期後半以降，後期にかけて顕在化したと考えられる。

　古霞ヶ浦における内水面交通は，古墳時代の地域共同体を結びつける社会的・経済的な役割を果たす，ヒトとモノの移動を促す交通の大動脈であった。沿岸に散在している中小の共同体は，この水運を利用しながら筑波山信仰を宗教的な結集核として，互いに協力し合う関係を築いていたと考えられる。当然，複数の社会集団が接触すれば軋轢も起こるだろうから，共同体相互の秩序を保つには有力な指導者が求められたはずである。東北進出をねらった畿内中枢政権の意向にそって，外界に開かれた沿岸地域の特質が重視され，古墳時代中期に至りとくに北方への交通至便の地である高浜入に政治拠点が集結された。これによって，内海の水運と筑波山信仰でつながる古霞ヶ浦の一体性と秩序が生み出され，後期にかけて地域社会の形成が進んでいったのではないだろうか。要するに，内海と筑波山，この二つが両輪となって古霞ヶ浦の特色ある地域社会が古墳時代に形作られていたと考えたいのである。

　以上のような，古墳時代に始まる「古霞ヶ浦沿岸地域」の歴史的特質は，常陸南部から下総北部にかけての「常総地域」の伝統として，古代から中・近世を経て，近代に至るまで長く光彩をはなっていたと言えよう。

注
1) 滝沢誠「古墳の造営と地域社会－古墳による集落の破壊とその背景」『破壊と再生の歴史・人類学』筑波大学出版会　2016年，19～20頁。
2) ㈶茨城県教育財団『土浦北工業団地造成地内埋蔵文化財調査報告書Ⅰ　原田北遺跡Ⅰ・原田西遺跡(上)，(下)』1993年，同『土浦北工業団地造成地内埋蔵文化財調査報告書Ⅱ　原田北遺跡Ⅱ・西原遺跡』1994年，同『土浦北工業団地造成地内埋蔵文化財調査報告書Ⅲ　原出口遺跡』1995年。
3) 山路直充「寺の成立とその背景」『房総と古代王権』高志書院　2009年。
4) 佐倉市史編さん委員会編『佐倉市史　考古編』佐倉市　2014年，石橋充「茨城県の埴輪の胎土分析」『埴輪研究会誌』第20号　2016年。
5) 市村高男「内海論から見た中世の東国」『中世東国の内海世界』高志書院　2007年。
6) 下総北部に分布の中心がある常総型石枕は，霞ヶ浦沿岸，北浦沿岸を遡上し，古霞ヶ浦沿岸地域を超えて，涸沼川流域にまで達している。この古墳時代中期の石枕の分布も，霞ヶ浦北岸地域を窓口に，涸沼川流域など北方への流通経路を傍証する文物と言える。白井久美子「古墳文化に見る古代東国の原像」『古墳時代の実像』吉川弘文館　2008年。

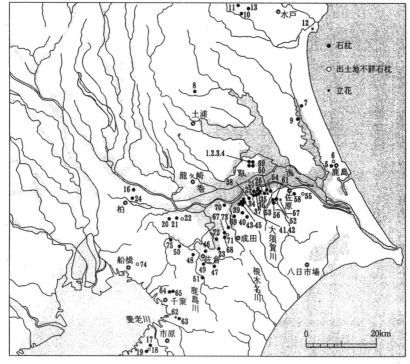

第74図　常総型石枕の分布（白井2008文献より）

7) 西川修一「列島北縁の古墳時代前期ネットワーク」『城の山古墳発掘調査報告書(4〜9次調査)』胎内市教育委員会　2016年。
8) 広瀬和雄「海浜型前方後円墳を考える」『海浜型前方後円墳の時代』同成社　2015年。
9) 実態の不確かな鬼怒川中流域を加えると，7つの拠点地となる。本書第3章の注23を参照。
10) 中村太一「古代東国の水上交通－その構造と特質－」『古代東国の民衆と社会　古代王権と交流2』名著出版　1994年。
11) 注3文献。久保純子「「常総の内海」香取平野の地形と歴史時代における環境変遷」『中世東国の内海世界』高志書院　2007年。
12) 網野善彦「海民の社会と歴史(二)－霞ヶ浦・北浦」『社会史研究』2　1983年。
13) 川尻秋生『古代東国史の基礎的研究』塙書房　2003年。
14) 注1文献。
15) 白石太一郎「常陸の後期・終末期古墳と風土記建評記事」『古墳と古墳群の研究』塙書房　2000年
16) 茨城県教育財団『熊の山遺跡』茨城県教育財団文化財調査報告第120・133・149・166・174・190・214・236・264・280・291・322・328・360・380・389・390集　1997〜2014年。調査によって，古墳時代の竪穴建物跡1072棟が発見されている。
17) 間宮政光『幸田・幸田台遺跡』東村教育委員会　1993年。調査によって，古墳時代の竪穴建物跡131棟が発見されている。
18) 前島直人・作山智彦・早川麗司『堂ノ上遺跡』茨城県教育財団文化財調査報告第309集　2009年。調査によって，古墳時代の竪穴建物跡146棟が発見されている。
19) 広瀬和雄は，このように一定期間，大規模古墳が集中する古墳群を複数系譜型古墳群(「いくつかの地域に分散居住していた複数の首長が，共同の墓域に結集して各々，数代にわたって古墳を造営しつづけた」)と呼んでいる。広瀬和雄「東京湾岸・「香取海」沿岸の前方後円墳」『国立歴史民俗博物館研究報告』第167集　2012年，98頁。

あとがき

　前著『前方後円墳の築造と儀礼』(同成社，2014年4月12日)の刊行に際し，そのあとがきで，筆者の古墳時代研究の枠組みとして時代論と地域論の二つの方向性を示してあった。時代論を目論んだ前著に続き，本書がその地域論に相当するが，刊行にあたっては，できる限り丁寧な資料分析に立脚した論証を心掛けた。

　本書の骨格は，旧稿を編集したものである。編集にあたり，旧稿の多くは大幅に加除訂正を行い改稿した。それは，語句の修正や挿図の追加，旧稿後の研究成果や資料を補訂し加筆するのみならず，第1章の附節，第3章の附節とまとめ，第5章の第3節(2)，第7章の第3節とまとめ，終章など，新たに稿を起こした部分も多い。このように本書の内容は，旧稿の論をあらためて検証し，現在の筆者の考察に基づきまとめ直した新見解とご理解いただきたい。大方のご叱正とご指導を切に願う次第である。

　筆者は，茨城大学ではじめて考古学を学んだ。大学3年生の時，授業で歩いた霞ヶ浦沿岸の古墳巡見が常総地域に向けた考古学調査の始まりだった。指導教官の茂木雅博先生に指示されて古墳をピックアップした，その計画書の一部が今も手元に残っている。この古墳巡りに始まり，潮来町大生古墳群，牛堀町日天月天塚古墳，麻生町公事塚古墳・赤坂山古墳・於下貝塚，玉里村愛宕塚古墳，土浦市下郷古墳群・舟塚2号墳・后塚古墳，筑波町八幡塚古墳，関城町専行寺裏古墳などの測量調査や発掘調査，鹿島・香取神宮，潮来町大生神社，桜川村浮島尾島神社，玉造町玉清井・椎井などの『常陸国風土記』の関連遺跡や伝承地，桜川村広畑貝塚・前浦遺跡，小見川町阿玉台貝塚・良文貝塚などの縄文時代遺跡の踏査(全て調査当時の市町村名)，また土浦市内遺跡の悉皆分布調査等々，霞ヶ浦沿岸を中心に常総地域の数多くのフィールド調査を茂木先生に同行させていただいた経験が筆者の地域研究の基礎となっている。

　本書掲載の最初の論文を発表した1988年度は，土浦市立博物館が開館した年

にあたり，そこから霞ヶ浦沿岸をフィールドに筆者の地域研究が始まっている。当時は，生活排水やアオコの水質汚濁に悩まされる霞ヶ浦，往時の「内海」とは様変わりしたであろう現代の「湖」の姿が筆者の目前にあった。序章でも述べたように，現在の霞ヶ浦を歴史的な視点で見直すことが必要と感じたのは，その時の強烈な印象に端を発している。本書に，おもに霞ヶ浦沿岸の常陸南部を取り上げた論考が多いのはそのためであり，表題にも霞ヶ浦を冠することにした。調査研究の進展に伴い，地域社会の特質や形成という観点にたって，内海を「古霞ヶ浦」の視座でとらえることの重要性を意識するようになった。自ずと，視野は下総北部を含む常総地域へと拡大されることになったのである。

　市立博物館の業務は，専門職の学芸員とは言え事務や行政対応に費やす時間が予想以上に多く，調査研究にさける時間はごく限られている。これは，公立博物館一般の実状と考えるが，筆者の古霞ヶ浦の地域研究もその大半は休日を中心に私的に行ってきたものである。それにしても，本書に幾許かの成果があるとすれば，それは土浦市立博物館のスタートを共にした学芸員の榎陽介，中村光一，木塚久仁子の三氏をはじめ，およそ30年の長きにわたる土浦市の同僚学芸員諸氏や多くの市職員諸氏との協業による博物館活動に支えられた成果と言えよう。

　以上の方々には，この場を借り，記して感謝申し上げたい。なお，本書の刊行は，高志書院の濱久年氏に編集の労をとっていただいた。濱氏のお力添えがなければ，このように本書を刊行することはできなかったことを最後に明記し，あとがきとしたい。

　　　2018年1月3日

　　　　　　　　　　　　　　　　　　　　　　　塩　谷　修

初出一覧

序章　古霞ヶ浦の提唱－地域史研究のまなざし－
はじめに：「常総地域へのアプローチ－土浦市立博物館の地域史研究から」『CROSS T & T』№53　2016年
第1節～まとめ：「古墳時代古霞ヶ浦沿岸社会の論点」『土浦市立博物館紀要』第21号　2011年

第1章　弥生時代の土器棺墓
「霞ヶ浦沿岸における弥生時代土器棺墓の一例－年代と系譜」『土浦市立博物館紀要』第1号　1989年
附節：新稿

第2章　方形周溝墓の地域性－出現状況からみた地域の特質－
「茨城県の方形周溝墓」『関東の方形周溝墓』同成社　1996年

第3章　前方後円墳と築造規格
「考察　霞ヶ浦沿岸の前方後円墳と築造規格」『常陸の前方後円墳(1)』茨城大学人文学部考古学研究報告第3冊　2000年
附節・まとめ：新稿

第4章　終末期古墳の地域相－桜川河口域にみられる小型古墳の事例から
「終末期古墳の地域相－桜川河口域にみられる小型古墳の事例から」『土浦市立博物館紀要』第4号　1992年

第5章　土浦入の古墳時代玉作り
「古霞ヶ浦沿岸における古墳時代前期玉作りの歴史的意義」『常総台地』16　2009年
第3節(2)：新稿

第6章　埴輪の生産と配置
「霞ヶ浦沿岸の埴輪－5・6世紀の埴輪生産と埴輪祭祀」『霞ヶ浦の首長－古墳にみる水辺の権力者たち－』霞ヶ浦町郷土資料館　1997年

第7章　下総型埴輪の展開－日天月天塚古墳出土円筒埴輪の分析を通して－
「第3節　埴輪　(1)円筒埴輪」『常陸日天月天塚古墳』茨城大学人文学部考古学研究報告第2冊　1998年
第3節・まとめ：新稿

第8章　古代筑波山祭祀への視角－内海をめぐる祭祀の連環と地域社会の形成－
「古代筑波山祭祀への視角－内海をめぐる交流・交通と祭祀の源流－」『東国の地域考古学』六一書房　2011年

終章：新稿

　なお，本文中の地名は，いわゆる平成の大合併により大幅に改変されたことにより，原則として現在の市町村名に改めている。

索引（事項・遺跡名）

【あ行】

赤城山　210
赤坂山古墳　67~69, 71, 74~75, 146, 148, 152, 155, 183, 184, 190, 222
赤塚（西団地内）遺跡　39, 40, 42, 44~45, 52, 55, 60~61
赤塚1号墳　146, 152
足洗遺跡　28, 30, 34
足洗式(2.3)式　26~27, 31
葦間山古墳　67, 69, 70, 76
吾妻岩屋古墳　223
安是湖　8
愛宕塚古墳　68, 80~83, 146, 148, 152
愛宕山古墳（京北町）　131, 133
愛宕山古墳（美浦村）　146, 152
愛宕山古墳群（土浦市）　103~104, 106
阿玉台北遺跡　28, 31, 34
安戸星1号墳　42, 48, 54
窖窯焼成　66~67, 151, 159~160, 162, 175
我孫子古墳群　85
天の川　20~21
網目状撚糸文　47
綾杉文　159
荒割（工程）　115, 120~121, 123, 125~127
飯塚古墳群　106
飯塚前1号墳　107
飯名の神　209
家形埴輪　169
郁文館　230
池の内5号墳　131
石倉山古墳群(1・2・5・8・9号墳)　96~104, 106~107
石木遺跡　213
石田古墳　131
石枕　14, 138, 221, 248
石山古墳　219
移住者　49

出雲　111, 118~119, 121, 125~129, 132~133, 136~137, 139~140, 227~228, 235, 238
出雲大社境内遺跡　131, 133
出雲玉作跡遺跡　118, 125, 128
伊勢山遺跡　213
伊勢山古墳　67~69, 71, 73~75
板来駅　224
一杯清水遺跡　39, 45, 52, 62
稲野神社　206, 209, 227, 237
今泉愛宕山古墳　68~69, 71, 73~74, 76, 146, 148, 152, 154
入海　8
色川三中　4~6
岩尾遺跡　31
磐座　207, 209~210, 227, 237
岩櫃山遺跡　19
磐船山式　26~27
岩名天神前遺跡　19
印旛国　89
印旛国造　11
井辺八幡山古墳　160
上野1号墳　131
上野遺跡　31
上之庄遺跡　118
上野尻遺跡　31
上の台遺跡　220
上ノ山古墳　131
浮島　7, 210~211, 216~219, 228, 230, 237, 241, 243~245
うぐいす平遺跡　120, 140
牛塚古墳　146, 152~153
牛伏4号墳　90
羽状縄文　47
臼井南式　55, 237, 242
内磨き砥石　115~116, 119, 121, 125, 127~128, 133, 136, 138~140, 235

253

海上国造（下海上国造）　11, 239, 244
茨城郡　12, 89
茨城国造　235, 239, 244, 246~247
馬形埴輪　187, 189
ウワナベ古墳　80, 88, 94
雲母粒子　151, 154~156, 175, 184~187, 222~223
駅路　224~226
S字状結節文　47
S字状口縁台付甕　53~55
榎の浦　9, 12, 186, 220, 222, 224
延喜式　224~225
生出塚埴輪窯跡　165
王権　72, 79, 216, 220, 227, 230, 240
王塚古墳　67~69, 71, 73~76, 103~104, 139, 146, 152
大生西1・2・4・5号墳　68~69, 71, 73~75, 146, 148, 152, 155~158, 161~162, 183, 185, 190
大覗浅間様古墳　130, 133
大覗4号墳　106
大神駅　225
大蔵丁子遺跡群　229
大角山遺跡　126~129, 132, 140
大竹遺跡　221
大塚新地遺跡　28~29, 39~40, 44~45, 49, 51~52, 61
大塚古墳群　106, 146
大戸天神台古墳　83, 85~87
大原遺跡　129, 132
大宮前遺跡　120, 140
大和田玉作遺跡群　137, 221
沖つ宮　228, 241
奥原遺跡（2号墓）　39~42, 44~49, 52~53, 62~63
女方遺跡　19, 27~28
御座替神事　229
尾島神社（遺跡）　216~219, 227~228, 230, 240
尾坪台遺跡　48, 50
乙女山古墳　216
小野川　104, 220
小野崎城址遺跡　39, 60
小野天神前遺跡　28~29
小幡北山埴輪窯跡　146, 154, 163
小幡北山型埴輪　188
面野井古墳群　56, 104

【か行】
海後遺跡　28, 30

海夫　11, 13
海保3号墳　130
灰釉陶器　208
外洋交通　12
外来系土器　52
嬥歌　207
花卉双蝶八花鏡　208
神楽窪古墳　146, 148, 159
川子塚古墳　90
家事志　5
鹿島郡　12, 15
鹿島様古墳　146
鹿島神宮　11, 13, 211, 213~214, 219, 227, 230, 244
鹿島神宮境内（遺跡）　212~213, 220, 227, 240
香島の天の大神　210~211
香島の神子の社　210~211
鍛冶台遺跡　212~213
機取之地　214
鍛冶屋窪遺跡　27, 34
鍛冶谷・新田口遺跡　46
柏熊1・8号墳　83, 85~87
霞ヶ浦四十八津　13
風返稲荷山古墳　68~69, 71, 78~79, 146, 152
風返大日山古墳　146, 148, 152
風返羽黒山　146, 148, 152
加瀬白山古墳　130
花仙山　125~126, 139
片面穿孔　115, 118, 125, 127, 132
形割（工程）　115, 119~121, 123, 125~127
滑石製臼玉　29, 46, 168
滑石製管玉　56, 112, 118, 120~121, 123, 136, 140~141
滑石製勾玉　112, 118, 120~121
滑石製模造品　137, 141, 213, 215~219, 222, 240
滑石製有孔円板　141, 215, 218
香取神宮　4, 13, 211, 214~215, 219, 227, 230, 244
香取神宮境内（遺跡）　214~215, 227
香取海　8~10, 13, 58, 245
香取の神子の社　210~211
金井戸遺跡　39, 44~45, 49, 52, 60
金蔵山古墳　219
金砂郷玉造遺跡　141
神野向遺跡　212
兜塚古墳　163
兜塚古墳（上三川町）　223
甲塚古墳　223

索引（事項・遺跡名）

甲山古墳　222
鎌田川　145, 147, 153
上稲吉式　38~39, 54, 237, 242
上境遺跡　28, 33
上坂田北部貝塚遺跡　39~40, 52, 61
上椎ノ木1号墳　130
神島　228, 241
上福田4号墳　84~86
ガラス玉　46, 56, 96, 98, 168
烏山遺跡　48, 50, 119~125, 127, 132, 136, 140~141, 220, 235
河内郡　15, 246
川西編年　66~67, 150~151
閑居台古墳　68~69, 71, 78, 82, 146, 148, 152
環濠集落　34, 55, 58, 234, 237
関東水流図　4
関東地方　14~15, 19~20, 30~31, 37, 41, 88, 118, 137~139, 141, 160, 219, 233~235, 238, 242
関東平野　205
官道　220, 224~226, 229, 243
観音寺山古墳群　106
基幹水運　241, 244, 246
器材埴輪　158
后塚古墳　103~104, 139, 146, 152
北浦　3, 5, 8~11, 13, 17, 65, 87, 213, 219, 221~222, 229, 245, 248,
北浦古墳群　131
北浦四十四ヶ津　13
木滝台遺跡　48
北山1号墳　131
狐塚古墳　42
畿内政権　13
畿内地方　37, 240
畿内中枢政権　14, 56, 58, 88, 240, 242, 244~245, 247
鬼怒川　3, 5, 7~10, 17, 27, 91, 186, 223, 228~229, 238, 244
木原台白旗2号墳　68~69, 71, 73~74, 76, 146, 148, 152, 155
宮中野99~1号墳　107
宮中野112号墳　107
宮中野古墳群　106
行者塚古墳　216
近畿地方　160
禁足地　207
郡家　245

公卿塚古墳　159
櫛描き波状文　159, 164
久慈川　29~30, 37~38, 52, 55, 72, 90, 138~139
久慈吹上遺跡　48, 51
国神遺跡　28~29
窪田遺跡　31
くぼみ石　127
くぼみ砥石　128
熊野古墳　67~71, 73, 78, 87, 146, 152~153
熊野神社古墳　130, 133
熊野山遺跡群　246
久米三成4号墳　131
供物形土製品　216, 240
倉持中妻遺跡（1・2・3号墳）　39~40, 42, 45, 47, 61
栗村遺跡　28, 33
厨台遺跡群　212~213
黒山遺跡群　213
クワンス塚古墳　216
群配置　156, 160~161
挂甲　168
形象埴輪　145, 154, 156~161, 169, 183~185
圭頭大刀　98
結晶片岩　116, 119, 128, 137, 139
剣形模造品　217, 219
原石　123, 126~127
源台遺跡　39, 42, 44~45, 47, 62
剣菱形杏葉　164
研磨（工程）　115, 120~121, 123~129, 140
恋瀬川　7~8, 12, 20~21, 37, 145, 147, 153, 238
硬玉製勾玉　46, 98
庚申古墳　106
幸田遺跡　246
幸田台遺跡　246
皇朝銭　208
公津原古墳群　84
高野山1号墳　84~86
紅簾片岩　116, 119, 121, 128, 137~138
小貝川　7~9, 17, 37, 205, 223, 228, 238, 241, 244
小型前方後円墳　56, 95, 99, 103~107
古鬼怒川　138, 245
国造　12, 15, 89, 95, 107
国造制　13, 89, 246
国府　12~13, 224~226, 234, 244, 246
古式土師器　48~49
御生車遺跡　39, 45, 52, 61
小堤貝塚遺跡　39~41, 61

255

御殿前遺跡　46
古東海道　242, 245
古東京湾　9, 165
古東山道　242, 245
琴平塚古墳群2・6号墳　229
コナベ古墳　73, 75, 77, 86~87
琥珀製勾玉　112, 115, 118, 132, 136~137, 141
小舟塚古墳　69, 82, 146, 148, 152
子持勾玉　213
権現平遺跡(2号墓)　39, 41~42, 46, 48, 52, 53, 61
権現塚古墳　81~82, 146, 148, 152
権現山古墳　67~69, 71, 73, 78~79, 82, 146, 152, 156, 158~159, 164
権現山古墳(東海村)　90
今昔物語集　8
金田古墳　104

【さ行】
祭祀遺跡　16, 205, 207, 211, 214~220, 228, 240
再葬墓　19~20, 23, 27~31, 34, 55
坂稲荷山古墳　146, 152
境松遺跡　39, 47~48, 50~52, 63
坂戸社　211~213
佐紀盾列古墳群　77, 80, 87~88
佐紀陵山古墳　73, 76~78, 80, 86~88
桜井式　31
桜川　3, 21, 37, 55, 65, 77, 89, 95~96, 98, 100, 103~105, 147, 153~155, 160, 163~164, 190, 205, 222~223, 226, 228, 230, 235, 241~242, 244
桜塚古墳　67~69, 71, 76, 130
桜塚古墳(玉里)　82
佐自塚古墳　67~69, 71, 73~74, 76
札場4号墳　106
里宮　209~210, 237
佐味田宝塚古墳　219
山王山古墳　146, 152
三之分目大塚山古墳　84~87, 159, 234, 239
三波川変成帯　116, 119, 121, 138~139
三昧塚古墳　67~69, 71, 73, 78~79, 82, 146~148, 150~153, 156~162
山陽道　243
仕上げ砥　128
宍塚遺跡　39, 61
宍塚古墳群　103~104
宍塚小学校内古墳　103~104, 146, 148, 152, 154~155

宍塚大日山6号墳　146, 148, 152, 154, 156, 158
宍塚根本古墳　146, 148, 152, 154
地蔵塚古墳　68, 80~82, 146, 148, 152
信太郡　12, 15, 246~247
渋谷向山古墳　75
治部台遺跡　221
島戸境1号墳　130
下総型埴輪　156, 158, 165, 167, 169, 171, 175~176, 182, 185~190, 192, 222, 236, 244
下佐野遺跡　118
下高場遺跡　39, 43, 60
下海上国　89
下横場古墳群　104, 189
斜格子文　159
斜縄文　47
十王台式　38~39, 54~55
十三塚B遺跡　97
終末期古墳　95, 100, 107
首長墳　15, 77, 78, 80, 83~90, 95, 99, 103, 105, 107, 139, 152~153, 227, 234, 235, 239~240, 243, 247
出現期古墳　40~41, 45, 47, 242
常総　3~4, 6, 9, 11, 15, 210, 219, 233, 242, 245, 247
常総遺文　5
常総の内海　9~11
庄内式　41, 56, 238
城山1・5号墳　84~86, 89, 155
城山古墳群　84
小右記　8
白浜　13
新開1号墳　130
宍道湖　125
神饌　215
神体山　205, 207, 210
陣場遺跡　28, 31
神仏習合　209~210, 237
人物埴輪　145~146, 155~161, 169, 176, 186~189
新編常陸国誌　4
水運　3, 10~11, 14
水上交通　12~13
水晶製切子玉　96, 98
水晶製勾玉　56, 98, 118
水神山古墳　83~87
水田条里遺跡　212~213, 219
須恵器　96, 102, 157~159, 164~165, 208, 213, 215~216, 218
鋤(鍬)先形土製品　217, 228

索引（事項・遺跡名）

杉崎コロニー 82・87 号墳　105
スクモ塚古墳　146
筋砥石　115, 119, 127~128
磨石　127~128
須和間遺跡　28~29, 39~40, 42~47, 52~54, 60
征夷　12
石英片岩　116, 119, 121, 128, 137~138
関戸遺跡　28, 34
関の台古墳群　104
石棺系石室　96~101, 105~106, 223
浅間塚古墳　67, 69, 146, 148, 151~152, 155, 163, 182~183
浅間塚西遺跡　120, 140, 220
浅間山古墳　84~87, 89
穿孔（工程）　121, 123, 125~126, 129, 132, 140
禅定　208~209
前方後円形小墳　107
相似形墳　87
装飾壺　46~48, 53
曽我遺跡　118
束線工具　24, 26~27
側面打裂（工程）　120
外小代遺跡　221
外堤　161
曾禰駅　226
園部川　81, 145, 147, 153

【た行】

台石　115, 127~128
帯冠　98
大仙古墳　73, 75, 78, 86
大日塚古墳　68, 80~82
高津天神山古墳　146, 148, 152, 154
高浜入　7~8, 12, 15, 20, 65, 70, 81, 87~88, 145, 147~148, 151~154, 156, 158~161, 163, 234, 236, 238~240, 242, 244~247
高山古墳群（1 号墳）　97, 99, 100, 102, 104~106
滝台古墳　67~69, 71, 78, 82
武田遺跡　48
田宿天神塚古墳　146, 153
敲き石　115, 119, 121, 127~128, 140
楯の台遺跡　39, 62
楯の台古墳群　106
谷垣 18 号墳　131
玉川　138~139
玉作り遺跡　111, 125, 129, 136~137, 139~140,

220~221, 235, 238, 243
玉作り工房　115~116
玉造浜　13
団子内遺跡　28~29
地域研究　6
地域史　7, 10, 13, 15, 242
地域社会　6~7, 13, 15~16, 233, 237, 241~242, 244~245, 247
地域論　6
千草 B 古墳群　106,
築造規格　65~66, 70~71, 73, 75~81, 85~89, 162, 165, 234, 238
千鳥 21 号墳　131, 133
地方型　73~74, 77~79, 86~88, 90~91, 234, 239~240
中央型　73, 78~79, 86~88, 90~91, 234, 239~240
銚子　8, 10~11
銚子塚古墳　146
朝鮮半島　15
長平台遺跡　46,
長方墳　95~96, 99~100, 103~104, 106~107, 235
勅使塚古墳　48, 54, 146, 152
直刀　98, 168
追葬　95, 105
塚山古墳　81~82
筑波国　89
筑波山　7~8, 16~17, 65~71, 73~74, 76~77, 79~80, 87~89, 155~156, 160~161, 163~164, 205~210, 220~224, 226~230, 234~238, 240~242, 244, 247
筑波山寺（中禅寺）　209~210
筑波山神社　206
筑波の神　210~211
造り出し　81, 156~158, 160, 167, 183, 216
津田天神山遺跡　39, 60
土浦入　3, 8, 55, 65, 75~76, 88, 111~112, 120~121, 124, 126~129, 132~133, 136~141, 147~148, 153, 160, 190, 192, 220~223, 226, 228, 235, 238, 241~247
堤下遺跡　28, 33
津堂城山古墳　75
津の宮　219, 228, 241
津宮遺跡　214~215, 219
津宮大鳥居　214
壺形埴輪　66, 147, 152~153
手賀沼　3, 8~9, 17, 47~48, 83~88, 91, 185, 188, 229, 234, 241, 244
出島半島　9, 145, 147~148, 153, 160, 222

257

手づくね土器　213, 215~216, 218~219
手づくね高杯　213, 220, 240
鉄石英製管玉　56
寺家ノ後B遺跡(1・2・3号墳)　97~98, 100~102
寺野東遺跡(古墳群)3号墳　229
天狗の巣落し　206, 208
天神原遺跡　19, 27, 31, 32
天神原式　27
天王峯遺跡　48, 50
東海系土器　55
東海地方　14, 234, 238
東海道　7, 10, 226, 228~229, 237, 243
灯火山古墳　67~69, 71, 73, 74, 76, 78
稲荷峰遺跡　221
東京湾　7, 9, 11, 47, 221
銅釧　46
東山道　159~161, 225~226, 228~229
陶質土器　159
銅銭　208
銅鏃　55
堂ノ上遺跡　246
動物埴輪　157, 159
東北地方　11, 141, 229, 241~242, 244~245
十日塚古墳　146, 152
土器棺墓　16, 19, 20, 23, 27, 29, 30~35, 55, 233
土器祭祀　47, 53
徳一　209~210
土口将軍塚古墳　159
土壙墓　19
戸崎中山2号墳　106
都市連合　245
土製模造品　218
土塔山古墳　67~69, 71, 74, 76
利根川　3, 5, 7, 9, 10, 17, 83~89, 167, 185, 188~189, 215, 220, 222, 229, 234~235, 238, 242
利根川東遷　3, 8
利根治水論考　8
殿内遺跡　28, 30
戸張作古墳群　106
外山遺跡(5号住)　48, 50
虎塚古墳　90

【な行】
長岡式　38
那珂川　29, 37~38, 52, 55, 72, 90, 163, 222, 236, 241, 244

永国古墳群　97, 100, 104
那賀国　89
那賀国造　11
中台古墳群　103, 106, 146, 155, 206, 222
中台廃寺　206
中堤　161
中つ宮　228, 241
仲ツ山古墳　73, 79
長峰遺跡　220
長峰3号墳　155, 222
長峰17号墳　186, 188, 229
中山信名　4
流海　3, 216
ナガレ山古墳　216
浪逆海　8, 245
七塚古墳群　187
七塚6号墳　186, 188
成田古墳群　106
成田3号墳　107
南奥地方　19, 26~27, 31, 34, 233
新沢500号墳　130, 133
新治郡家　225~226
二軒屋式　38~39
西日本型　133, 136
西原遺跡　21, 28, 32~33, 35
西町古墳　155, 222
西谷田川　99, 104, 241
日光山13号墳　106
日天月天塚古墳　68~69, 71, 73~75, 146, 148, 152, 156~158, 167~170, 181~183, 185~190, 192, 229, 236
日本後紀　224
日本書紀　214
若王子1号墳　130
女体山山頂　206~207
沼尾社　211~213
根古屋遺跡　31
根鹿北遺跡　21
根鹿西遺跡　21
根田遺跡　46
根本遺跡　28, 33
野中宮山古墳　160
野焼き　151, 154

【は行】
馬具　164

索引（事項・遺跡名）

白色砂礫　154~155, 183~185, 222
薄葬令　95
剥離（工程）　123~124, 126, 129
箱式石棺　17, 95~96, 98~101, 103, 105, 107, 157~158, 168, 183~184, 223
土師器　41, 116, 118, 141, 158, 208~209, 213, 215~216, 218
土師ニサンザイ古墳　73, 75~79, 86
箸墓古墳　56
土師部　162, 165
八幡塚古墳　68~71, 73~74, 76, 89, 146, 155, 206, 222, 227~228
八幡脇遺跡　111~112, 118~121, 123~125, 127, 132, 136, 140~141, 220, 235
泊崎城址遺跡　39~41, 46, 48, 52~53, 62
花園川　30,
花室川　96, 97
花室城址遺跡　39, 42, 45, 61
羽成古墳群　104~105
埴輪製作者集団　151, 154~155, 160~163, 165, 167, 236
埴輪配置　236
馬場平3号墳　130
原1号墳　42, 48, 54
原田遺跡群　32~33, 238
原田北遺跡　28, 32~33, 48, 50
原田西遺跡　32, 48, 50
原出口遺跡　28, 32~33, 42, 44~45, 52, 62
原出口1号墳　146, 148, 152, 154~155
原の前遺跡　129, 132
原山1号墳　160
婆里古墳　106
播磨国風土記　227
蕃上山古墳　160
髭釜遺跡　39, 42~43, 46, 48, 50, 52, 60
東台遺跡　28, 33
東台古墳群　98~100, 103~106
東中根式　38,
東日本型　133, 136
瓢塚41号墳　102
ヒスイ製勾玉　132, 141
常陸遺文　5
常陸川　8, 17
日立精機2号墳　84~87
常陸国風土記　3, 12, 89, 205, 207, 209~211, 216, 219, 224~225, 227, 237, 246

常名天神山古墳　67, 69, 76, 103~104, 139, 146, 152
櫃石　210
涸沼川　11, 29, 37~39, 41, 55, 163, 222, 236, 241, 244, 248
姫塚古墳　146
姫塚古墳（横芝光町）　156
評制　89
瓢箪塚古墳　67~69, 71, 73~75, 146, 148, 152, 183~184
評司　107
平沢1号墳（佐都ヶ岩屋古墳）　103, 106, 206
平沢官衙跡　206
平沢古墳群　223
平砥石　115~116, 119, 121, 127~128
昼飯大塚古墳　216
琵琶湖　11, 245
夫婦塚古墳　67~71, 74~76, 79~80, 89, 182~183
付加条一種　24~27, 48
付加条縄文　39, 47
吹上坪遺跡　21
ふき山古墳　187
ふき山東古墳　187, 189
副葬品　46
附島遺跡　31
富士見塚古墳　67~69, 71, 73, 78, 146~148, 150~153, 156, 158~162
富士見塚2・3号墳　146, 155, 222
藤森弘庵　230
富士山遺跡　28~30, 48, 50
夫女石　206, 209, 227, 229
夫女ヶ原　209, 227, 229
武人埴輪　160
武総の内海　11
二神山　205, 210, 228~229, 244
府中愛宕山古墳　67~69, 71, 73, 78~79, 146, 148, 150~152, 159, 239
古渡入　8
古渡浜　13
船来山24号墳　130, 133
舟塚1・2号墳　90
舟塚古墳　67~69, 71, 73, 78~79, 82~83, 146~148, 150, 152, 154, 156~158, 161~162
舟塚原古墳　84~86
舟塚山古墳　67, 71, 73, 78, 87, 89, 145, 148, 150~154, 159, 163, 234, 239

259

部原北遺跡　48, 50
古市古墳群　79, 92
布留式　54
碧玉製管玉　28, 132
碧玉製勾玉　98, 118, 141
部田野山崎遺跡　48
別処山2号墳　229
辺つ宮　228, 241
変則的古墳　95, 99, 105, 107
弁天古墳　84~85
弁天塚古墳　146
方形周溝墓　16, 19~20, 34, 37~49, 52~56, 58,
　　233~235, 237~238, 242
北条塚古墳　84~86, 89
房総半島　10
棒山古墳　146, 155
宝来山古墳　73, 75, 77, 80, 86, 88
北陸地方　115
北陸北東部系土器　139
星神社古墳　48
細曽1号墳　131
帆立貝形古墳　70, 80~83, 88, 92, 160, 234, 241
法相宗　209
堀ノ内4号墳　155, 222
墓料遺跡　31
本郷遺跡　46
梵天山古墳　90

【ま行】
前浦遺跡　216~217
纒向Ⅲ式　56
又見古墳　223
松塚古墳群　103~104
松塚1・2号墳　68~69, 71, 74, 77, 164
松延3・4号墳　105
丸山1号墳　130, 133
丸山4号墳　68~69, 71, 73~74, 76
馬渡埴輪窯跡　146, 163
万葉集　205, 207, 209, 237
三河地方　19
三島塚古墳　159
みずら　99
三反田遺跡　48, 50
水戸愛宕山古墳　90
水戸街道　3~4
三刀屋熊谷2号墳　131

南関東系土器　48~49, 52, 55, 234
南羽鳥タダメキ第2遺跡　28, 33
南羽鳥谷津堀遺跡　28, 33~34
宮山観音古墳　67~71, 74, 76, 79~80
妙見山古墳　81~82, 146, 148, 151~152, 159
妙徳寺山古墳　131
向井原遺跡　39, 44, 45, 49, 52, 61
武者塚古墳　98, 100~102, 104, 107
陸奥　12
廻り地A遺跡　39~40, 45, 47, 62
目沼古墳群　189
メノウ製勾玉　96, 98, 111~112, 115~116, 118~121,
　　123~126, 129~130, 132~137, 139, 140~141,
　　221, 235, 238, 243
メノウ製丸玉　96
百舌鳥古墳群　75, 92
木棺直葬　105
元太田山埴輪窯跡　146
百戸古墳群　187, 189
裳羽服津　209
樅の木古墳群　125~128, 132
桃山古墳　68~69, 71, 78~79, 82

【や行】
谷田川　104, 241, 246
八ケ谷古墳　131
八代遺跡　221
八代玉作遺跡群　137, 221
柳沢遺跡　28~29
矢場薬師塚古墳　130
山川古墳群　106, 139
山口古墳群　223
山倉1号墳　165
山田峯古墳　67~69, 71, 73, 78, 82, 83
大和政権　14, 88, 137, 139, 227, 235, 238, 240,
　　243~245, 247
大和朝廷　13, 211, 214, 244
山ノ神遺跡　210
弥生文化　7
要害山1・3号墳　69, 82, 146, 148, 152
丁子山遺跡　214~216, 219, 229, 240
横穴式石室　95~96, 100, 102, 222~223, 228
横内遺跡　28, 30
横路小谷1号墳　131
四ツ廻Ⅱ遺跡　129, 132
寄居遺跡　120, 140

夜越川　167

【ら行】
雷神山古墳　82
雷電山古墳　68, 80, 82~83, 146, 148, 152
立身石　206, 209
律令政府　226
竜角寺古墳群　84
竜角寺24号墳　106
竜角寺101号墳　155, 222
竜角寺108号墳　102
流通ネットワーク　14, 245, 247
両面穿孔　132
緑色凝灰岩製管玉　56, 112, 115, 120~121, 123, 221
緑泥片岩　121
列状配置　156, 160~161
連続三角文　159
六所神社　206, 209, 227, 229, 237

【わ行】
倭王権　7, 14
和田勝木遺跡　216~217
割竹形木棺　43

【著者略歴】

塩谷 修（しおや おさむ）

1957年　茨城県に生まれる
1981年　茨城大学人文学部文学科史学専攻卒業
1987年　國學院大學大学院文学研究科博士課程後期（日本史学専攻）単位修得満期退学
　　　　土浦市立博物館学芸員，同館副館長を経て
2018年　退職　現在は大妻女子大学非常勤講師などを務める
　　　　博士（歴史学）國學院大學

〔主な著書論文〕

「筑波山南麓の六所神社と巨石群」（『山岳信仰と考古学』同成社、2003年）、「地域編　関東II　茨城県・千葉県・東京都・神奈川県」（共著・『日本玉作大観』吉川弘文館、2004年）、『前方後円墳の築造と儀礼』（同成社、2014年）

霞ヶ浦の古墳時代―内海・交流・王権―

2018年4月10日第1刷発行

著　者　塩谷　修
発行者　濱　久年
発行所　高志書院

〒101-0051 東京都千代田区神田神保町2-28-201
　　　　TEL03 (5275) 5591　FAX03 (5275) 5592
　　　　振替口座　00140-5-170436
　　　　http://www.koshi-s.jp

印刷・製本／亜細亜印刷株式会社

ⓒ Osamu Shioya 2018. Printed in Japan
ISBN978-4-86215-178-0